B
V
72

Marcus Schmücker

Das Londoner System – richtig gespielt

Joachim Beyer Verlag

Widmung

Ohne soziale Kontakte soll ja die geistige Gesundheit verloren gehen. Deshalb geht mein Dank an meine Freunde Johannes Christoforidis, Joshua Eckardt, Tim Riehl, Mirco Wagner, Markus Marzotko und Dennis Abrams. Vom wandernden Murmeltier bis zum Brettspielkönig der kein Schachspieler ist, ist alles dabei. Ob ich tatsächlich geistig Gesund bin müssen andere beurteilen, aber im Moment fühlen wir uns gut.

Marcus Schmücker

ISBN 978-3-95920-102-5

2. Auflage 2019

Ein Imprint des Schachverlag Ullrich, Zur Wallfahrtskirche 5, 97483 Eltmann

Inhaltsverzeichnis

Anmerkung zum Aufbau der Analysen und Kommentare:

Haupt- und Nebenvarianten erscheinen **fett** und sind bei Bedarf mittels 1), 2), 3) bzw. a), b), c) unterteilt. Sollten Nebenvarianten zweiten oder dritten Grades aufgeführt werden, so sind diese hellgrau bzw. mittelgrau markiert. Am Beginn jeder Nebenvariante werden die einleitenden Züge aufgeführt, um bei Bedarf den raschen und korrekten Aufbau der weiterführenden Ausgangsstellung zu erleichtern.

Auf Wunsch vieler Leser habe ich versucht viel Text und Diagramme unterzubringen. Zusammen mit der neuartigen Methode, die Nebenvarianten zu markieren, ist eine hohe Lesefreundlichkeit gegeben.

Quellenverzeichnis

Grandmaster Repertoire 11 - Beating 1.d4 Sidelines von Avrukh
Mega Database 2016 und die Onlinedatenbank
Engines waren Stockfish 5 und Kommodo 9
Alle Varianten sind mit Engines geprüft

Einleitung

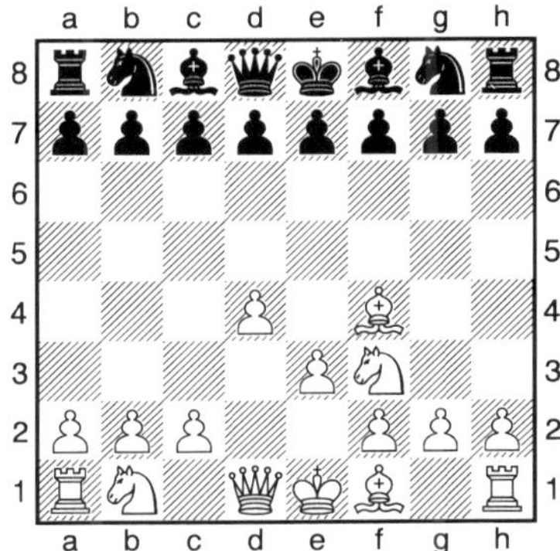

Als ich vor neun Jahren „Das Londoner System" veröffentlichte (in der Folge zumeist kurz LS genannt), war ich mir über die Folgen nicht klar. Auch über meine Heimatstadt Iserlohn hinaus sieht man es bei Mannschaftskämpfen oder auf Turnieren sehr häufig. Aber dann war ich mehr als überrascht, als mich in Griechenland einmal ein älterer Herr fragte, ob ich nicht der Herr Schmücker sei, der „The London System" geschrieben habe. So etwas motiviert natürlich, und nachdem mich viele Schachfreunde gefragt haben, ob nicht irgendwann eine zweite Auflage erscheinen werde, machte ich mich 2014 an die Arbeit.

Anfangs nahm ich noch an, es würde reichen, die einzelnen Kapitel auf den neusten Stand zu bringen, aber weit gefehlt. In neun Jahren hat sich selbst im LS sehr viel getan, woran mal wieder die lieben Computer schuld sind. Mir ist dann schnell klar geworden, dass es nicht damit getan war, einfach ein paar Fehler zu korrigieren, sondern dass ich mehr oder weniger ein völlig neues Buch schreiben musste. Grob geschätzt gibt es um die 80% neues Material und auch dementsprechend viele Neuerungen. Alle Analysen wurden speziell mit Stockfish geprüft, obwohl ich gelegentlich auch Kommodo benutzt habe.

Das LS ist im Moment absolut in Mode, wofür auch die Tatsache spricht, dass es sogar von Weltmeister Magnus Carlsen angewendet wird. Er ist aber nicht der Einzige, denn auch Kramnik, Grischuk und viele andere aus der Weltelite greifen regelmäßig dazu. 2007 war ich noch der Ansicht: „Wahrscheinlich hat sich in den gehobenen Kreisen die Meinung durchgesetzt, dass das LS zu wenig Biss hat, um den Nachziehenden ernsthaft zu gefährden."

Diese Meinung scheint sich jedoch geändert zu haben und eventuell trägt dieses Buch dazu bei, dass es auch dabei bleibt. Möge es Sie zu einem begeisterten LS-Jünger werden lassen, der mit dieser wundervollen Eröffnung viele schöne Siege feiert!

Grundgerüst – Teil 1

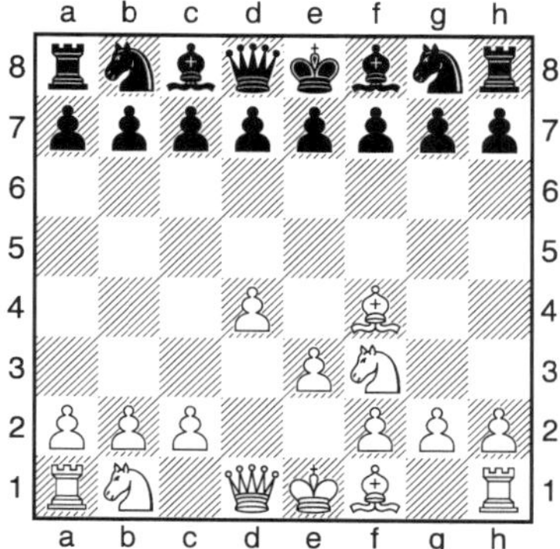

Eine oft gestellte Frage lautet: Was ist besser – 2.Lf4 oder 2.Sf3? Meiner Meinung nach hängt diese Entscheidung quasi vom individuellen Geschmack ab. Ich persönlich hatte von Anfang an eine Vorliebe für 2.Sf3, was ja eventuell an der Beherzigung der Anfängerregel „Springer vor Läufer" liegen mag.

Jedenfalls ist der Lf4 eindeutig das Hauptmerkmal des Londoner Systems. Hinzu kommt, dass das LS eine universelle Waffe ist und entsprechend gegen nahezu jeden schwarzen Aufbau verwendet werden kann. Zu Lf4 gehört untrennbar der Aufbau mit d4, e3 und Sf3. Dabei wird die Hauptidee sofort ersichtlich: maximale Kontrolle über die schwarzen Felder - vorneweg über e5. Nebenbei löst Weiß das Problem des schlechten Läufers auf die einfachste Art, indem er ihn vor der Bauernkette postiert.

Häufig genug sieht sich der Nachziehende dazu genötigt, seinen „guten Läufer" auf d6 zum Tausch anzubieten, was sehr für die Stärke des Zuges Lf4 spricht.

Grundgerüst – Teil 2

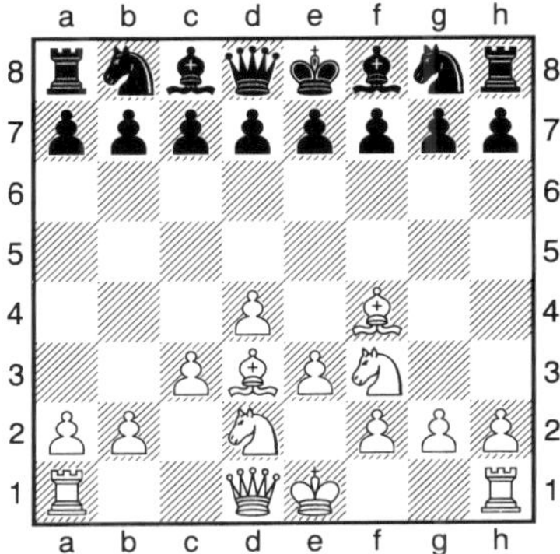

Falls Schwarz nichts Besonderes unternimmt, kann Weiß auch seine restlichen Leichtfiguren in die gewünschte Position bringen. Dieses Grundgerüst wird uns noch häufig begegnen. Mit den Bauern c3/d4/e3 hat Weiß ein absolut unerschütterliches Zentrum errichtet. Das strategische Hauptmotiv besteht darin, zum richtigen Zeitpunkt e3–e4 – und falls möglich auch e4–e5 durchzusetzen. Ansonsten steht eher das Figurenspiel im Vordergrund.

Charakteristisch ist die Tatsache, dass Weiß es sich durchaus erlauben kann, seinen König recht lange im Zentrum stehen zu lassen. So ist es keine Seltenheit, dass er erst im 20. Zug rochiert, weil er vorher einfach Besseres zu erledigen hat. Von großer Bedeutung ist auch der „gute Läufer" auf d3, der häufig eine entscheidende Rolle bei einem Königsangriff spielt. Der Sd2 steht sehr flexibel und kann je nach Bedarf rasch zum Königs- oder Damenflügel verlegt werden. Die weiße Dame findet man zumeist auf e2 oder b3 und nur sehr selten auf c2, denn dort verstellt sie dem Ld3 das beste Rückzugsfeld.

Merkregel: Die weiße Dame gehört nur in Ausnahmefällen nach c2.

Leider kann Weiß nicht immer den Standard-Aufbau einnehmen. Daher muss er unbedingt wissen, wie er mit seinen drei flexiblen Figuren (Bauer c2, Lf1 und Sb1) umgeht.

Bauer c2 – Der Umgang damit ist leicht verständlich und einfach zu merken. Sobald Schwarz das Zentrum mit c7–c5 unter Druck setzt, verstärkt Weiß mit c2–c3. Verhält Schwarz sich mit c7–c6 passiv, wird hingegen aktiv mit c2–c4 fortgesetzt.

Merkregel: Der Bauer c2 orientiert sich hauptsächlich an der Bewegung des Bauern c7.

Läufer f1 – Baut Schwarz sich normal mit c7–c5 oder e7–e6 auf, so kann der Läufer immer bedenkenlos nach d3 gestellt werden. Allerdings gibt es einige Ausnahmen. So sollte auf g7–g6 immer Le2 folgen, denn auf Ld3 ist in Erwartung von e7–e5 die spätere Drohung e5–e4 sehr unangenehm. Häufig hält Schwarz aber ein Königs-Fianchetto zurück, so dass Weiß besser zuerst den c-Bauern und den Sb1 entwickeln sollte.

Entwickelt Schwarz sich mit Lc8–f5, ist Ld3 natürlich keine gute Option mehr, weil ja der gute weiße gegen den schlechten schwarzen Läufer getauscht würde. Die richtige Reaktion besteht daher in c2–c4 und aktivem Spiel am Damenflügel. Hier wird deutlich, dass das LS äußerst flexibel ist und Weiß auf beiden Flügeln Kampfhandlungen einleiten kann. Ist es nun zu einer Stellung mit c7–c6 und c2–c4 gekommen und Schwarz nimmt *nicht* auf c4, so wartet Weiß mit der Entwicklung des Läufers so lange wie möglich, bis er dann doch mit Le2 die kurze Rochade einleitet.

Springer b1 – Wie der Läufer, so orientiert sich auch der Springer an der Stellung des weißen c-Bauern. Steht dieser aktiv auf c4, muss selbstverständlich Sc3 geschehen, um den Druck auf d5 zu erhöhen.

Merkregel: Beide Figuren (Lf1 und Sb1) orientieren sich an der Stellung des weißen c-Bauern.

Warum werden nur Stellungen mit frühem d7-d5 behandelt?

Warum werden nur Stellungen behandelt, in denen Schwarz früh d7–d5 zieht?

Wie schon erwähnt, setzt Weiß mit d4, Lf4, Sf3 auf die Kontrolle der dunklen Felder, insbesondere des Schlüsselfeldes e5. Mit d7–d5 wird Schwarz e5 deutlich und nachhaltig geschwächt. Zieht er stattdessen z.B. 1...Sf6, bleibt er im Zentrum flexibel und kann somit viel besser um die dunklen Felder kämpfen.

Selbstverständlich kann Weiß auch dagegen den Standard–Aufbau einnehmen und eine solide Stellung erreichen. Wählt Schwarz aber die Königsindische oder die Damenindische Verteidigung, so ist mit dem Londoner System kein Vorteil aus der Eröffnung zu holen. In Stellungen mit d7–d5 hingegen muss Schwarz zunächst noch um völligen Ausgleich kämpfen.

Kapitel 1 – 1.d4 d5 2.Sf3 e6

Die ersten beiden Kapitel untersuchen die Züge 2...e6 und 2...c5, die in der Regel durch Zugumstellungen in spätere Kapitel überleiten. Es gibt im gesamten Buch viele Zugumstellungen, die entsprechend gekennzeichnet sind. Zum besseren Verständnis des Londoner Systems ist die Kenntnis möglicher Zugumstellungen ebenso hilfreich wie unverzichtbar.

Kapitel 1.1: 3.Lf4 Ld6

1.d4 d5 2.Sf3 e6 3.Lf4 Ld6

Schwarz verzichtet auf Sf6 und bringt sofort den Lf8 ins Spiel.

3...Sf6 führt zu Abspielen ab Kapitel 3.

4.Lg3!

Das beschleunigte 3...Ld6 ist recht trickreich. In der ersten Auflage habe ich darauf noch 4.e3 oder 4.g3 empfohlen. Aus heutiger Sicht gibt es aber keinen Grund, warum Weiß nicht routinemäßig mit 4.Lg3 reagieren sollte.

Merkregel: Auf die Befragung des Lf4 durch Ld6 zieht sich der Läufer nach g3 zurück.

4.e3!? bildete die Hauptvariante in der ersten Auflage und ist selbstredend gut spielbar.

4.g3!? ist sehr originell. Falls Schwarz auf f4 nimmt, öffnet sich für Weiß die g-Linie, was häufig gute Angriffschancen bietet. Die kritische Fortsetzung lautet 4...Lxf4 5.gxf4 Dd6 6.e3 Db4+ 7.Sbd2 Dxb2.

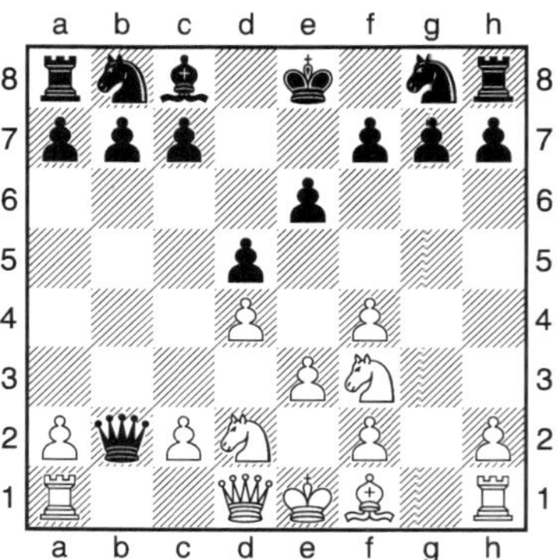

Weiß erhält sowohl mit 8.Tg1 g6 9.c4 dxc4 10.Lxc4 Sf6 11.Se5 als auch mit 8.Se5 Se7 9.Ld3 Sd7 10.Tb1 Da3 11.Dh5 g6 12.Dh6 Sf5 13.Lxf5 exf5 14.Sxd7 Lxd7 gute Kompensation (As. Arnason – Ar. Arnason, Reykjavik 1988).

4...Se7

Dies ist der einzige Zug mit eigenständiger Bedeutung. Auf e7 richtet der Springer aber nicht viel aus und die einzig sinnvolle Idee scheint in Sf5 nebst Sxg3 zu bestehen. Dieses Manöver kostet aber Zeit und öffnet Weiß die h-Linie.

Übrigens führt 4...f5?! nach 5.e3± zu keinem guten Stonewall, weil der Lg3 bereits die Diagonale h2–b8 beherrscht.

4...Sf6 5.e3 führt zu Kapitel 3.4.

Und 4...Lxg3 5.hxg3 kommt den weißen Absichten entgegen.

Der Läufertausch hat die h–Linie geöffnet und der entstandene Doppelbauer kann im weiteren Verlauf häufig vorteilhaft mit g3–g4 zum Angriff eingesetzt werden. Die Variante führt über Zugumstellungen zu späteren Kapiteln (z.B. 5...Se4 – siehe Kapitel 3.3; 5...Sf6 6.e3 c5 7.c3 Sc6 8.Sbd2 – siehe Kapitel 5.1) und wird daher an dieser Stelle nicht weiter ausgeführt.

5.e3!

Ignoriert die schwarze Idee.

1) Nach **5...0-0** kann Schwarz nicht mehr gut Sf5 nebst Sxg3 spielen, denn die Öffnung der h–Linie wäre zu riskant.

6.c4 c6 7.Sc3±

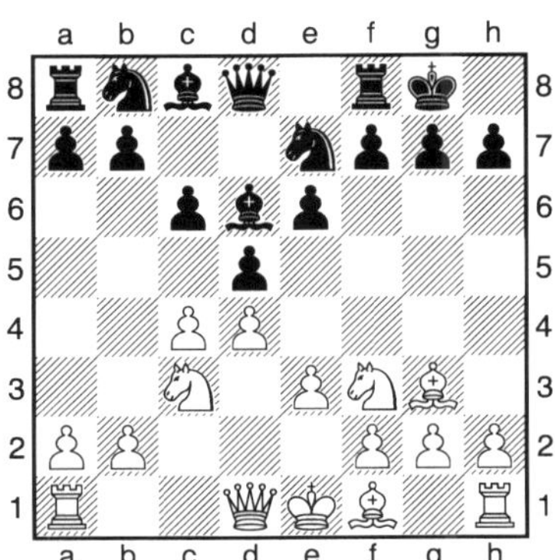

Nun muss Schwarz den Ld6 gedeckt halten und kann deswegen nicht Sbd7 ziehen. Und auch der Se7 hat keine sinnvolle Perspektive.

1.d4 d5 2.Sf3 e6 3.Lf4 Ld6 4.Lg3! Se7 5.e3!

2) 5...c5 6.dxc5!

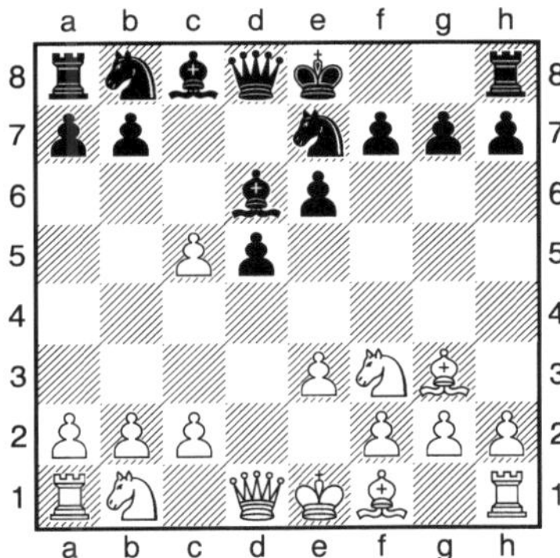

In diesem Buch gibt es (wie schon in der ersten Auflage) viele Merkregeln als praktische Hilfe. Im Schach gibt es aber nicht nur Regeln, sondern auch viele Ausnahmen. So lautete eine der Merkegeln: Der Bauer c2 orientiert sich hauptsächlich an der Bewegung des Bauern c7. Auf c7–c5 folgt quasi automatisch c2–c3 und auf c7–c6 meist c2–c4.

Mit dem Springer auf e7 statt auf f6 ist dynamisches Spiel für Weiß aber besser, um diesen Umstand auszunutzen. Wer ein schlechtes Gedächtnis hat und aus Versehen 6.c3 zieht, wird aber ebenfalls eine spielbare Stellung erhalten, da das LS (wie alle geschlossenen Eröffnungen) einiges verzeiht.

6...Lxc5 7.c4

Der Druck gegen d5 erschwert Sf5.

7...Sbc6

7...Sf5?! 8.cxd5± ergibt eine für Schwarz ungünstige Isolani-Stellung.

8.Sc3 0-0 9.a3

Nimmt den schwarzen Figuren das Feld b4 und droht außerdem den Raumgewinn b2-b4.

9...d4

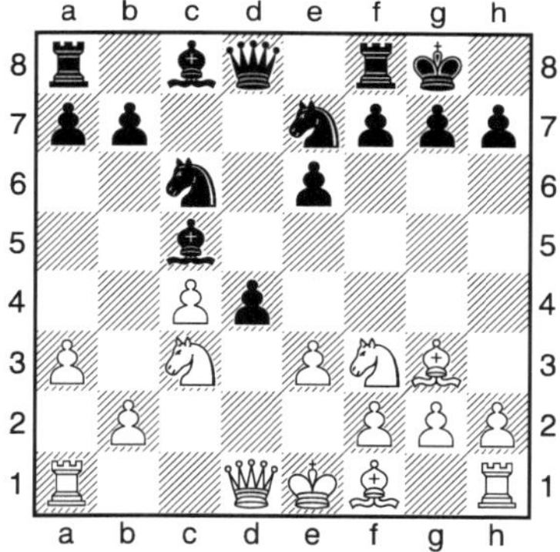

Ein Versuch, die Probleme radikal zu lösen.

2a) 10.Se4!?

Die Rechner finden diesen Springerzug besser, aber nach **10...Lb6 11.c5 La5+ 12.b4 f5 13.Sed2 dxe3 14.fxe3 Lc7 15.Lc4 Lxg3+ 16.hxg3 Dc7 17.Kf2** ...

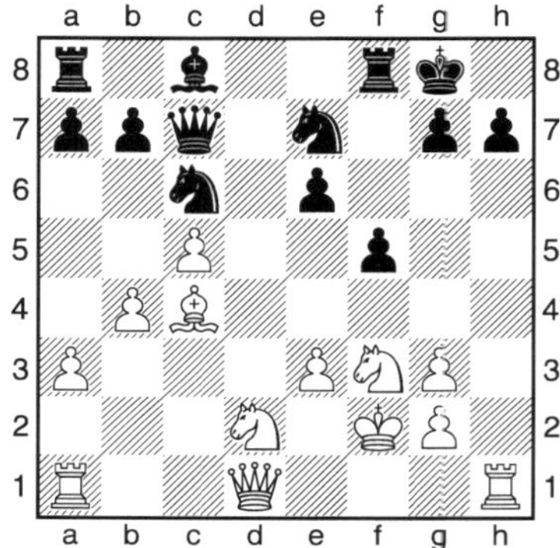

... ist die Stellung unklar. So etwas ist am Rechner gut zu analysieren, aber in der Turnierpraxis ist es für beide Seiten ein absoluter Zeitfresser.

1.d4 d5 2.Sf3 e6 3.Lf4 Ld6 4.Lg3!Se7 5.e3! c5 6.dxc5! Lxc5 7.c4 Sbc6 8.Sc3 0-0 9.a3 d4

2b) 10.exd4! Lxd4

Nach 10...Sxd4 11.b4 Sxf3+ 12.Dxf3 Ld4 muss Schwarz sich gezwungenermaßen auf die folgende Fesselung einlassen.

(12...Lb6? 13.Td1 De8 14.c5+-)

13.Td1 Sc6 14.Sb5 e5 15.Ld3±

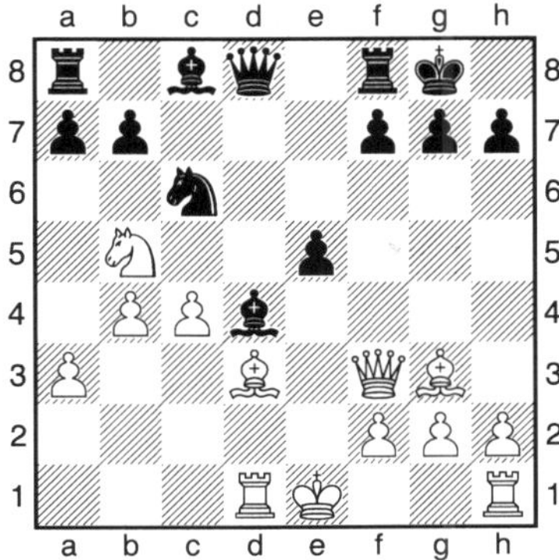

Die Stellung ist besser für Weiß, denn er gewinnt Raum am Damenflügel und erhält das Läuferpaar sowie Druck gegen den schwarzen König.

11.Sxd4 Sxd4 12.Ld3±

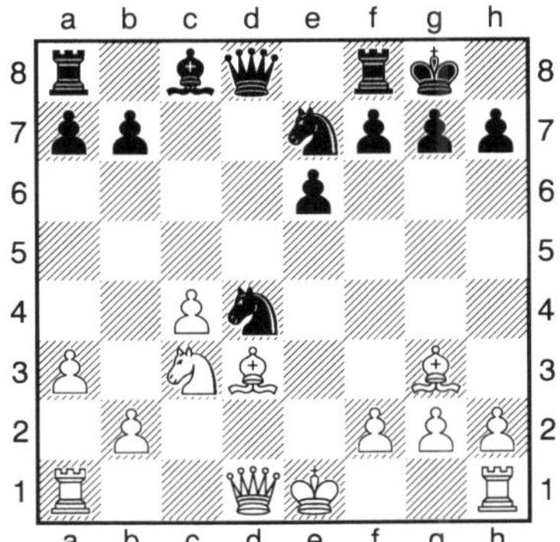

Der einzige Grund, auf Ausgleich hoffen zu dürfen, ist der starke Sd4. Das weiße Läuferpaar ist aber ein gutes Gegenargument. Gegebenenfalls kann der Sd4 mittels Se2 befragt werden, weswegen die weißen Chancen wohl vorzuziehen sind.

1.d4 d5 2.Sf3 e6 3.Lf4 Ld6 4.Lg3! Se7 5.e3!

3) 5...Sf5 6.c4

Gegen Sxg3 kann und will Weiß nichts machen, aber er kann so aktiv wie möglich im Zentrum vorgehen. Die normale Reaktion 6.c3 wäre sehr stabil, aber bei weitem nicht so konkret.

Nach 6.Ld3 Sxg3 7.hxg3 Sd7 kann der h-Bauer nicht gut geschlagen werden. Deshalb zieht Weiß besser 6.c4, um die Dame mit Tempo nach c2 zu stellen.

6...Sxg3 7.hxg3 Sd7

Nach 7...c6 8.Dc2 geht Weiß ähnlich wie in der Hauptvariante vor.

8.Dc2

In Abspielen wie diesem steht die Dame hier gut. Schwarz muss den Angriff gegen h7 abwehren, was seinen Königsflügel etwas schwächen wird.

8...h6 9.Sc3 c6 10.Ld3±

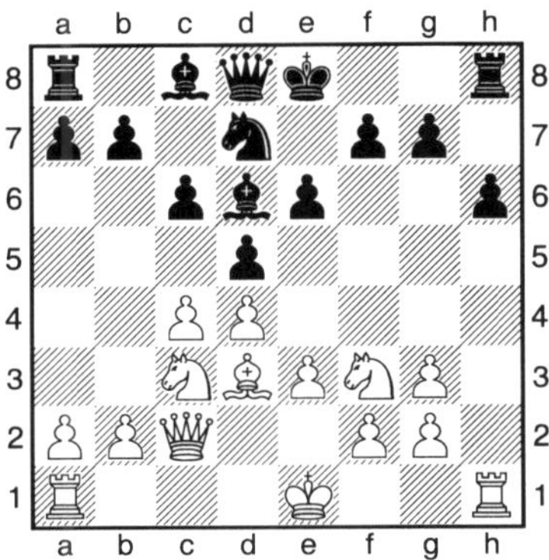

Das schwarze Läuferpaar ist inaktiv, während Weiß mit seiner Entwicklung fast fertig ist. Häufig ist es richtig, sich nicht zu viel von der h–Linie zu versprechen und kurz zu rochieren. Der Druck gegen h7 hat immerhin zu einer Schwächung des Königsflügels geführt und Weiß kann sein Spiel im Zentrum suchen.

10...0-0 11.0-0!

Hier gibt es viele gute Züge, aber mir gefällt der Textzug am besten. Wie bereits erwähnt, ist es stärker, kurz zu rochieren als andere Züge zu probieren.

So ist z.B. 11.g4? sehr verlockend, aber leider schlecht. 11...e5! Zentrumsaktion gegen Flügelaktion, also wie im Lehrbuch.

Schwarz hat danach bereits ausgeglichen.

Der Turm hat seine Aufgabe auf h1 erfüllt und nun will Weiß e3–e4 durchsetzen, um das Zentrum zu öffnen und seinen Entwicklungsvorsprung zur Geltung zu bringen.

3a) 11...dxc4?! 12.Lxc4 e5

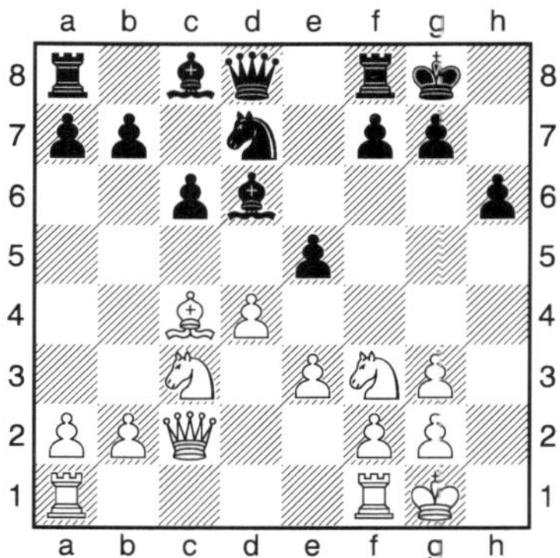

Ein solcher Befreiungsversuch ist z.B. im Halbslawen üblich und gut, aber hier scheitert er.

13.Se4 Lc7 14.d5! cxd5

Nach 14...Sb6 15.dxc6 Sxc4 16.Dxc4 bxc6 17.Dxc6 behält Weiß einen glatten Mehrbauern.

15.Lxd5 Sb6 16.Lb3± Die weißen Figuren sind zu aktiv.

1.d4 d5 2.Sf3 e6 3.Lf4 Ld6 4.Lg3! Se7 5.e3! Sf5 6.c4 Sxg3 7.hxg3 Sd7 8.Dc2 h6 9.Sc3 c6 10.Ld3 0-0 11.0-0!

3b) Mit **11...b6?!** schwächt Schwarz nur den Damenflügel.

12.cxd5 exd5

Nach 12...cxd5 13.Tfc1 Lb7 14.Sb5 Tc8? 15.Dxc8! Lxc8 16.Sxd6+– hat Weiß Turm + zwei Leichtfiguren für die Dame.

13.e4± dxe4 14.Sxe4 Dc7 15.Tfe1 Lb7 16.Sh4

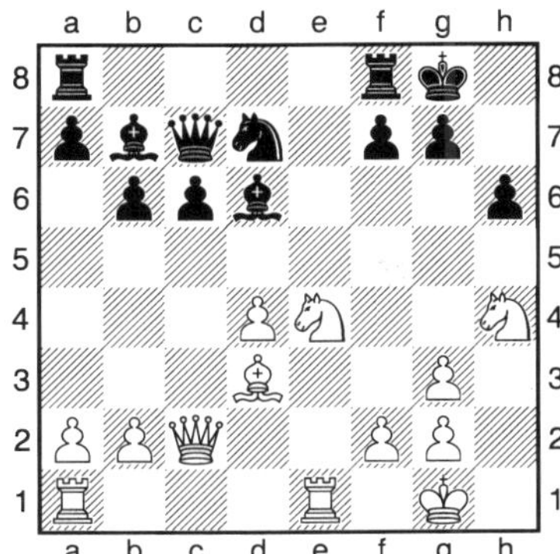

Es ziehen düstere Wolken am schwarzen Königsflügel auf. Der Bauer d4 ist nicht schwächer als der auf c6, und was noch wichtiger ist, dem schwarzen König fehlen die Verteidiger.

16...g6?

Dieser Versuch, Sf5 zu verhindern, verliert sofort.

17.Sxd6 Dxd6 18.Sxg6 fxg6 19.Lc4+ Kh8 20.Te6+–

1.d4 d5 2.Sf3 e6 3.Lf4 Ld6 4.Lg3! Se7 5.e3! Sf5 6.c4 Sxg3 7.hxg3 Sd7 8.Dc2 h6 9.Sc3 c6 10.Ld3 0-0 11.0-0!

3c) 11...Sf6 12.e4 dxe4 13.Lxe4! Sxe4 14.Dxe4±

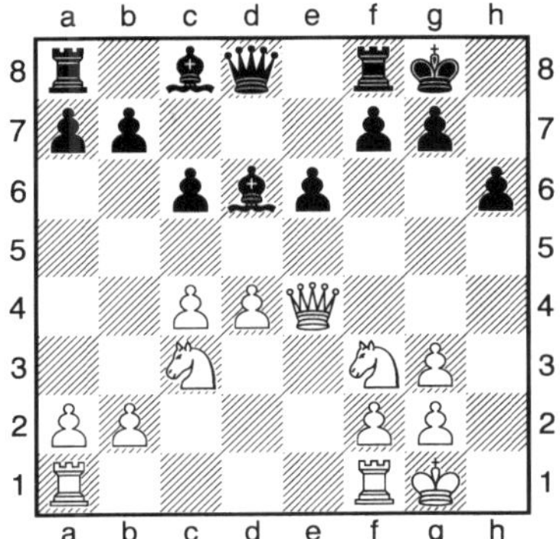

Zwar bin ich normalerweise ein Anhänger des Läuferpaares, aber es ist auch wichtig zu erkennen, wann die Springer vorzuziehen sind. Dies ist so ein typischer Fall. Weiß ist wunderbar zentralisiert und kann seine Position mit c4–c5 und Se5 sogar weiter verstärken. Schwarz hingegen ist nicht in der Lage, den Lc8 vernünftig ins Spiel zu bringen und auch der Ld6 ist eher eine traurige Figur.

Fazit: Frühes Ld6 in Verbindung mit Se7 ist harmlos, aber Weiß muss hier häufiger die LS-Schablone durchbrechen und andere Aufbauten als die mit c3, Sbd2, Ld3 usw. einnehmen. Dann ist er in der Lage, Se7 auszunutzen, da der Springer entweder viel Zeit verliert oder einfach nicht gut steht.

Kapitel 1.2 – 3.Lf4 c5

1.d4 d5 2.Sf3 e6 3.Lf4 c5

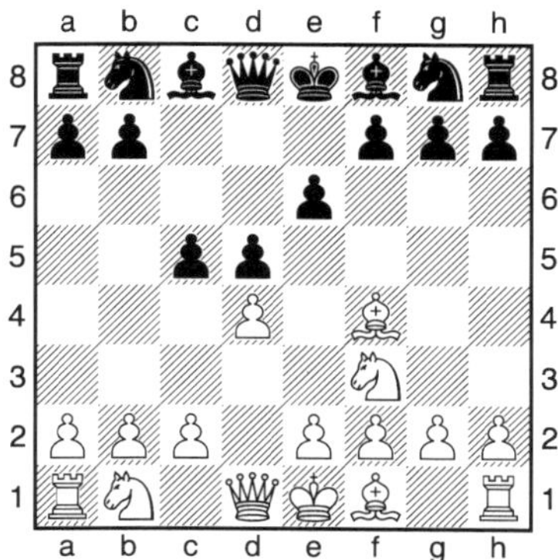

Auch dieser sofortige Hebelansatz hat zumeist keine eigenständige Bedeutung.

4.c3! Db6

In dieser Form (mit einem Bauern auf e6 und somit ohne Einsatzmöglichkeiten für den Damenläufer) ist der Angriff auf b2 harmlos. Andere Züge führen wieder über Zugumstellungen zu anderen Kapiteln.

5.Db3

Dies deckt b2 auf aktivste Weise. Es gibt keinen Grund, Damentausch zu fürchten, weil sich nach Dxb3 die a-Linie öffnet und der Doppelbauer sogar nützlich sein kann.

1) Etwa **5...Dxb3?! 6.axb3 cxd4**

6...Sc6 7.dxc5 Lxc5 8.b4 ist ein typisches Motiv, wie mit dem Doppelbauern umzugehen ist. Der Sb1 kann häufig über d2–b3 nach c5 oder a5 gebracht werden. Weiß besitzt einen stabilen Vorteil.

7.Sxd4±

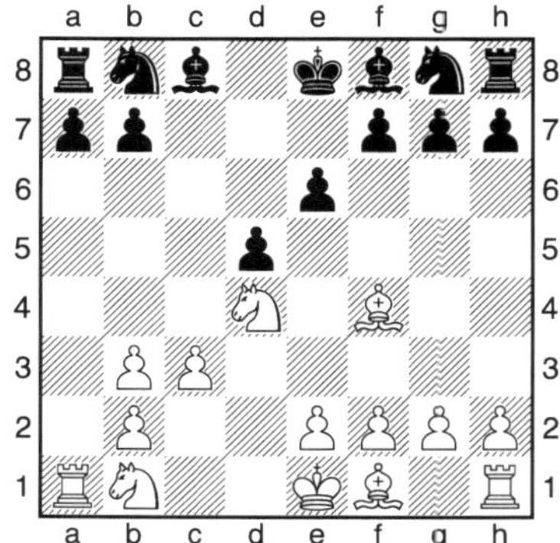

Mit Blickrichtung nach b5. Der Entwicklungsvorsprung, die offene a-Linie und der eventuelle Einsatz des Doppelbauern als Rammbock (b4–b5) geben Weiß klaren Vorteil.

1.d4 d5 2.Sf3 e6 3.Lf4 c5 4.c3! Db6 5.Db3

2) 5...Sf6 6.e3 Sc6

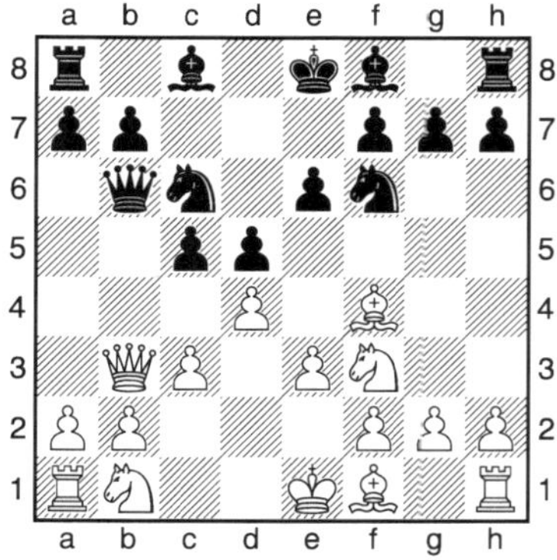

Im Gegensatz zum 5...Db6–System (Kapitel 8) hat Schwarz hier statt der starken Antwort c5–c4 freiwillig e7–e6 gezogen, wonach der Lc8 nicht mehr nach f5 kann.

7.Sbd2

2a) 7...Le7 8.Le2 0-0 9.0-0±

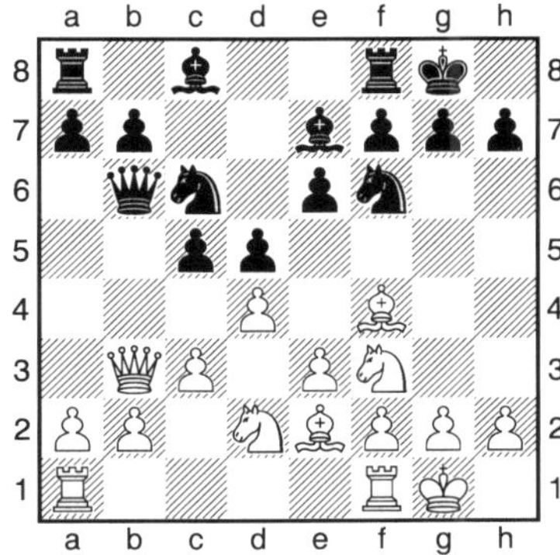

Der weiße Vorteil beruht hauptsächlich auf der Einsperrung des Lc8. Er kann sich frei aufstellen und in aller Ruhe ein Vorgehen im Zentrum vorbereiten (c4 oder e4), während Schwarz es nicht so einfach mit seinem Gegenspiel hat.

9...Sh5

Ängstliche Gemüter hätten im vorigen Zug lieber h3 gezogen, aber an dieser Stelle ist der Springerzug keine echte Drohung.

10.Dxb6! axb6 11.Lc7 Ld8 12.Ld6 Le7 13.Lxe7 Sxe7 14.a4±

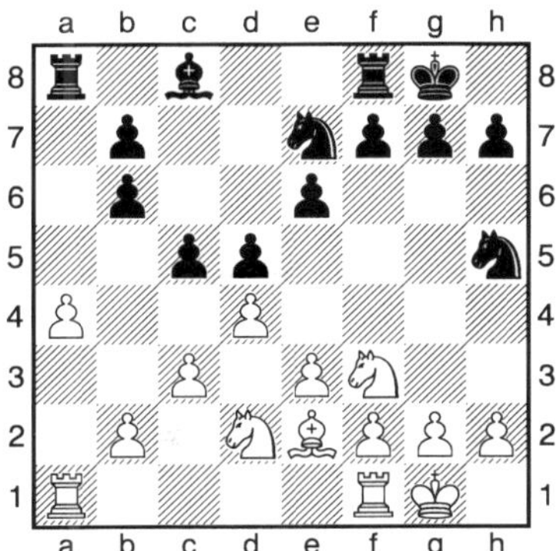

Der Lc8 steht sehr schlecht , so dass Weiß dauerhaft etwas besser steht.

1.d4 d5 2.Sf3 e6 3.Lf4 c5 4.c3! Db6 5.Db3 Sf6 6.e3 Sc6 7.Sbd2

2b) 7...c4 8.Dc2±

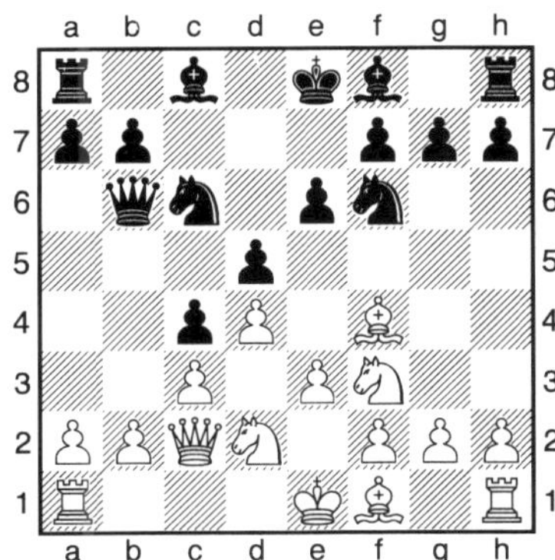

Die Abriegelung des Damenflügels durch c5–c4 ist für den Nachziehenden nicht gut. Weiß stehen die Hebel b3 und e4 zur Verfügung und es gibt kein nennenswertes Gegenspiel.

8...Sh5

Ein guter Versuch, aber er reicht nicht.

9.Le5! Sxe5

9...f6 lockert nachhaltig den Königsflügel. 10.Lg3±

10.Sxe5 Der Hebel b3 folgt bald.

10...Ld6

10...Sf6 11.Da4+ Sd7 12.b3 cxb3 13.axb3± Der schwarze Damenflügel ist nur schwer zu entwickeln.

11.Da4+ Ke7 12.Le2 Sf6 13.b3±

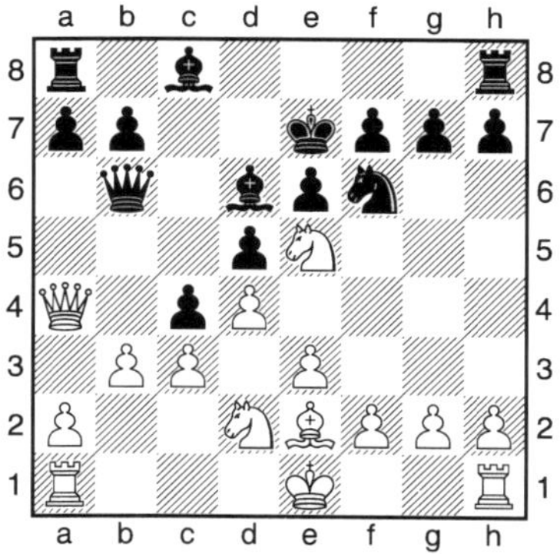

Wenn Schwarz auf b3 nimmt, lässt Weiß bald c3–c4 folgen.

Fazit: Der schwarze Aufbau mit Db6 und e6 ist keine gute Idee, weil der Lc8 dadurch seiner aktiven Möglichkeiten beraubt wird.

Kapitel 2 – 1.d4 d5 2.Sf3 c5

1.d4 d5 2.Sf3 c5!?

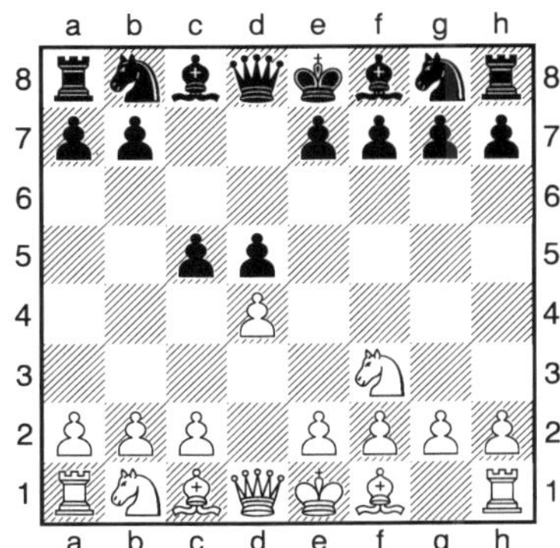

Dies ist die einzige Möglichkeit für Schwarz, das Londoner System zu verhindern.

3.c3!

Die richtige Reaktion, denn 3.Lf4? führt nach 3...cxd4 4.Sxd4 Sd7!∓ zu schwarzem Vorteil.

3.c4 ist nicht unser Thema, genauso wenig wie 3.dxc5.

3.e3 würde den Läufer einsperren und zum Colle–System führen.

3...e6

Natürlich geht auch 3...Sf6, nur muss Schwarz dann mit 4.dxc5 nebst Behauptung des Mehrbauern rechnen.

Mit 3...cxd4!? 4.cxd4 kann Schwarz die Slawische Abtauschvariante erreichen.

Fraglich ist nur, ob er damit glücklich wird. Weiß besitzt immer noch seinen Anzugsvorteil und baut sich auch hier meist mit Lf4, e3, Ld3 auf. Für den Bedarfsfall sollte man sich etwas darauf vorbereiten. Allerdings glaube ich kaum, dass jemand der aktiv mit 2...c5 beginnt, in eine so trockene Verteidigungsstellung überleiten möchte.

4.Lf4 Sc6 5.e3 Ld6

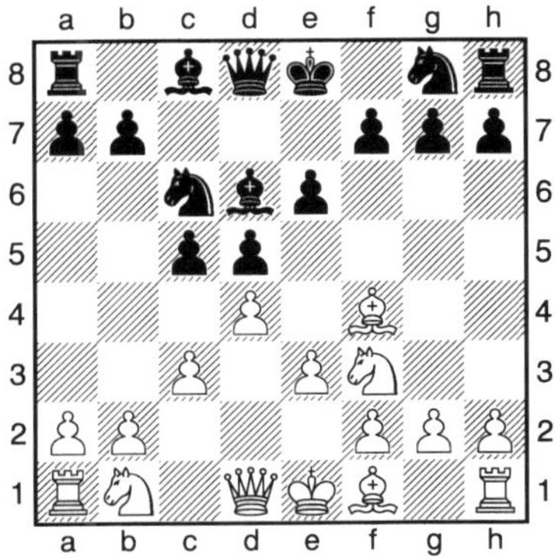

Das erinnert stark an das spätere Kapitel 5. Der Unterschied besteht darin, dass Schwarz noch nicht Sf6 gezogen hat.

5...Db6 6.Db3 Auch hier ist bereits e7–e6 geschehen, was weniger gut als Sf6 und c4 ist. Dieses Thema wurde in Kapitel 1.2 behandelt.

6.Lg3 Sge7!?

Dies ist eine bessere Methode um e5 zu kämpfen. Der Springer will nach g6.

6...Sf6 geht in Kapitel 5 über.

6...Lxg3 7.hxg3 Dd6 8.Sbd2! Tatsächlich kann Schwarz im Moment den e–Bauern gar nicht vorziehen. (Nach 8...Sf6! entsteht durch Zugumstellung Kapitel 5.1.)

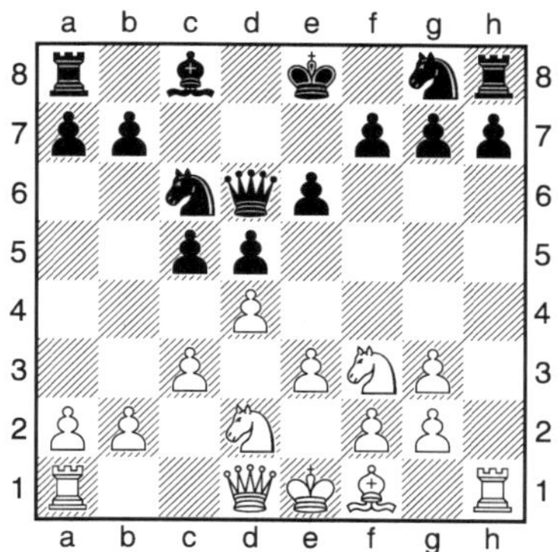

Auf 8...e5? folgt nämlich 9.dxe5 Sxe5 10.Se4! Sxf3+ 11.gxf3 mit Bauerngewinn, denn 11...Dc6?? scheitert natürlich an 12.Lb5.

7.Ld3 Sg6

Die Überführung des Springers nach g6 hat zwei Tempi gekostet und die einzige Idee besteht in der Durchsetzung von e6–e5.

Nach der alternativen Folge 7...Sf5 8.Lxd6 Dxd6 ...

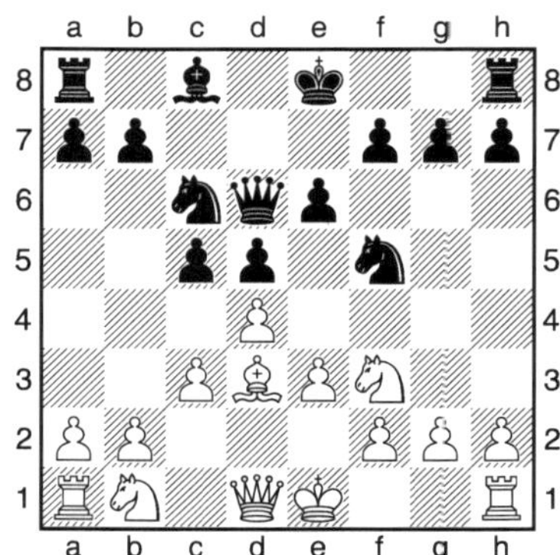

... muss die Dame nehmen, weil sonst c5 verlorengeht. 9.Lxf5! Damit sichert sich Weiß dauerhaft die bessere Stellung. 9...exf5 10.dxc5 Dxc5 11.0-0± Für den Isolani und den Doppelbauern hat Schwarz keine ausreichende Kompensation, denn dafür stehen seine Figuren zu inaktiv.

8.0–0

1) 8...Lxg3?!

Da dies nicht besonders nachhaltig ist, sollte auch Schwarz besser sofort rochieren (siehe 2).

9.hxg3

Sollte Schwarz auf e6–e5 verzichten, bereitet Weiß e3–e4 vor.

9...e5

9...0-0? erlaubt 10.dxc5±

10.Sxe5 Sgxe5 11.dxe5 Sxe5 12.Lb5+ Sc6 13.c4!

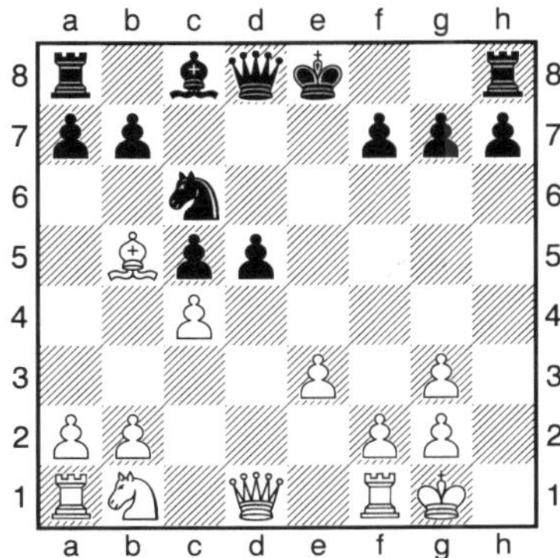

Weiß ist in der Entwicklung vorn und das schwarze Zentrum steht schwer unter Beschuss.

13...Le6

Auch nach 13...d4 14.exd4 cxd4 15.Te1+ ± wird der d–Bauer nicht lange überleben.

14.cxd5 Dxd5 15.Dxd5 Lxd5 16.Tc1 c4

Der Bauer c5 ist mit 16...b6 wegen 17.Sc3 nicht gut zu decken und muss daher vorrücken, aber auf c4 geht er ebenfalls verloren,

17.Sc3 Le6 18.Se4± Weiß steht klar besser.

1.d4 d5 2.Sf3 c5!? 3.c3! e6 4.Lf4 Sc6 5.e3 Ld6 6.Lg3 Sge7!? 7.Ld3 Sg6 8. 0–0

2) 8...0-0 9.Sbd2 b6

2a) 10.Sg5!?

Die Variante führt zu keinem Vorteil, zeigt aber schön die taktischen Ideen.

10...Lxg3 11.Dh5 h6 12.Sxf7

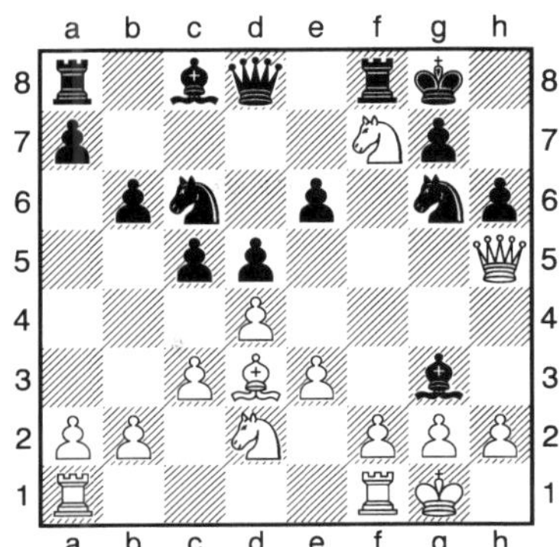

12...Txf7

12...Dh4 13.Sxh6+ Kh8 14.Lxg6 Lxh2+ 15.Kh1 Dxh5 16.Lxh5 gxh6

Nach 16...Lc7 17.Sf7+ Kg8 18.Sg5 Tf6 19.Lf3 Th6+ 20.Sh3±. Hier dürfte die schwarze Kompensation nicht ganz genügen.

17.Kxh2 La6 18.Tfe1 Txf2 19.Tad1

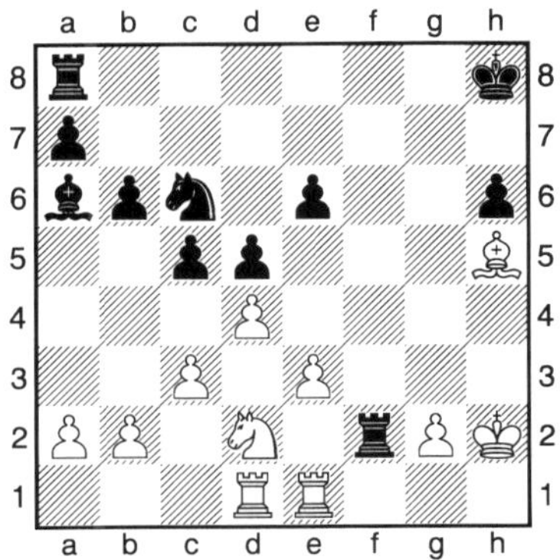

Nach einer langen forcierten Zugfolge ist eine Stellung entstanden, die immer noch spannend ist. Ich habe zwar keinen Vorteil gefunden, aber auch hier ist es Weiß, der auf Gewinn spielen kann.

13.Lxg6 Lxf2+ 14.Txf2 Txf2 15.Kxf2 Df6+ 16.Sf3

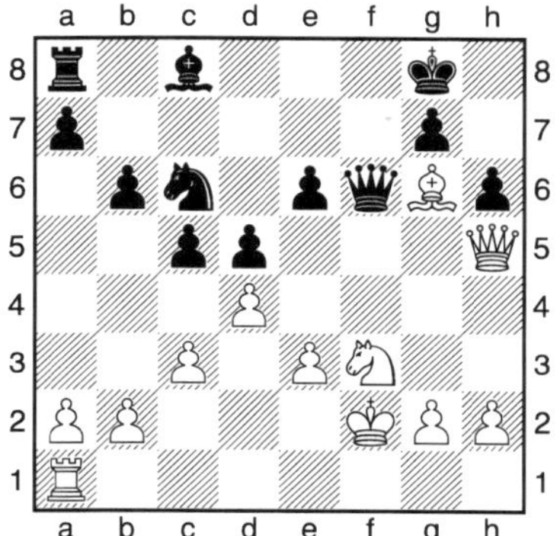

Weiß spielt Kg1 und wenn möglich Tf1. Der weiße König steht sicherer, aber viel hat Weiß dennoch nicht.

1.d4 d5 2.Sf3 c5!? 3.c3! e6 4.Lf4 Sc6 5.e3 Ld6 6.Lg3 Sge7!? 7.Ld3 Sg6 8.0–0 0-0 9.Sbd2 b6

2b) Mit **10.Te1** richtet Weiß sein Spiel auf den Hebel e4 aus. Nach **10...Lb7** gefällt mir der weitere nützliche Abwartezug **11.Tc1**± sehr gut.

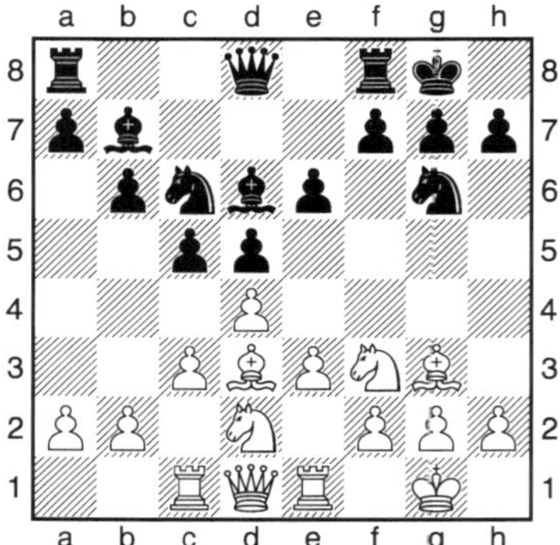

Es gibt hier auch andere gute Züge, aber der Turmzug demonstriert anschaulich die weißen Chancen. Der Nachziehende hat Schwierigkeiten, einen aktiven Plan zu finden, während Weiß seine Stellung langsam verstärken kann. Zudem muss Schwarz immer auf das Motiv Sg5 nebst Dh5 achten.

Fazit: Der Aufbau mit Sge7 ist selten aber durchaus spielbar. Allerdings steht der Springer auf g6 nicht ideal.

Kapitel 3 – 1.d4 d5 2.Sf3 Sf6 3.Lf4 e6

1.d4 d5 2.Sf3 Sf6

Dies ist die mit Abstand häufigste Zugfolge. Schwarz folgt dem weißen Beispiel und bleibt so flexibel wie möglich.

3.Lf4 e6

3...e6 ist eine klassische Herangehensweise. So mancher, der mit Schwarz Damengambit spielt, dürfte sich so aufbauen.

4.e3

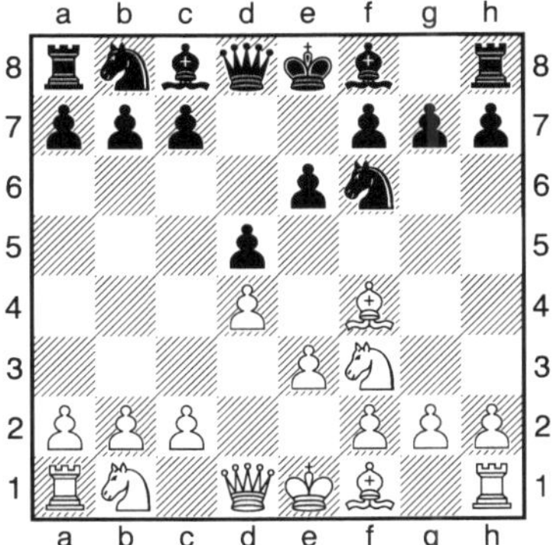

Die nächsten Kapitel geben einen Überblick über die vielfältigen schwarzen Möglichkeiten.

Kapitel 3.1: 4.e3 Le7

1.d4 d5 2.Sf3 Sf6 3.Lf4 e6 4.e3 Le7

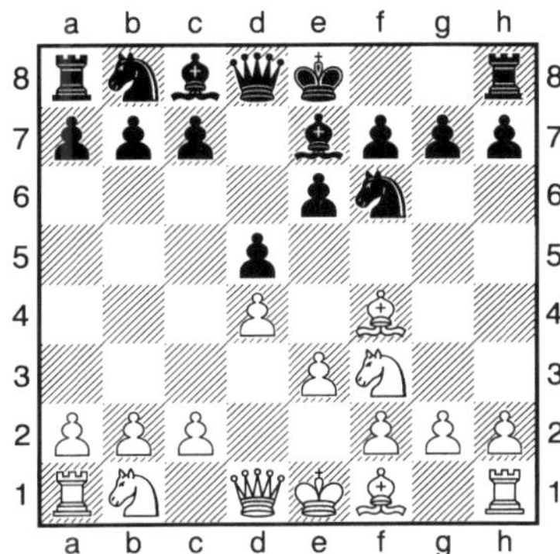

Der Nachziehende wählt einen sehr soliden Aufbau. Aber Vorsicht, denn mit 4...Le7 stellt er die positionelle Drohung 5...Sh5 auf.

5.Se5!

Besetzt e5 und schaltet 5...Sh5 aus.

5...Sbd7

Auf d7 steht der Springer passiver und Schwarz darf davon nicht zu viel erwarten.

Zwei Alternativen gehen in Kapitel 4.2 über:

5...0-0 6.Ld3 c5 7.c3 Sbd7 8.Sd2 Sxe5 9.Lxe5

5...c5 6.c3 Sc6 7.Sd2 Sxe5 8.Lxe5 0-0 9.Ld3

6.Sd2

Um dem eventuellen Ausfall Db6 mit Tb1 begegnen zu können.

1) 6...c5

6...0-0 7.Ld3 c5 8.c3 Sxe5 wäre wieder Kapitel 4.2.

7.c3 Db6 8.Tb1 0-0 9.Ld3 Td8

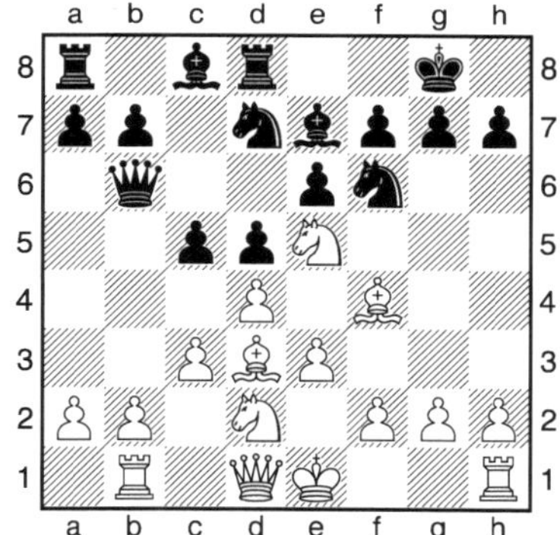

10.h4!?

Die kurze Rochade ist nicht nötig, so dass Weiß in aller Ruhe einen Königsangriff vorbereitet.

10...Sf8 11.Df3 Ld7? (Witkowski - Kasperek, Myslenice 1987)

Nun hätte **12.h5!** die Partie bereits entscheiden können. Es drohen Motive wie h6 oder sogar Lh6 nebst Dg3. Schwarz kann gegen den Angriff nichts mehr ausrichten.

1.d4 d5 2.Sf3 Sf6 3.Lf4 e6 4.e3 Le7 5.Se5! Sbd7 6.Sd2

2) 6...Sxe5

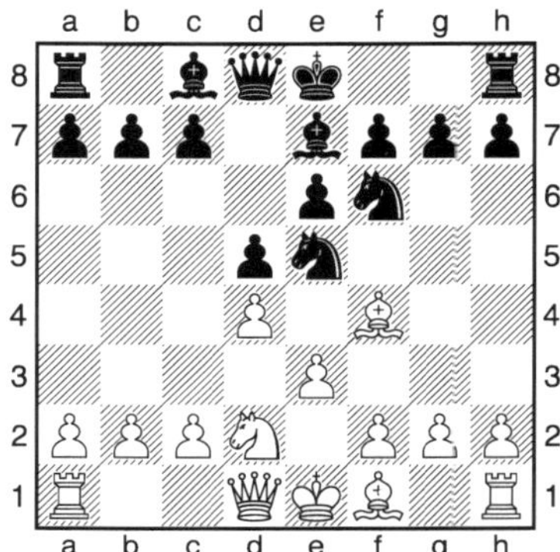

Damit kehrt Schwarz in bekannte Regionen zurück.

7.Lxe5

Merkregel: Sollte Schwarz noch nicht rochiert haben, nimmt Weiß mit dem Läufer.

7...c5 8.c3 0-0 9.Ld3 (siehe Kapitel 4.2)

1.d4 d5 2.Sf3 Sf6 3.Lf4 e6 4.e3 Le7 5.Se5! Sbd7 6.Sd2

3) 6...a6

Dies ist der Versuch, sinnvoll abzuwarten und einen Übergang in das System mit 6...Le7 zu vermeiden. Sollte Schwarz sich bescheiden mit 6...c6 aufbauen, wird es schwierig, mit ernsthaftem Gegenspiel aufzuwarten.

7.c3 c5 8.Ld3

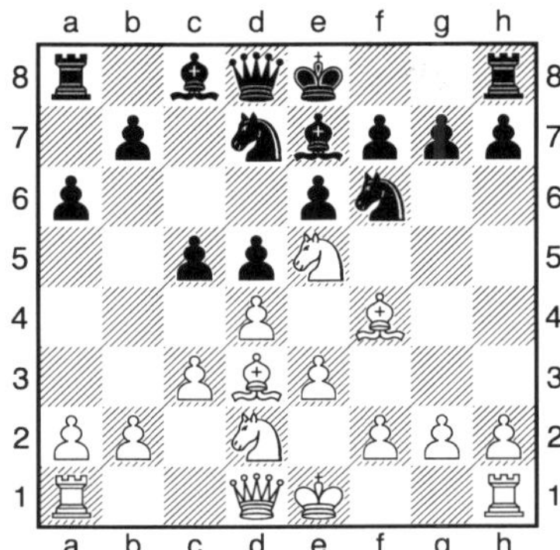

Im Gegensatz zur Hauptvariante mit Le7 hat Schwarz a6 und Sd7 eingestreut – und somit zwei recht passive Züge.

8...c4?!

Ein positioneller Schnitzer, der aber immer wieder anzutreffen ist. Schwarz hebt den Druck gegen d4 auf und verlegt seine einzige Chance auf den Damenflügel. Dieser Plan ist aber einfach zu langsam.

8...Sxe5 9.Lxe5± würde immer noch die beste Wahl für Schwarz darstellen, allerdings mit dem verschenkten Tempo a7–a6.

9.Lc2 b5?! 10.Sc6! Db6 11.Sxe7 Kxe7±

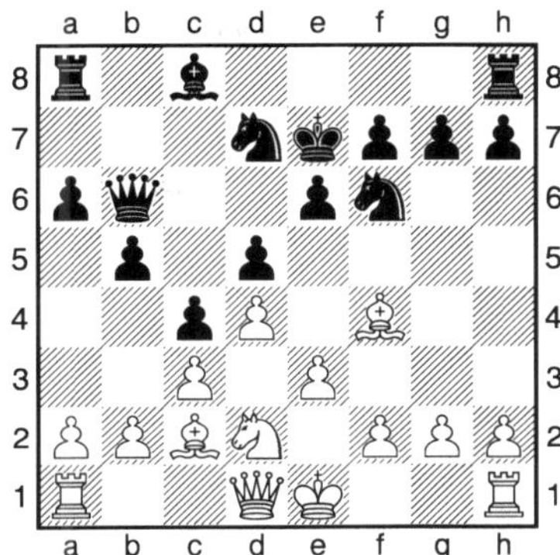

Weiß hat das Läuferpaar erhalten, ohne dass Schwarz dafür ein Gegengewicht bekommen hätte. Der Lc8 steht schlecht und auch die schwarze Königsstellung wirkt eher unsicher. Weiß strebt baldiges e3–e4 an, um die Stellung zu öffnen oder mittels e5 weiteren Raum zu gewinnen.

Fazit: Der Aufbau mit 4...Le7 ist ok für Schwarz, führt aber nahezu zwangsläufig zum Kapitel 4.2.

Kapitel 3.2 – 4.e3 Sh5

1.d4 d5 2.Sf3 Sf6 3.Lf4 e6 4.e3 Sh5!?

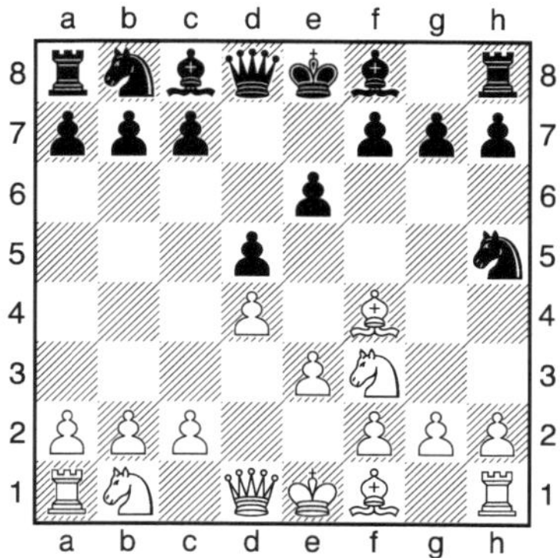

Auch gegen diesen naheliegenden Springerzug sollte Weiß gewappnet sein und die richtige Behandlung kennen.

5.Lg5 Le7

Andere Fortsetzungen sind schlechter:

z.B. 5...Dd6?! 6.Sfd2! Sf6

(6...g6 7.Le2±)

7.Lxf6 gxf6 8.c4 c6 9.Sc3±

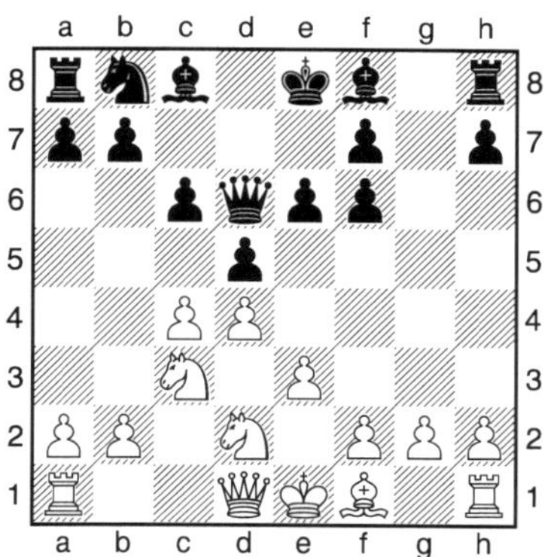

Die schwarze Struktur ist beschädigt und sein Läuferpaar ist kein adäquater Ersatz, denn dafür ist der Lc8 zu passiv.

Die Alternative 5...f6?! schwächt nur den Königsflügel und nimmt dem Sh5 das Rückzugsfeld. Nach 6.Lh4 g6

(6...Ld6 7.c4±; 6...g5? 7.Sxg5+−)

7.c4± wirkt die Aufweichung des Königsflügels sehr suspekt.

6.Lxe7 Dxe7 7.c4!

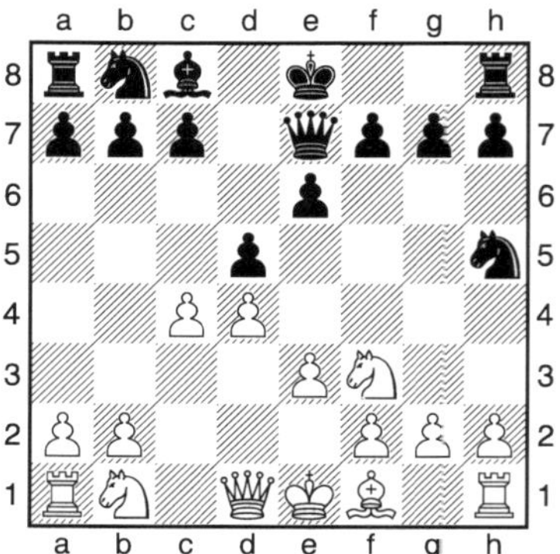

Weiß sollte so aktiv wie möglich vorgehen, um den kleinen dynamischen Vorteil (deplatzierter Sh5) auszunutzen. Der folgende Stellungstypus ist sehr bekannt, weshalb ich recht tief in die Varianten eintauche, obwohl noch kein praktisches Material dazu existiert.

Die alte Behandlungsweise 7.Sbd2 ist auch spielbar, nur ist 7.c4 wesentlich energischer.

7...0-0

Zu gierig ist 7...Db4+? 8.Sc3±, denn der Damenausflug erweist sich als Zeitverlust. Nach 8...Dxb2? 9.Sb5 Db4+ 10.Sd2 ...

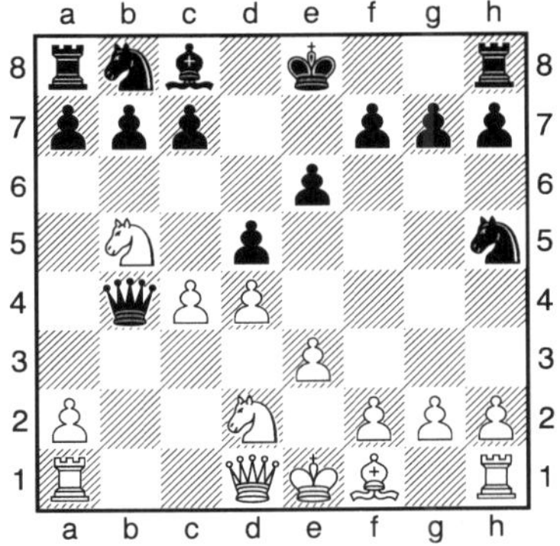

... kann Schwarz sich mit enormer Anstrengung gerade noch im Spiel halten; und zwar 10...Da5 11.Dxh5 a6 12.Sxc7+ Dxc7 13.cxd5 exd5 14.Dxd5 mit gesundem Mehrbauern.

8.Sc3

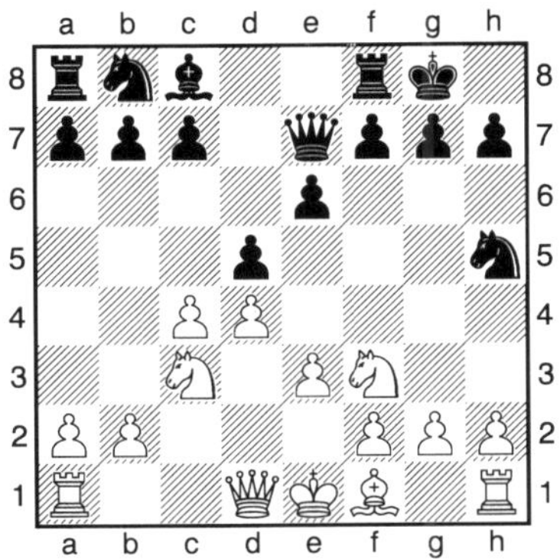

8...Sf6!

Die Fortsetzung 4...Sh5 erweist sich als recht cleverer Versuch, in Stellungen zu gelangen, die dem Damengambit ähneln. Auch dort kommt es mitunter zum Tausch der schwarzfeldrigen Läufer. Wie im Damengambit üblich, gibt es auch hier das Tempospiel mit dem Lf1. Schwarz wartet mit dxc4 so lange, bis der Lf1 gezogen hat. Weiß hingegen lässt zunächst so viele nützliche Züge wie möglich folgen, bevor er sich entscheidet, was er mit dem Lf1 macht.

Nach 8...dxc4 9.Lxc4 c5 10.d5 Td8 11.Db3± wird Schwarz einen positionellen Preis bezahlen müssen und am Ende wird ein vereinzelter Bauer auf e6 zurückbleiben.

9.Tc1 Sbd7

Allmählich steht Schwarz für dxc4 und c7–c5 bereit, so dass Weiß die Spannung im Zentrum aufhebt. 9...c6 führt früher oder später zur Hauptvariante.

10.cxd5 exd5 11.Ld3 c6

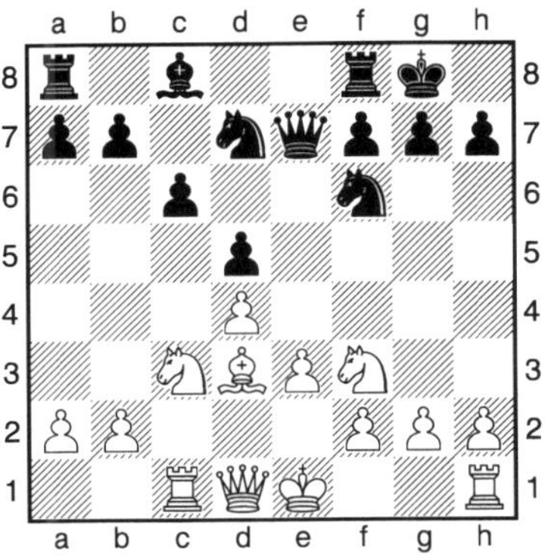

Somit ist die bekannte ‚Karlsbader Struktur' entstanden, die meist aus der Abtauschvariante des Damengambits hervorgeht. Weiß will entweder mit b4 usw. einen Minoritätsangriff am Damenflügel starten oder mittels f3, e4 im Zentrum vorgehen.

Nach 11...c5 12.dxc5 Sxc5 13.h3 ist die Isolani-Stellung nicht gerade gut für Schwarz. Selbst der Tausch auf d3 bringt ihm nicht viel. Weiß kontrolliert das Feld d4, und um den Isolani zu kompensieren, fehlt Schwarz das Gegenspiel.

12.Dc2 Te8 13.0-0

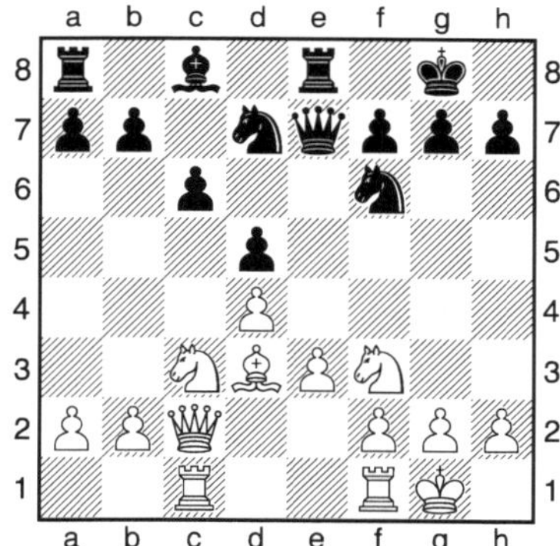

Schwarz hat gewisse Probleme mit der Entwicklung des Damenflügels.

13...Se4

Will e3-e4 dauerhaft verhindern und macht Platz für den Sd7.

Nach 13...b6? 14.e4! dxe4 15.Sxe4± ist der Bauer auf c6 sehr schwach und nach der weiteren Folge 15...Lb7 16.Tfe1 Df8 17.Se5 steht Weiß erdrückend überlegen. Der Se5 kann wegen Sxf6+ nebst Lxh7+ nicht gut geschlagen werden.

14.b4!

Normalerweise benötigt Weiß für den Minoritätsangriff einen Turm auf b1, aber hier sorgen die taktischen Umstände dafür, dass es auch ohne geht.

14...a6

Auch nach 14...Dxb4 15.Sxe4 dxe4 16.Lxe4 g6 17.Tb1± würde Schwarz seinen Damenflügel weiterhin nur schwer entwickeln können.

15.a4 Sb6

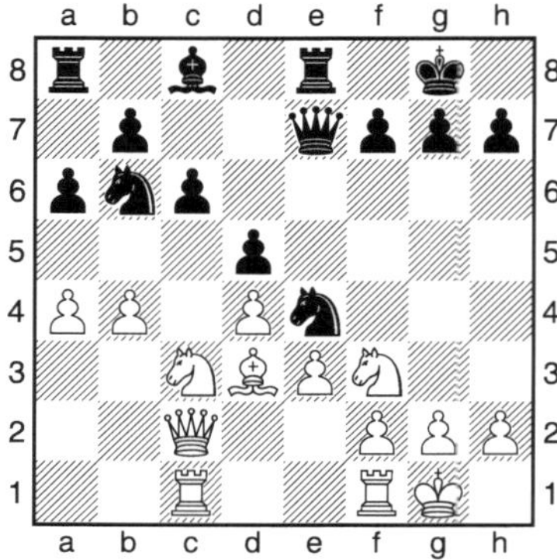

Ein frecher Versuch, dem typischen Minoritätsangriff nach 15...Sdf6 16.b5± zu entgehen. Die weiße Stellung ist ansonsten absolut solide und er kämpft somit risikolos um den vollen Punkt.

An dieser Stelle wäre 15...Dxb4? sogar ein größerer Fehler als zuvor, denn nach 16.Sxe4 dxe4 17.Lxe4 g6 18.Tb1 De7 19.Ld3 Sf6 20.a5± ist der Damenflügel blockiert und der Bauer b7 somit dauerhaft schwach.

16.a5!

Warum bricht Weiß seinen Minoritätsangriff ab? Nach 16.a5 ist ja kein b4–b5 mehr möglich. Antwort: Der Textzug erlaubt es Weiß, mit Tempo den Damenflügel festzulegen, was die Felder b6 und c5 dauerhaft als Schwächen fixiert. Ein sehr direkter Anschlussplan besteht in Sa4–c5. Abgesehen davon konnte Weiß den Minoritätsangriff nicht recht fortsetzen, denn es drohte 16...Sxc3 nebst Sxa4.

16...Sd7 17.Tb1 Sxc3

Sonst hätte Weiß Sa4 nebst Sc5 gezogen.

18.Dxc3 Sf6 19.Se5 Se4 20.Dc2

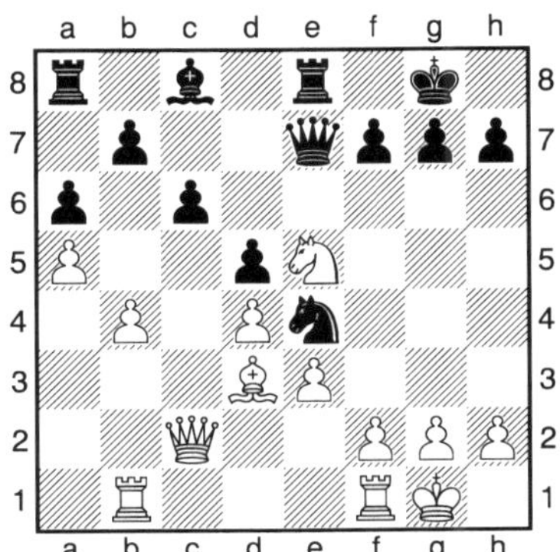

In Anbetracht des anfälligen Bauern b4 sieht der weiße Damenflügel gar nicht so stark aus, aber dieser Eindruck täuscht. Die Bauern b4 und a5 legen alle gegnerischen Bauern auf weißen Feldern fest und das Feld c5 kann im weiteren Verlauf als Operationsbasis für die eigenen Figuren genutzt werden.

20...f6

20...Dh4 21.Lxe4 dxe4

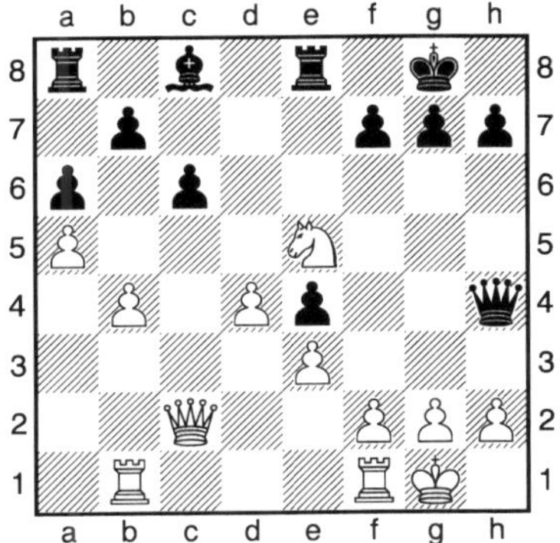

Nimmt die Dame auf e4, wickelt Weiß in ein besseres Endspiel ab. Je mehr abgetauscht wird, desto besser, nur den Springer sollte man unbedingt auf dem Brett behalten. 22.f4!

Dies weist darauf hin, dass Weiß nicht allein auf Spiel am Damenflügel eingeschränkt ist. Schwarz muss nehmen, an-sonsten ist e4 dauerhaft schwach und der Se5 zu stark.

Nach 22...exf3 23.Txf3± folgt Tbf1 und Weiß hat eine nicht zu unterschätzende Initiative am Königsflügel. Diese kleine Variante zeigt, wie schnell Weiß auch in diesem Brettabschnitt die Oberhand gewinnen kann.

21.Lxe4 dxe4 22.Sc4±

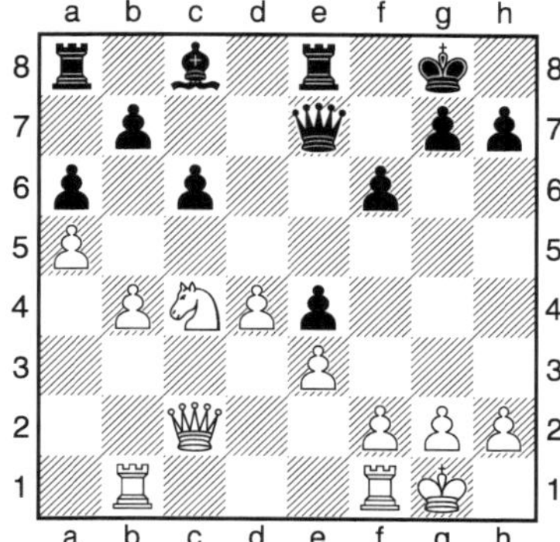

Der weitere Plan lautet: Sb6, Dd2, Tfc1-c5. Weiß steht etwas besser, da Schwarz kein adäquates Gegenspiel besitzt. Ein Endspiel mit Springer gegen Läufer dürfte ein Traum für Weiß sein. Dem Nachziehenden steht eine schwierige Verteidigung bevor.

Fazit: 7.c4! ist die dynamischste Behandlung der Stellung und gefällt klar besser als 7.Sbd2, was in der Erstauflage des Buches empfohlen wurde. Wer es unkompliziert haben will, kann auch weiterhin einen Aufbau mit 7.Sbd2 nebst c3 und Ld3 wählen. Damit dürfte wahrscheinlich kein Vorteil zu erzielen sein, aber die Stellungsbilder bleiben bekannt. Nach 7.c4! entsteht häufig die Karlsbader Struktur aus dem Damengambit. Es ist aber nur die Struktur und keine Zugumstellung in eine dort bekannte Variante. Ich ziehe hier die weißen Chancen vor.

Kapitel 3.3 – 4.e3 Ld6

1.d4 d5 2.Sf3 Sf6 3.Lf4 e6 4.e3 Ld6

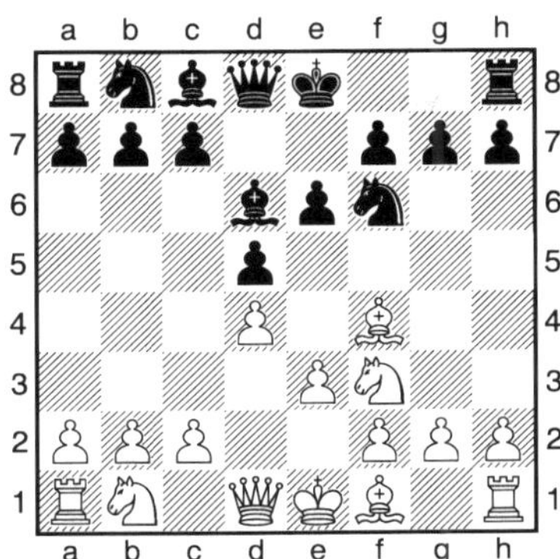

Bei diesem beschleunigten Ld6–System verzichtet Schwarz zunächst auf c5 nebst Sc6 und zieht den Läufer sofort nach d6. Hier werden schwerpunktmäßig Möglichkeiten behandelt, die eigenständige Bedeutung haben.

5.Lg3!? Se4!?

Schwarz spielt sehr frech und ambitioniert, ignoriert dabei aber den Zeitfaktor. Alternativen führen in der Regel zu späteren Kapitel.

Auch nach 5...c5 6.Sbd2 Sc6 7.c3 oder 6...0-0 7.c3 wird es Schwarz schwerfallen, Zugumstellungen zu vermeiden; (siehe ab Kapitel 5).

5...Lxg3 6.hxg3 De7

(6...c5 7.c3 Sc6 8.Sbd2 führt zu Kapitel 5.1)

7.Sbd2

(Für 7.c3 gibt es keinen Grund, da Schwarz seinen c–Bauern noch nicht festgelegt hat.)

7...Sbd7 (droht 8...e5.) 8.Se5! Sxe5 9.dxe5 Sd7 10.f4±

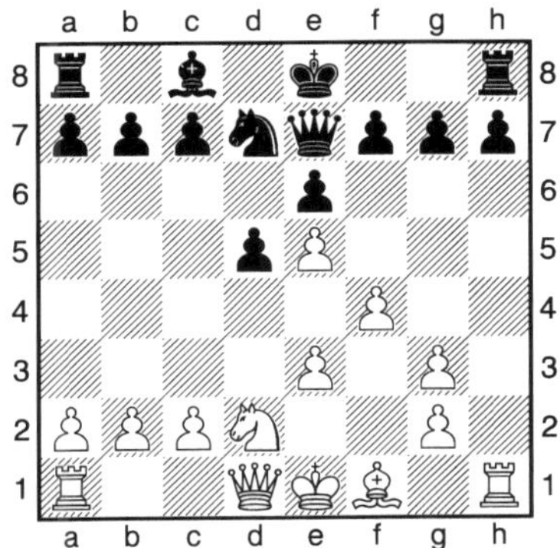

Schwarz steht bereits schwierig. 10...f5

(10...f6 11.Ld3! fxe5 12.Dh5+ Kd8 13.fxe5 mit klarem Vorteil.)

11.g4! Dc5 12.Th3 d4? Und jetzt hätte Weiß (in einer Partie Karlik - Symersky, Tschechien 2011) mit 13.gxf5 exf5 14.exd4 Dxd4 15.Dh5+ g6 16.Dh6 eine Gewinnstellung erreichen können.

1) Mit **6.Sbd2** gibt Weiß den Läufer freiwillig her und setzt dabei auf die h–Linie.

6...Sxg3 7.hxg3

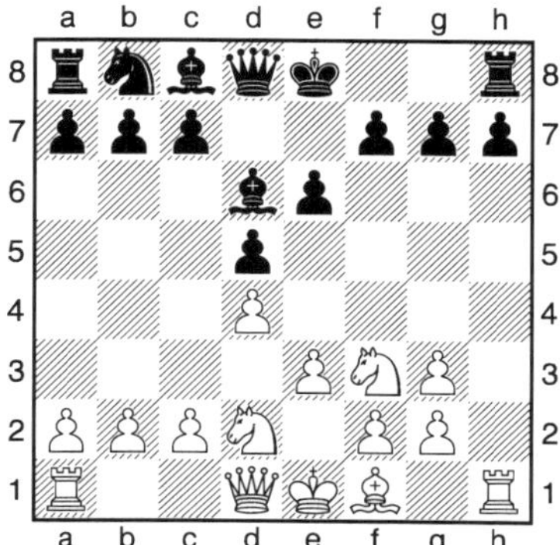

Schwarz hat sein Ziel erreicht und das weiße Läuferpaar halbiert. Dabei hat sich aber die h–Linie geöffnet und Weiß liegt in der Entwicklung vorn. Wichtig ist die Erkenntnis, dass mit Ld3 keine direkte Drohung gegen h7 aufgestellt wird, da der Läufer mit g7–g6 eingeschlossen werden könnte. Weiß sollte daher den Angriff gegen h7 mit Dc2 anstreben, zusammen mit c2–c4 nebst aktivem Vorgehen im Zentrum.

1a) Mit **7...c5** bietet Schwarz die Öffnung des Zentrums an, was in Anbetracht seines Entwicklungsnachteils keine wirklich gute Idee zu sein scheint.

8.dxc5! Lxc5 9.c4

Weiß hält an seinem Plan fest.

9...Sc6 10.Dc2

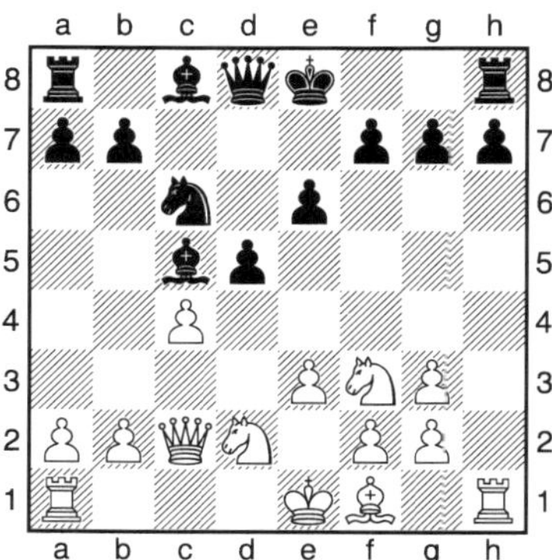

Der Lc5 ist nebenbei auch noch zu einem Angriffsobjekt geworden. Hier zwei mögliche Varianten:

- **10...Db6 11.Txh7 Txh7 12.Dxh7 Dxb2 13.Tb1 Df6 14.g4 g6 15.g5 Dc3 16.Le2 Kf8 17.Kf1**± Der schwarze Damenflügel ist noch unentwickelt und der weiße König steht deutlich sicherer.
- **10...Sb4 11.Dc3 Df6 12.Dxf6 gxf6 13.Kd1! dxc4 14.Lxc4**± Der König wird auf e2 geparkt. Weiß besitzt die bessere Struktur und Schwarz wird noch Zeit für die weitere Entwicklung verlieren müssen.

1.d4 d5 2.Sf3 Sf6 3.Lf4 e6 4.e3 Ld6 5.Lg3!? Se4!? 6.Sbd2 Sxg3 7.hxg3

1b) 7...Sd7 8.c4!

Das Vorgehen mit 8.e4 macht in meinen Augen nicht viel Sinn. Schwarz kann z.B. mit 8...c5 leicht ausgleichen.

8...c6 9.Dc2

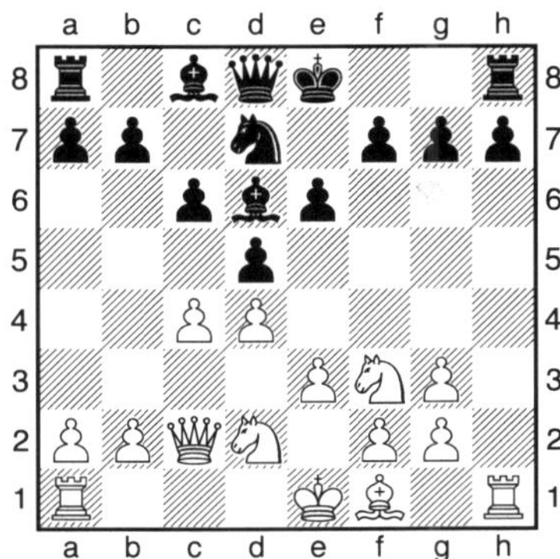

Auf diese Bedrohung von h7 wäre **9...h6** wohl die natürlichste Reaktion.

Nach der ersten Alternative 9...f5 10.0-0-0! ist Weiß vollständig mobilisiert und kann sich an die Durchsetzung von g3-g4 machen. Schwarz hat einen Stonewall-Aufbau eingenommen, aber der allein ist kein Allheilmittel. Hier ist die h-Linie geöffnet und Schwarz liegt weit in der Entwicklung zurück. Nach den weiteren Zügen 10...Sf6 11.c5 Lc7 12.Se5± steht Weiß besser.

Und die zweite Alternative 9...Sf6 bringt den Ersatzmann nach f6. Schwarz hat einiges an Zeit investiert, aber dafür ist h7 zuverlässig geschützt. Hier gefällt 10.c5! Lc7

(10...Le7 11.Se5±)

gefolgt von dem kreativen 11.e4! dxe4 12.Sxe4 Sxe4 13.Dxe4 La5+ 14.Kd1 am besten.

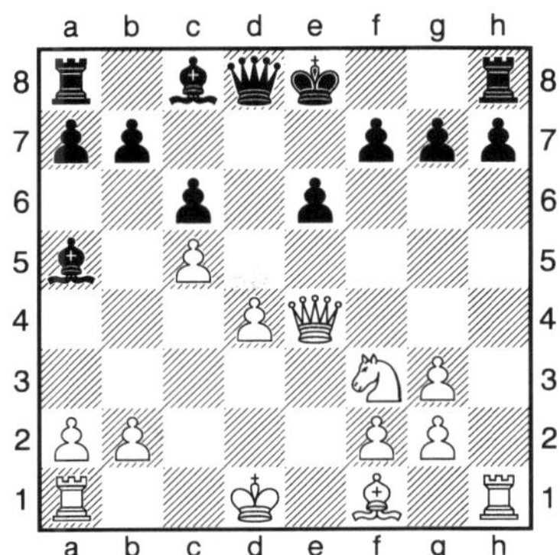

Der Rochadeverlust ist nicht immer nachteilig. Hier z.B. ist der weiße Entwicklungsvorsprung, die Zentrumskontrolle und der Raumvorteil wichtiger. Zudem ist der weiße König nicht ernsthaft zu bedrohen.

14...Dd5

Sonst würde Weiß einfach zu 15.Lc4 kommen.

15.Dc2

Aus weißer Perspektive müssen die Damen natürlich auf dem Brett bleiben; es hängt h7.

15...h6 16.Lc4 Df5 17.Ld3 Df6 18.Ke2±

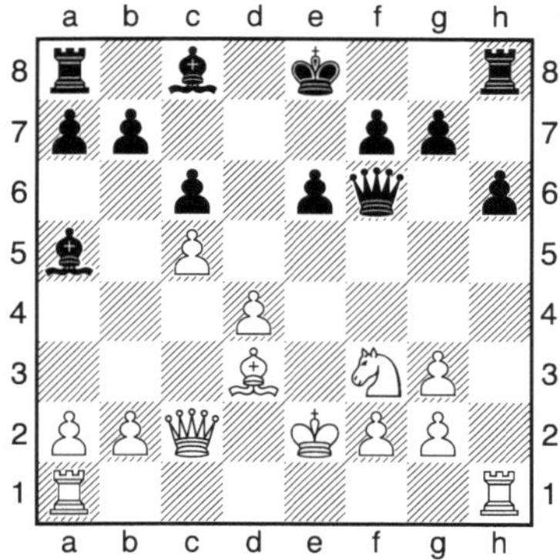

Die Konstellation c5/d4 sieht für viele sicherlich etwas hässlich aus, da der d-Bauer rückständig ist. Schwarz besitzt aber keinen Springer mehr, der das Feld d5 ausnutzen könnte. Zudem kommt er nicht zur wünschenswerten Befreiung mittels e6–e5; Weiß steht besser.

10.0-0-0

Die lange Rochade ist im LS nicht unbedingt üblich, macht hier aber durchaus Sinn. Schwarz muss nun mit g4–g5 rechnen, und solange der Th8 ungedeckt ist, ist es fast egal, wo sich der schwarze König versteckt.

10...Sf6

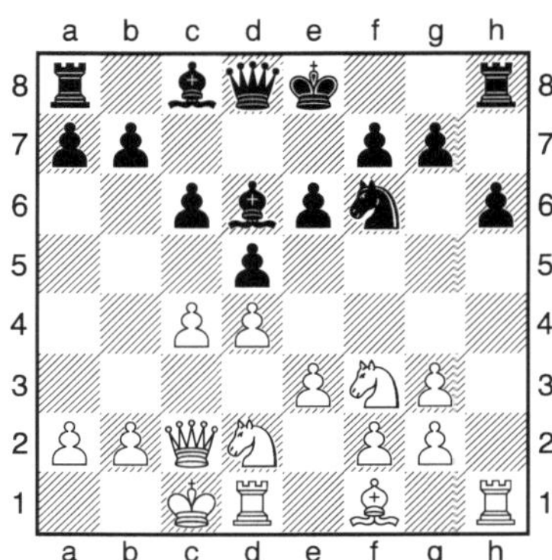

11.Th4!?

Der Turmzug bereitet die Turmverdoppelung und auch g3–g4 vor. Nebenbei vereitelt er Sg4.

11...0-0 12.Ld3±

Weiß überstürzt nichts mit g3–g4 und bereitet stattdessen die Turmverdoppelung vor. Jetzt ist er voll entwickelt und seine Initiative ist bereits gefährlich.

1.d4 d5 2.Sf3 Sf6 3.Lf4 e6 4.e3 Ld6 5.Lg3!? Se4!?

2) 6.c4 Lb4+

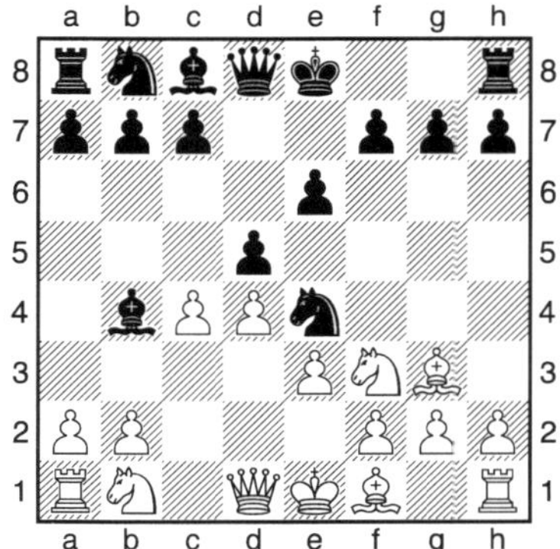

Im Gegensatz zu Kapitel 1.1 steht der Springer hier auf e4 statt auf f5, wodurch Schwarz mit dem Läuferschach eine zusätzliche Option erhält.

6...c6 7.Sc3 Sxg3 bzw. 6...Sxg3 geht jeweils in Kapitel 1.1 über, wo der Springer die Route Se7–f5xg3 nahm.

7.Sfd2!

Räumt das Feld f3 und zwingt Schwarz zu einer Reaktion.

Auf 7.Sbd2 ist 7...h5!= erstaunlich unangenehm für Weiß, denn es droht ja h5–h4.

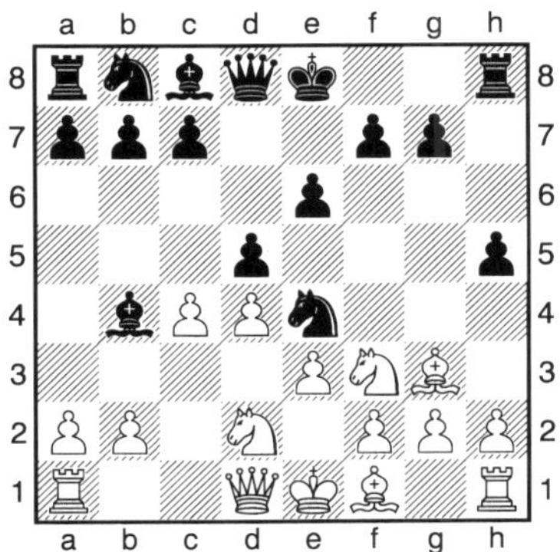

Z.B. 8.Le2?? h4 9.Lf4 g5 10.Le5 f6–+ und der Läufer geht verloren.

7...h5

Der kritische Test.

Nach 7...Sxg3 8.hxg3± plant Weiß Sc3 nebst Ld3 oder Dc2.

Nach 7...c6 pariert 8.Lf4!± die Drohung Sxg3 und als nächstes folgt a3, wonach Schwarz die Fesselung nicht länger aufrechterhalten kann.

8.f3 Sxg3 9.hxg3±

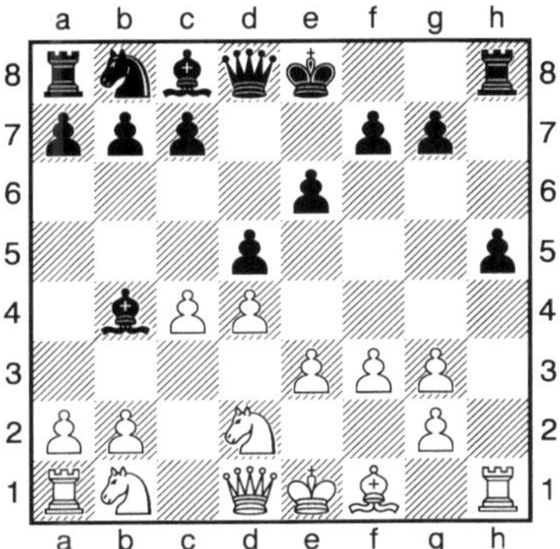

Die weiße Stellung verdient den Vorzug. Wegen des h-Bauern kann Schwarz nicht rochieren, während Weiß den Druck am Königsflügel mit Zügen wie f4 nebst Le2 erhöhen kann. Der weiße König steht zudem in vielen Varianten auf f2 sehr sicher.

9...c6 10.Sc3 Sd7 11.Le2 g6 12.f4±

Dies war nur ein kleines Beispiel. Weiß hat sich an den Plan gehalten und steht etwas besser.

Fazit: Um Zugumstellungen zu vermeiden, muss Schwarz den Springer nach e4 stellen. Das ist zwar originell, kostet aber wertvolle Zeit.

Kapitel 3.4: 4.e3 c5 5.c3 Db6

1.d4 d5 2.Sf3 Sf6 3.Lf4 e6 4.e3 c5

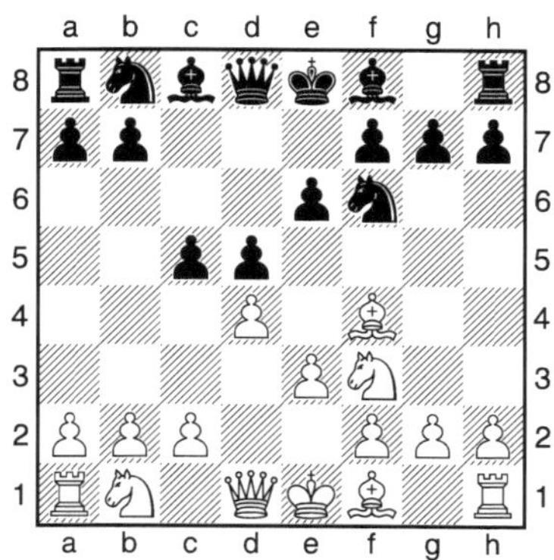

Setzt unverzüglich d4 unter Druck, aber nebenbei kann auch die Dame sofort nach b6.

1) Im Laufe der Zeit ändern sich Urteile manchmal recht deutlich. Dazu führen tiefere Analysen, sei es dank der Rechner oder durch eigene Arbeit. So hielt ich **5.Sbd2?!** (wonach Bauer b2 mit Tb1 gedeckt werden kann) ursprünglich für vorteilhaft, musste mein Urteil jedoch im Laufe der Zeit revidieren.

5...Db6!

Schwarz lässt sich nicht von dem Damenzug ∓2 abbringen.

> 5...Sc6 führt nach z.B. 6.c3 Ld6 7.Lg3 in bekannte Bahnen; (siehe Kapitel 5).

6.Tb1 cxd4 7.exd4 Ld7!

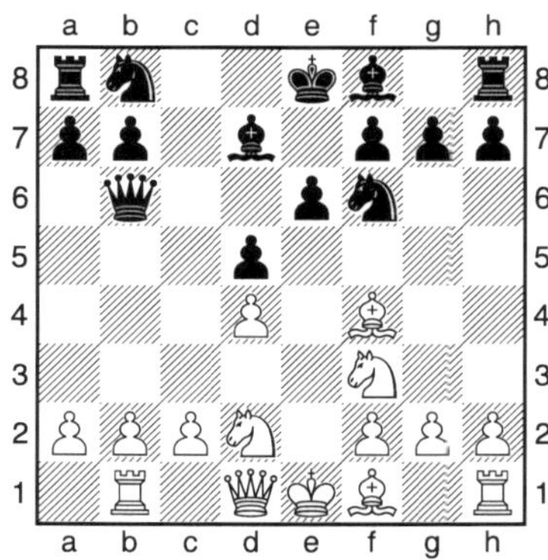

Nun droht der Abtausch des schlechten Ld7 mittels Lb5.

8.c3 Lb5 9.Db3 Lxf1 10.Dxb6 axb6 11.Kxf1=

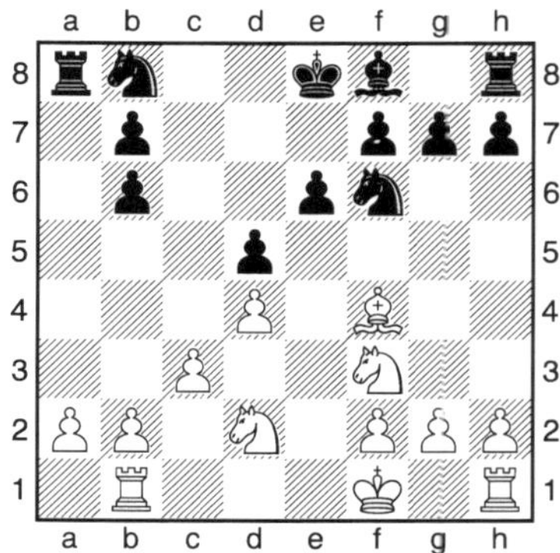

Hier lag ich mit meinem Urteil „etwas besser für Weiß" nicht ganz richtig. Weiß besitzt zwar die bessere Struktur, aber der Doppelbauer ist kaum auszunutzen. Die Stellung ist daher im Gleichgewicht, weswegen ich 5.Sbd2 nicht mehr unbedingt empfehle.

1.d4 d5 2.Sf3 Sf6 3.Lf4 e6 4.e3 c5

2) 5.c3! Db6

Alternativen werden in den nächsten Kapiteln untersucht. Wenn Schwarz 5.c3 sofort ausnutzen will, kommt nur der Damenzug in Frage.

6.Db3 c4 7.Dc2!±

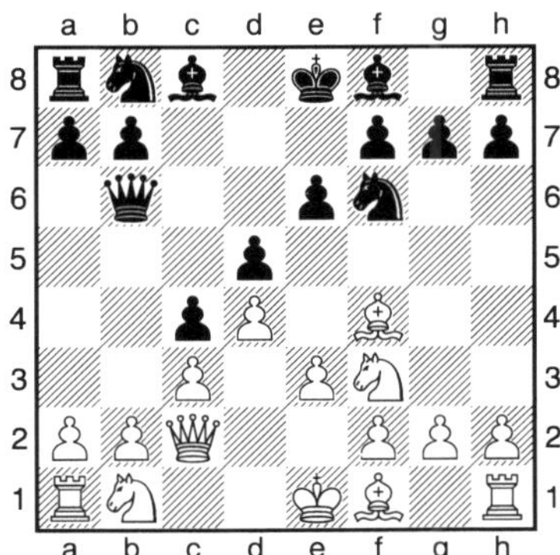

Auch diese Stellung habe ich früher nicht richtig bewertet. Weiß steht hier bereits besser, da e7–e6 nur den Lc8 einschließt und die Db6 nutzlos steht. Der Bauernzug c5–c4 ist im LS ein häufiger positioneller Fehler.

Nach 7.Dxb6?! axb6 geht 8.Sa3 nicht wegen 8...Lxa3. Das ist der Trick hinter dem frühen e7–e6. Daher sollte Weiß auf 6...c4 mit 7.Dc2 reagieren, was meist ebenfalls in Kapitel 1.2 mündet.

7...Sc6 8.Sbd2

Nun ist durch Zugumstellung die Stellung aus Kapitel 1.2 (7...c4 8.Dc2) entstanden

Fazit: Das Manöver e7–e6 nebst 5...Db6 hat keine eigenständige Bedeutung und führt in der Regel zu Kapitel 1.2.

Kapitel 4
4.e3 c5 5.c3 Sc6

1.d4 d5 2.Sf3 Sf6 3.Lf4 e6 4.e3 c5 5.c3 Sc6

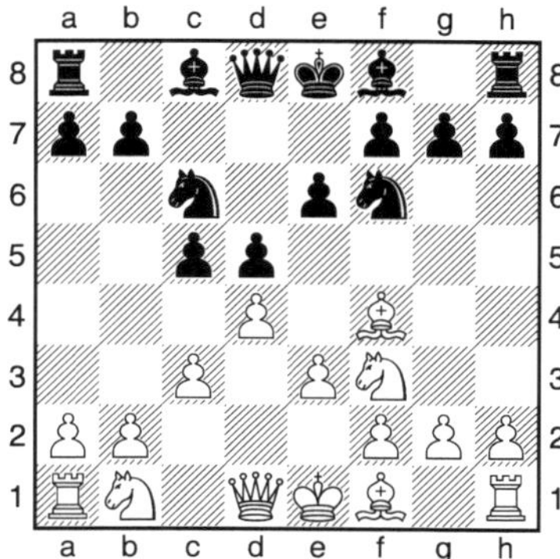

Der häufigste Zug an dieser Stelle. Die Stellung habe ich in der Erstauflage als „klassisches System“ bezeichnet, worauf ich hier aber verzichten möchte. In der Folge muss Schwarz sich entscheiden, ob er seinen Lf8 aktiv nach d6 stellt, oder etwas vorsichtiger nach e7. Kapitel 4 beschäftigt sich mit 6...Le7 und Kapitel 5 mit 6...Ld6.

Kapitel 4.1: 6.Sbd2

→ seltene Fortsetzungen

1.d4 d5 2.Sf3 Sf6 3.Lf4 e6 4.e3 c5 5.c3 Sc6 6.Sbd2

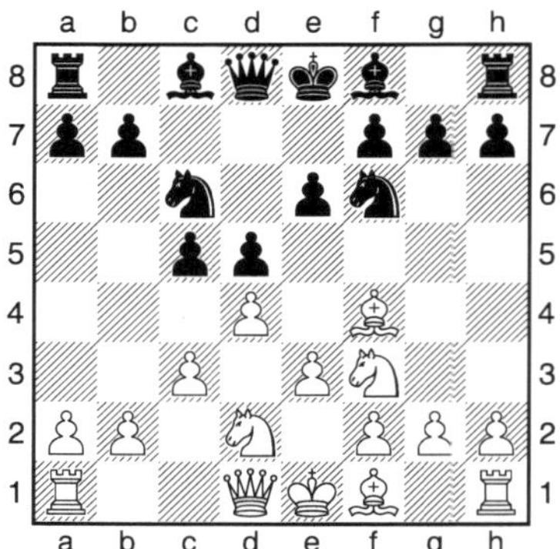

Hier folgt ein kleiner Überblick wenn Schwarz vorerst auf 6...Le7 oder 6...Ld6 verzichtet.

1) 6...Sh5 ist eher ein Zeitverlust.

7.Lg5

1a) 7...Db6 8.dxc5! Lxc5

Nach 8...Dxb2? 9.Sd4 hängt Sh5. 9...Sf6 10.Sb5+- Die Db2 ist in großer Gefahr und es droht zudem die Gabel auf c7.

9.b4 Le7 10.b5

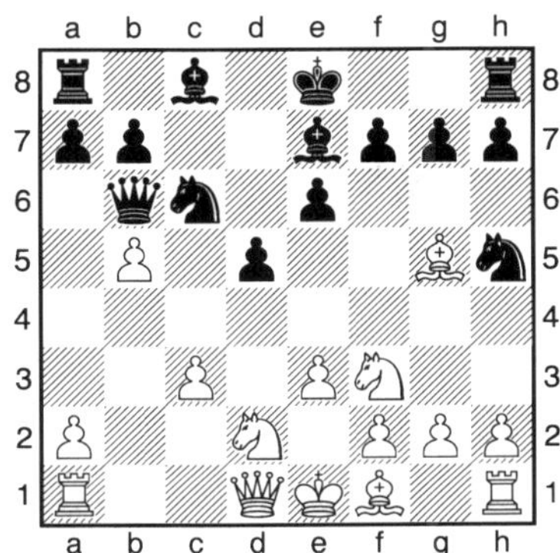

10...Sb8?

Nach 10...h6 11.Lh4 g5 12.bxc6 gxh4 13.Tb1 Dc7 14.cxb7 Lxb7 15.Sxh4± hat Schwarz nicht genug Kompensation für den Bauern.

11.Lxe7 Kxe7 12.c4± (Dgebuadze–Sawtschenko, Ubeda 1998) Bessere Entwicklung, ungefährdeter König und Druck gegen d5 – Weiß steht deutlich besser.

1.d4 d5 2.Sf3 Sf6 3.Lf4 e6 4.e3 c5 5.c3 Sc6 6.Sbd2 Sh5 7.Lg5

1b) 7...Le7

Damit hält Schwarz den Nachteil noch in Grenzen.

8.Lxe7 Dxe7 9.Ld3 Sf6 10.0-0 0-0 11.Se5±

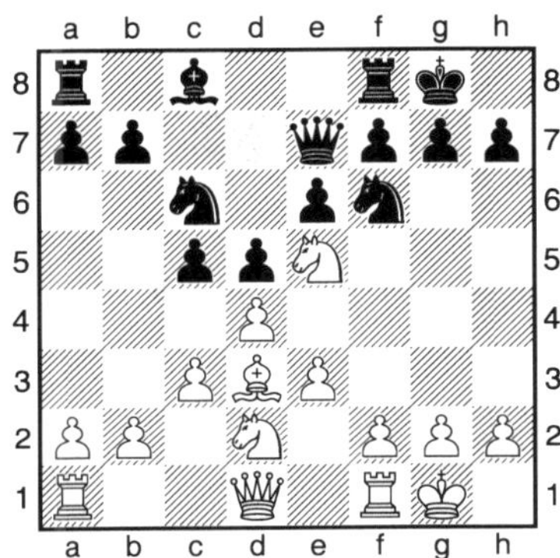

Weiß hat eine normale Angriffsstellung erreicht, die ihm leichten Vorteil verspricht.

1.d4 d5 2.Sf3 Sf6 3.Lf4 e6 4.e3 c5 5.c3 Sc6 6.Sbd2

2) 6...Db6?!

Wenn schon ein Springer auf d2 steht, ist der Damenausflug nach b6 recht wirkungslos.

7.Db3! c4 8.Dc2 (siehe Kapitel 1.2.)

1.d4 d5 2.Sf3 Sf6 3.Lf4 e6 4.e3 c5 5.c3 Sc6 6.Sbd2

3) 6...a6?!

Ein Zug, der nicht viel Sinn ergibt.

7.Ld3 Le7 8.h3±

Richtet sich gegen Sh5. Der Zug h3 ist nützlicher als a6.

1.d4 d5 2.Sf3 Sf6 3.Lf4 e6 4.e3 c5 5.c3 Sc6 6.Sbd2

4) Mit **6...h6?!** bereitet Schwarz Sh5 vor, was aber wieder sehr langsam ist.

7.Ld3 Sh5

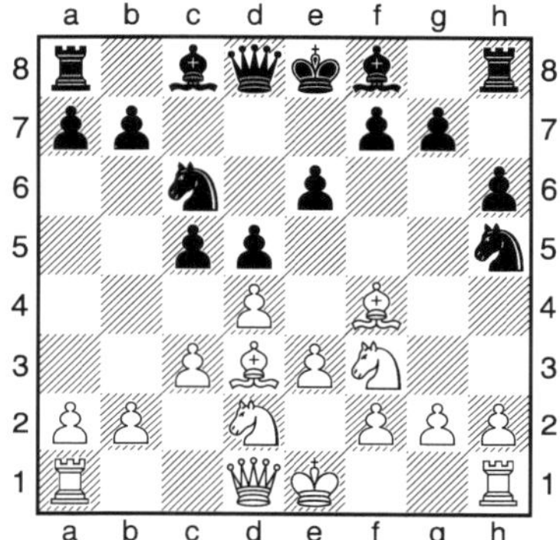

8.Le5! Sxe5

8...Sf6 9.0-0 Ld6

(9...Sxe5 10.dxe5 Sd7 11.e4 mit enormem Entwicklungsvorsprung.)

10.Lxd6 Dxd6 11.dxc5 Dxc5 12.e4±

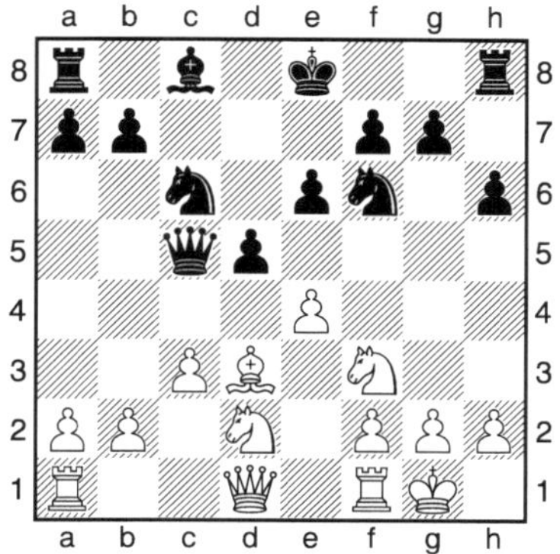

Auch hier ist Weiß besser entwickelt und steht aktiver.

9.dxe5 g6 10.Dc2

Es droht der Einschlag auf g6.

10...Sg7 11.0-0±

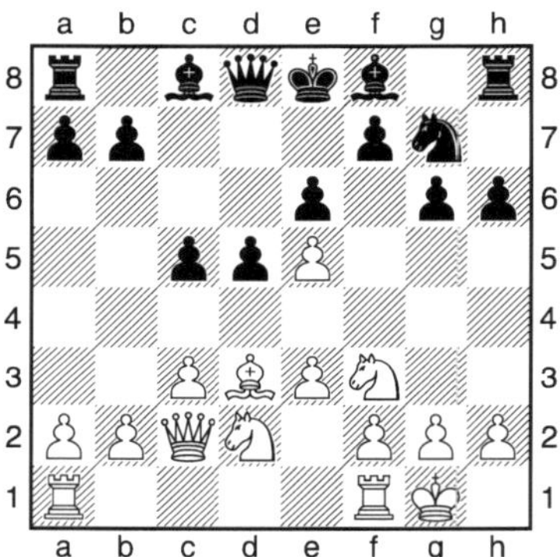

Nun droht Weiß, den Entwicklungsvorsprung mittels der Stellungsöffnung 12.e4 in Angriff umzusetzen. Der Sg7 ist nicht zu beneiden.

1.d4 d5 2.Sf3 Sf6 3.Lf4 e6 4.e3 c5 5.c3 Sc6 6.Sbd2

5) 6...b6 So einfach lässt sich das Problem mit dem Lc8 nicht lösen.

7.Lb5 Ld7

Erzwungen, ansonsten würde der Springer verloren gehen.

8.Ld3

Mit Lb5 wurde der Lc8 nach d7 gelockt.

8...cxd4

8...Le7 9.Se5 0-0 10.0-0± Weiß steht aktiver und kann langsam einen Königsangriff starten;

8...Sh5 9.Lg5 Le7 10.Lxe7 Dxe7 11.0-0± Weiß bereitet e4 vor und die schwarzen Leichtfiguren stehen unharmonisch.

9.exd4 Sh5 10.Le3

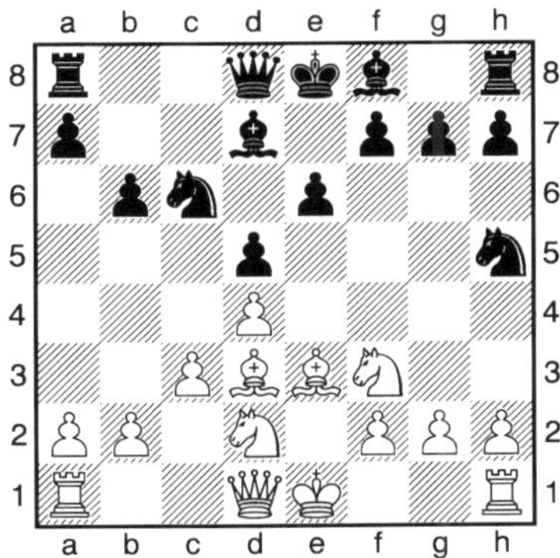

Weiß hat leichten Vorteil. Der schwarzfeldrige Läufer konnte sich retten und die kurze Rochade ist bequem möglich. Entsprechend verbleibt Weiß mit den aktiveren Figuren und kann wieder Initiative am Königsflügel entfalten.

1.d4 d5 2.Sf3 Sf6 3.Lf4 e6 4.e3 c5 5.c3 Sc6 6.Sbd2

6) 6...Ld7

Wenn schon 6...b6 nicht so gut ist, weil der Lc8 dennoch nach d7 muss, so ist sofort 6...Ld7 auch nicht die Lösung.

7.Ld3 Le7 8.Se5±

Auch hier übernimmt Weiß die Initiative ohne nennenswertes Gegenspiel.

1.d4 d5 2.Sf3 Sf6 3.Lf4 e6 4.e3 c5 5.c3 Sc6 6.Sbd2

7) Die Position nach **6...cxd4 7.exd4** entspricht in etwa der Caro-Kann Abtauschvariante mit eingesperrtem Läufer. Grundsätzlich ist die Auflösung der Zentrumsspannung und die Öffnung der e-Linie günstig für Weiß, weil er dann die besseren Chancen beim Kampf um die dortigen Vorposten erhält.

7a) 7...Le7 8.Ld3

Weiß steht bereits sehr bequem.

8...Sh5 9.Le3

Nach 6...cxd4 7.exd4 hat der Läufer ein Rückzugsfeld, weswegen Sh5 keine Drohung mehr darstellt.

9...Dc7 10.0-0 h6?!

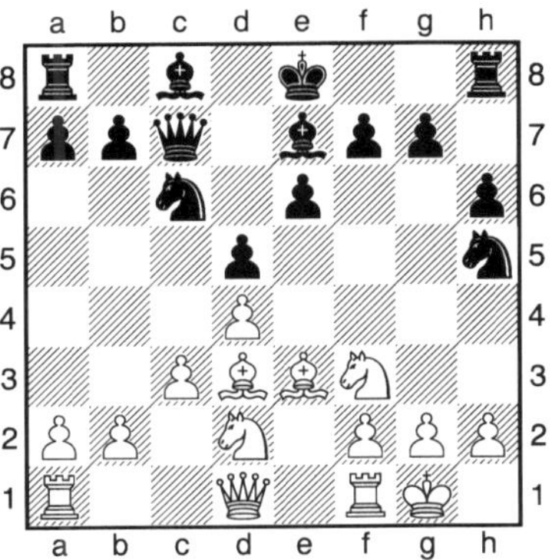

Nach 10...Sf4 11.Lc2± wird der Springer mit g3 wieder vertrieben. Und falls er nach g6 geht, ist h4–h5 ein wichtiges Motiv.

11.Se5! Sxe5 12.dxe5 g6

Der Bauer e5 ist vergiftet: 12...Dxe5?? 13.Ld4 Df4 14.g3 Dc7 15.Dxh5+–.

13.Dg4± (Schlindwein – Gervais, Cappelle la Grande 1995)

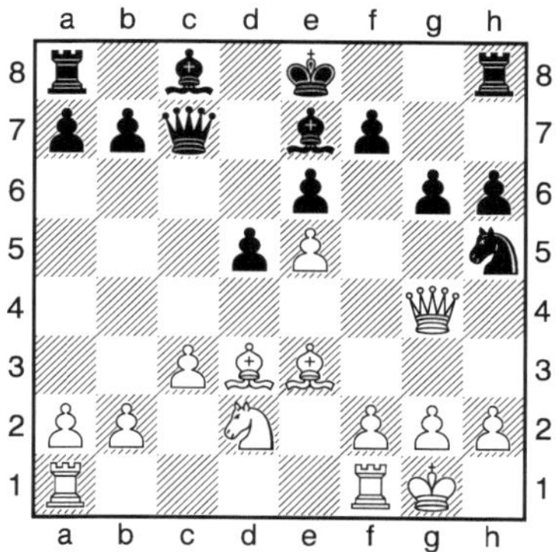

Die schwarze Stellung ist bereits sehr schwierig und Weiß steht klar besser. Er besitzt Raumvorteil und Entwicklungsvorsprung und droht bereits mit dem Einschlag auf g6. Und nach Abwehr dieser Drohung kann er die Stellung mit c3–c4 weiter öffnen.

1.d4 d5 2.Sf3 Sf6 3.Lf4 e6 4.e3 c5 5.c3 Sc6 6.Sbd2 cxd4 7.exd4

7b) 7...Ld6 8.Lxd6!

8.Lg3 ist ebenfalls gut.

8...Dxd6 9.Ld3

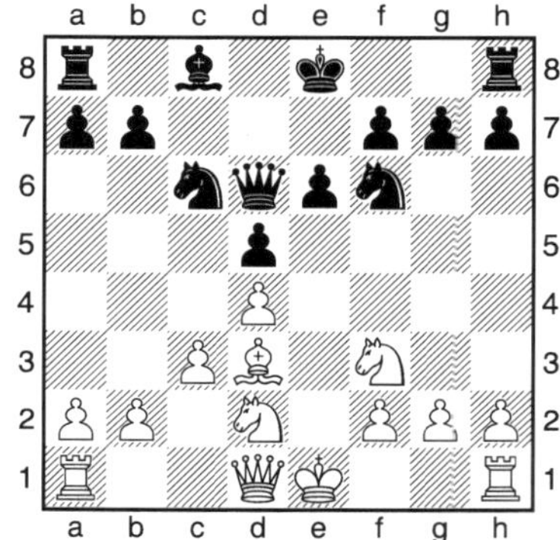

Der Tausch auf d6 war gut, da Schwarz nicht gut zu e6–e5 kommt.

9...0-0

9...e5? 10.Sxe5 Sxe5 11.De2± nebst f4 gewinnt einen Bauern.

10.0-0 e5

Alternativ kann Schwarz auch passiv abwarten. Angesichts des eingesperrten Lc8 wird er aber immer etwas schlechter stehen.

11.dxe5 Sxe5 12.Sxe5 Dxe5 13.Sf3± (Dorfman – Bellon, Platja d'Aro 1994)

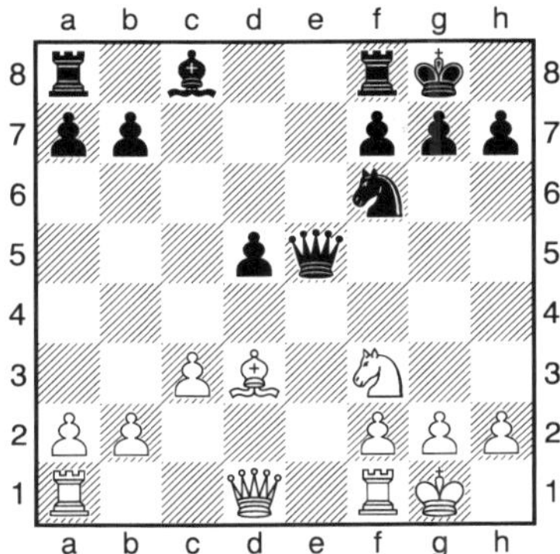

Der Isolani wird nicht genügend durch aktives Spiel ausgeglichen, so dass Weiß über ein dauerhaftes positionelles Plus verfügt.

> **Fazit:** Der Verzicht auf frühes Ld6 oder Le7 ist nicht besonders weise. Es ist schon sinnvoll für Schwarz, die Entwicklung des Königsflügels schnellstmöglich zu beenden.

Kapitel 4.2

6.Sbd2 Le7 7.Se5 Sxe5

1.d4 d5 2.Sf3 Sf6 3.Lf4 e6 4.e3 c5 5.c3 Sc6 6.Sbd2 Le7

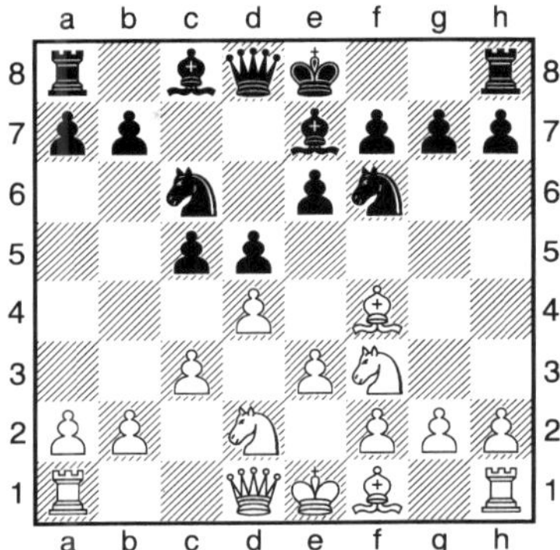

Normalerweise ist Le7 etwas passiv, aber oft ist es gerechtfertigt. Zum Beispiel, wenn Schwarz wie hier versucht, mittels Sh5 das Läuferpaar zu erobern.

Weiß sollte 7.Ld3?! vermeiden wegen 7...Sh5! 8.Le5 f6 9.Lg3 g6 10.De2 0-0 11.Lc2 e5 12.dxe5 Sxg3 13.hxg3 fxe5∓.

7.Se5!

Verhindert sowohl 7...Sh5 als auch den natürlichen Entwicklungsplan 7...b6 nebst Lb7.

7...Sxe5 8.Lxe5

> **Merkregel:** Hat Schwarz noch nicht rochiert, nimmt der Läufer auf e5.

8...Db6!

Die strategische Idee besteht in Ld7–b5 mit Abtausch des gefährlichen Lf1.

8...0-0

(8...Ld7 9.Ld3 Db6 10.Dc2 – siehe Hauptvariante.)

9.Ld3 Sd7

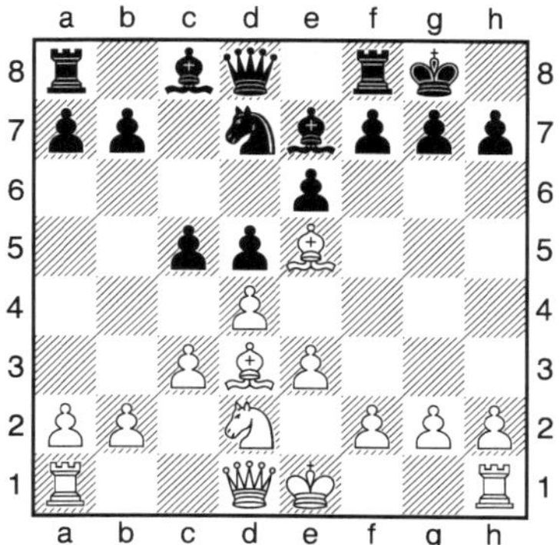

10.Lf4! Hier steht der Läufer besser als auf g3, weil Weiß damit die Möglichkeit besitzt, den g–Bauern loszuschicken.

Nach 10.Lg3 f5 11.0-0 c4 12.Lc2 b5 kann Weiß, wie die Praxis gezeigt hat, gegen die Stonewall–Formation nicht viel ausrichten; z.B. 13.Sf3 b4 14.Se5 Sxe5 15.Lxe5 Da5 16.Dd2 Ld7 17.f3 Db6 18.e4 a5= (Georgievski – Stamnov, Struga 1993).

10...f5 11.h3±

(11.g4? g5! 12.Lg3 f4∓)

Dies schafft dem Läufer ein Rückzugsfeld und bereitet späteres g2–g4 vor.

Die weiße Stellung ist flexibler und der Lc8 ist wieder dauerhaft eine traurige Figur. Der weiße Vorteil ist zwar nur minimal aber dafür dauerhaft.

9.Dc2 Ld7

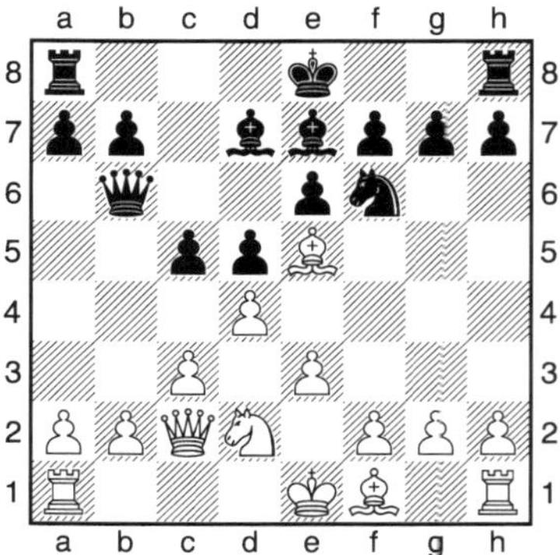

10.Ld3!

Dank 9.Dc2 wird die Idee Lb5 entschärft, weil Weiß darauf immer stark c4 antworten kann. Die alte Methode mit 10.a4 ist im Vorteilssinne nicht mehr brauchbar.

1) Auch nach **10...Tc8** ist Lb5 nicht gut spielbar.

11.0-0 Lb5

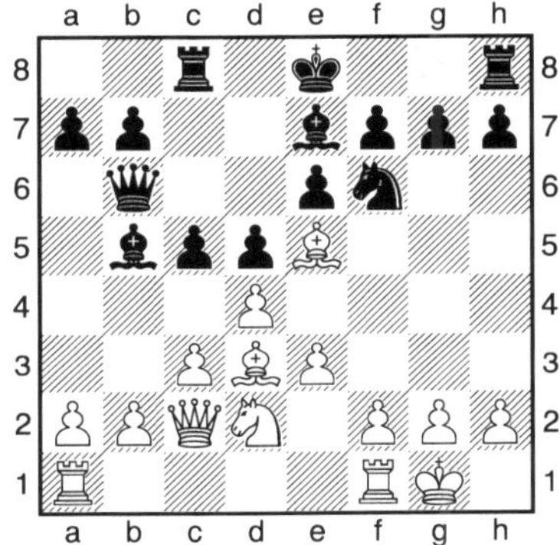

12.c4! cxd4 13.Lxd4 Dd6 14.a4 La6 15.b3

Bauer a7 hängt und sollte Schwarz mit 15...b6 reagieren, so wird Weiß mittels des Hebels a5 die a-Linie öffnen können.

15...Db8

Nach 15...b6 oder 15...0-0 16.Lxa7 e5 17.a5± hat Schwarz keine nennenswerte Kompensation.

16.Db2 0-0 17.Le5 Da8±

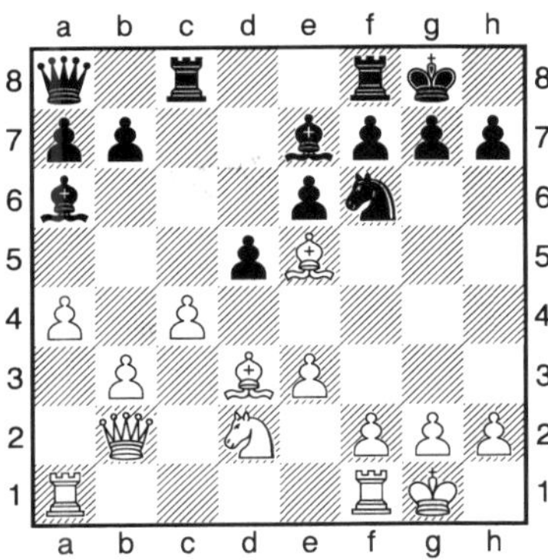

Angesichts solch einer Damenposition ist klar, dass etwas schief gelaufen ist.

1.d4 d5 2.Sf3 Sf6 3.Lf4 e6 4.e3 c5 5.c3 Sc6 6.Sbd2 Le7 7.Se5! Sxe5 8.Lxe5 Db6! 9.Dc2 Ld7 10.Ld3!

2) 10...h6

Bereitet die kurze Rochade vor.

11.0-0 0-0

11...Lb5 wäre auch hier wieder aus den bekannten Gründen nicht gut.

12.dxc5!

Mit diesem Zug klärt Weiß die Lage im Zentrum und verhindert dauerhaft die Idee Lb5.

12...Lxc5

12...Dxc5 13.Ld4 Dc7 14.f4± mit starker Initiative am Königsflügel.

13.Lxf6 gxf6 14.Sb3±

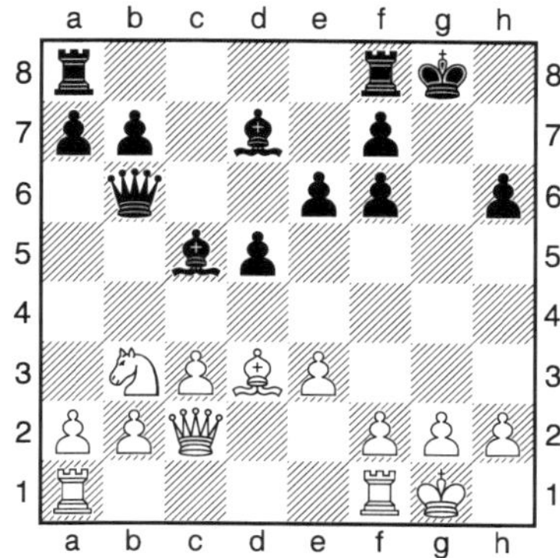

Der Springer kommt nach d4 und in Verbindung mit der geschwächten Königsstellung ergibt das – ungeachtet des gegnerischem Läuferpaares – ein kleines Plus.

1.d4 d5 2.Sf3 Sf6 3.Lf4 e6 4.e3 c5 5.c3 Sc6 6.Sbd2 Le7 7.Se5! Sxe5 8.Lxe5 Db6! 9.Dc2 Ld7 10.Ld3!

3) 10...Lb5?! 11.c4! dxc4

Sollte Schwarz nicht auf c4 nehmen, wäre seine Idee unter Zeitverlust gescheitert.

12.Sxc4 Lxc4 13.Dxc4 0-0

13...Dxb2? 14.Tb1 Da3 15.Txb7±

14.dxc5 Lxc5 15.0-0±

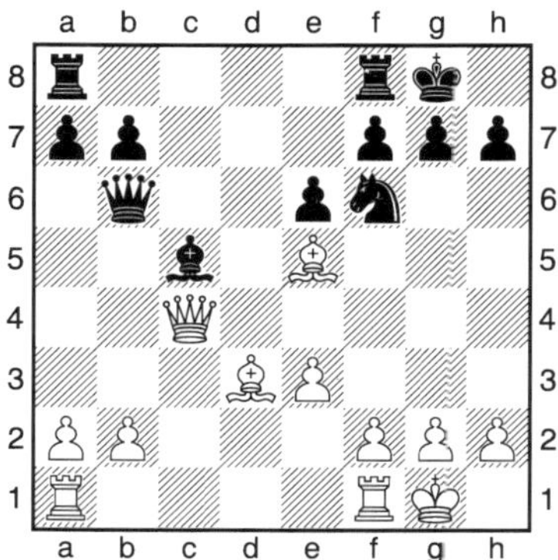

Weiß besitzt das Läuferpaar, es droht Lxf6 und die Dame kann zum Königsflügel wechseln.

1.d4 d5 2.Sf3 Sf6 3.Lf4 e6 4.e3 c5 5.c3 Sc6 6.Sbd2 Le7 7.Se5! Sxe5 8.Lxe5 Db6! 9.Dc2 Ld7 10.Ld3!

4) 10...cxd4

Hofft auf 11.exd4 Lb5 mit Ausgleich.

11.Lxd4!

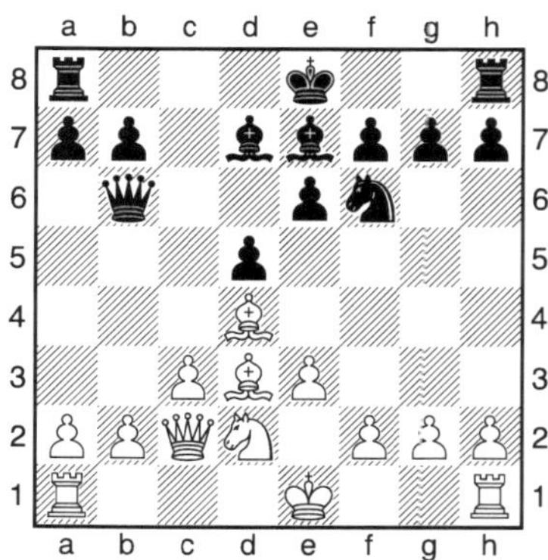

In diesem System (mit 7...Sxe5 8.Lxe5 Db6) sollte Weiß immer mit dem Läufer auf d4 schlagen. Wenn die Dame nun nach c7 gehen sollte, ist f4 stark, um das Feld e5 unter Kontrolle zu halten. Weiß hat danach gute Angriffschancen am Königsflügel. Die Läufer und die Dame zielen zum schwarzen König, sollte dieser kurz rochieren. Hinzu kommen Möglichkeiten wie Sf3–e5 oder Tf3–h3. Die lange Rochade kommt für Schwarz aber noch weniger in Frage, denn Weiß wäre durchaus in der Lage, mit c4 weitere Linien zu öffnen.

11...Lc5 12.a4!

Wieder drohte 12...Lxd4 nebst Lb5 mit Ausgleich und diesmal muss diese Drohung mit a4 abgewehrt werden.

12...Dc7

Schwarz sieht ein, dass die Idee mit Lb5 nicht mehr umzusetzen ist und orientiert sich stattdessen zum weißen Königsflügel.

13.0-0

Weiß kennt keine Furcht. 13.f4? Sg4∓

13...Sg4 14.g3!

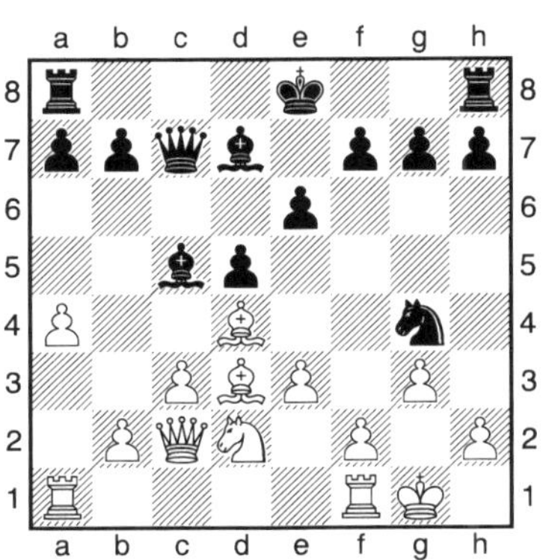

Weiß will unbedingt f2–f4 durchsetzen, was aber nach 14.Sf3 nicht mehr geht.

4a) 14...e5!?

Durch die Verhinderung von f2–f4 kommt Schwarz vom Regen in die Traufe.

15.Lxc5 Dxc5

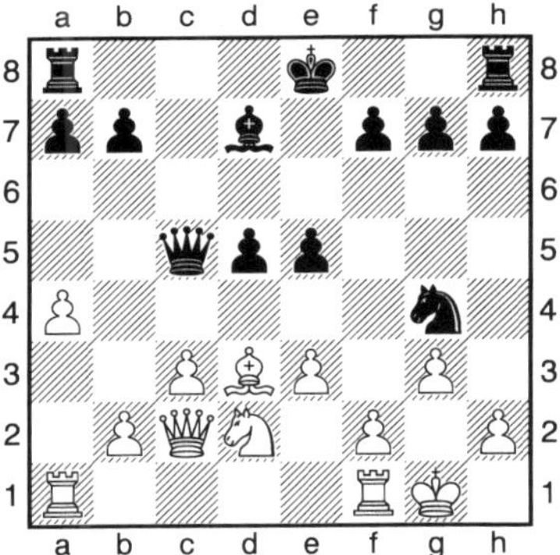

16.e4! d4

Irgendwie musste Schwarz im Zentrum reagieren, denn 16...0–0 scheiterte natürlich an 17.exd5 nebst Lxh7+. Und wenn er stattdessen auf e4 schlägt, würde der Springer mit Tempo dort auftauchen. Daher bleibt nur der Textzug.

17.Sb3

Vertreibt zunächst die Dame mit Tempo.

17...Db6 18.cxd4 exd4 19.Le2

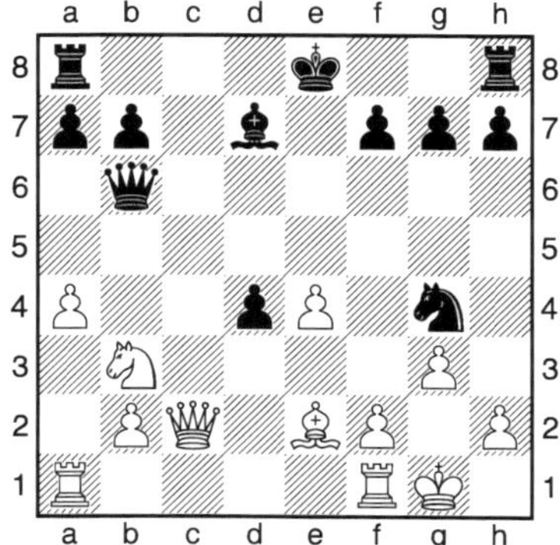

Räumt die d-Linie für die Schwerfiguren. Der d-Bauer wird bald fallen und die schwarze Kompensation wird dürftig sein. Hier noch eine kleine Beispielvariante:

19...0-0 20.Dd3 Tfd8 21.Tfd1

Weiß hat es nicht eilig.

21...Se5

Nach 21...Dh6 22.Lxg4 Lxg4 23.f3 Lh3 24.Sxd4± sieht die weiße Bauernstellung am Königsflügel etwas geschwächt aus, aber allein mit dem Läufer wird Schwarz nicht mattsetzen können. Der Sd4 ist zwar gefesselt, aber auch daraus kann Schwarz keinen Nutzen ziehen. Seine Kompensation ist nur optischer Natur, denn Weiß hat einfach einen Bauern mehr.

22.Dxd4 Dxb3 23.Dxe5±

1.d4 d5 2.Sf3 Sf6 3.Lf4 e6 4.e3 c5 5.c3 Sc6 6.Sbd2 Le7 7.Se5! Sxe5 8.Lxe5 Db6! 9.Dc2 Ld7 10.Ld3! cxd4 11.Lxd4! Lc5 12.a4! Dc7 13.0-0 Sg4 14.g3!

4b) 14...Se5 15.Le2

Schwarz kommt jetzt zur Rochade, aber nach **15...0-0 16.f4 Sg6 17.Ld3⩲** ...

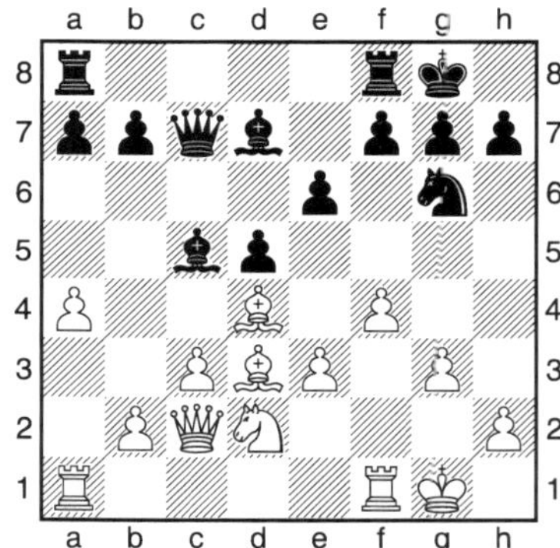

... kann Weiß dennoch sehr zufrieden sein. Wenn Schwarz still hält, lässt Weiß einfach Sf3 und e4 folgen.

17...f6 18.Lxg6! hxg6 19.Dxg6

Die Annahme des Bauernopfers scheint gar nicht so klar zu sein, da Schwarz nach **19...Ld6** Läuferfang mit e6-e5 droht. Mit taktischen Feinheiten kann Weiß diese Drohung entschärfen.

20.Sf3 Le8

Nach 20...e5?? 21.fxe5 fxe5 22.Sg5 ist ein Matt wichtiger als eine Figur.

21.Dg4 Ld7

Wieder geht 21...e5? nicht wegen 22.fxe5 fxe5 23.Sxe5 Lxe5 24.De6+ Tf7 25.Dxe5+−.

22.Dh5 Le8 23.Dh3 Ld7

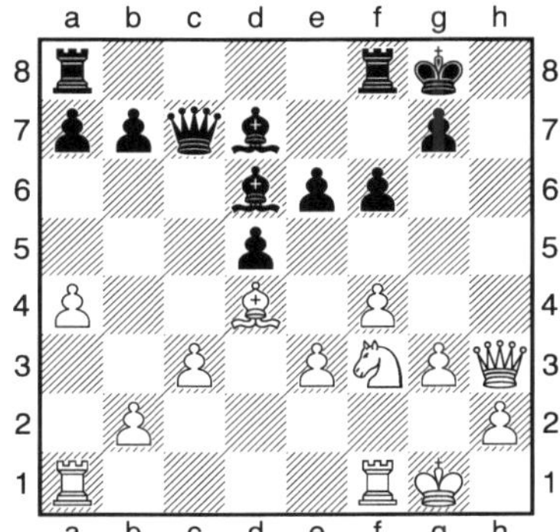

Schwarz hofft immer noch auf eine Zugwiederholung.

24.g4!±

Damit ist das Bauernopfer als gescheitert anzusehen, denn nach **24...e5?? 25.fxe5 fxe5 26.Sg5** würde Schwarz wieder matt.

Fazit: 7...Sxe5 gefolgt von 8...Db6 dürfte hiermit entschärft sein. Zwar sind die Stellungen oft sehr kompliziert, doch Weiß steht immer etwas besser.

Kapitel 4.3
6.Sbd2 Le7 7.Se5 Db6

1.d4 d5 2.Sf3 Sf6 3.Lf4 e6 4.e3 c5 5.c3 Sc6 6.Sbd2 Le7 7.Se5! Db6

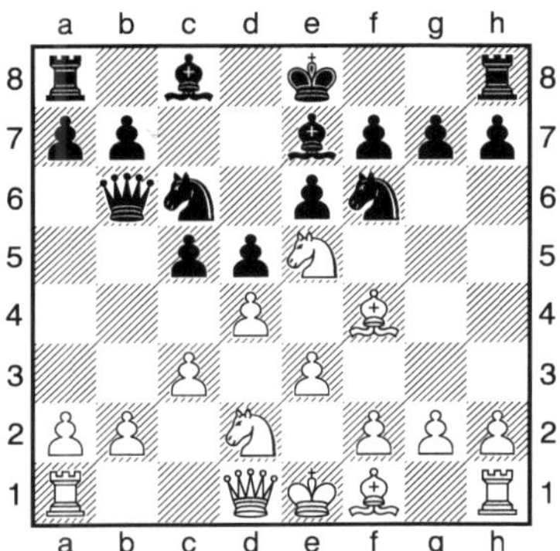

8.Tb1

Eigentlich wäre hier 8.Dc2 wünschenswert, da 8...Sxe5 zum Kapitel 4.1 führen würde. Leider hat Schwarz aber die starke Ausrede 8...Sh5!=.

8...Sxe5

8...Sd7 9.Sxd7 Lxd7 10.Ld3 0-0 11.0-0 Weiß sollte mit seiner Dame nichts überstürzen. Seine Figuren stehen bereits besser, während der Ld7 und besonders die Db6 nicht sehr wirkungsvoll postiert sind.

9.Lxe5

Man erinnere sich: Hat Schwarz noch nicht rochiert, schlägt der Läufer auf e5.

9...Ld7

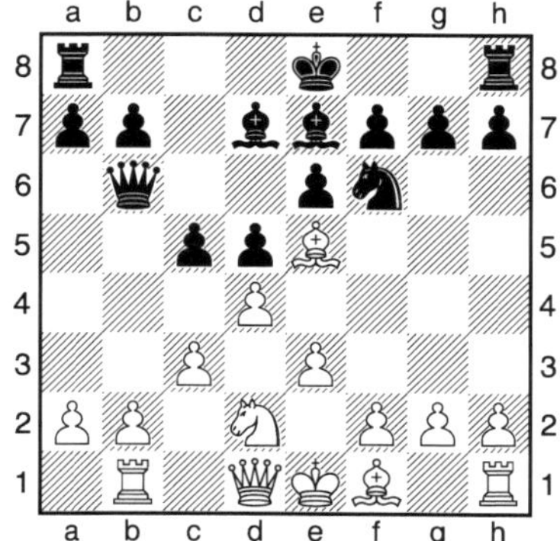

Die schwarze Idee ist auch hier sehr unangenehm. Weiß ist gezwungen die Schablone zu verlassen, wenn er etwas erreichen will.

10.dxc5!

Weiß muss versuchen, die Figuren auf e5 und b1 maximal zur Wirkung zu bringen. Abgesehen davon soll Schwarz nicht zu Lb5 kommen. Mit 10.dxc5 wird völlig neues Gebiet erreicht und folgende Varianten sollen nur ein paar Ideen vermitteln.

10.Ld3 ohne die Dame auf c2 reicht nicht für Vorteil. 10...Lb5! 11.c4 dxc4 12.Sxc4 Lxc4 Hier muss Weiß ein Zwischenschach geben, sonst wäre die Figur verloren.

13.Da4+ Sd7 Und egal, wie Weiß auf c4 nimmt, die Stellung ist ausgeglichen: 14.Dxc4 Sxe5 15.dxe5 0-0 16.0-0= bzw. 14.Lxc4 0-0 15. 0-0 Sxe5 16.dxe5=.

10...Dxc5

10...Lxc5 11.a4

Wie schon in Kapitel 4.2 zu sehen war, muss Schwarz nun mit Lxf6 rechnen.

11...Le7 12.Ld3 0-0 13.0-0±

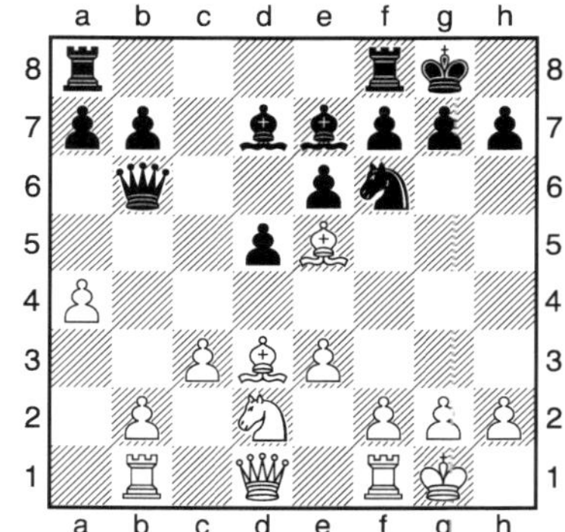

Weiß steht etwas besser, weil Schwarz kein wirkungsvolles Gegenspiel besitzt und es auch nicht klar ist, wie er welches bekommen soll. Seine Läufer stehen passiv und auch die Dame weiß nicht so recht, was sie tun soll.

Die weiße Stellung hingegen ist flexibel und ausbaufähig. Es gibt Ideen wie f4, Sf3–e5, Tf3–h3, um nur die wichtigsten zu nennen.

11.b4 Db6 12.a4 0-0 13.Ld3 Tfc8 14.0-0±

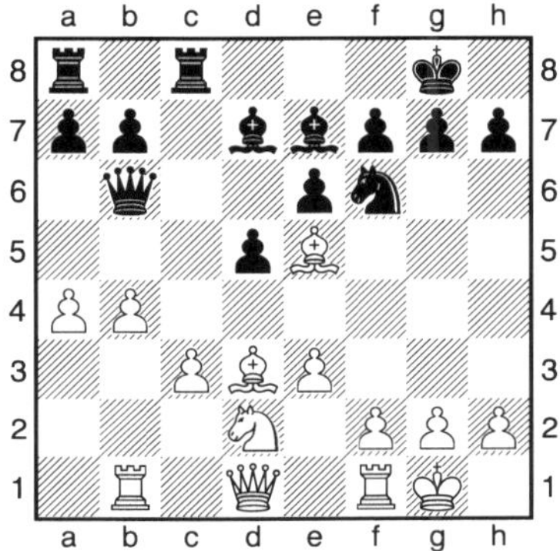

Auch hier verhält es sich ähnlich wie nach 10...Lxc5. Es ist nicht klar, wie Schwarz Gegenspiel aufziehen möchte, während Weiß am Königsflügel seine Initiative entfalten kann.

> **Fazit:** Nach 7...Db6 muss Weiß die gängige LS-Schablone verlassen und mit 8.Tb1 und 9.dxc5 arbeiten. Schwarz darf nicht zu Lb5 kommen. Nachdem dies gelungen ist, sind die weißen Chancen höher einzuschätzen, auch wenn die entstehenden Stellungen noch absolutes Neuland sind.

Kapitel 4.4
6.Sbd2 Le7 7.Se5 0–0

1.d4 d5 2.Sf3 Sf6 3.Lf4 e6 4.e3 c5 5.c3 Sc6 6.Sbd2 Le7

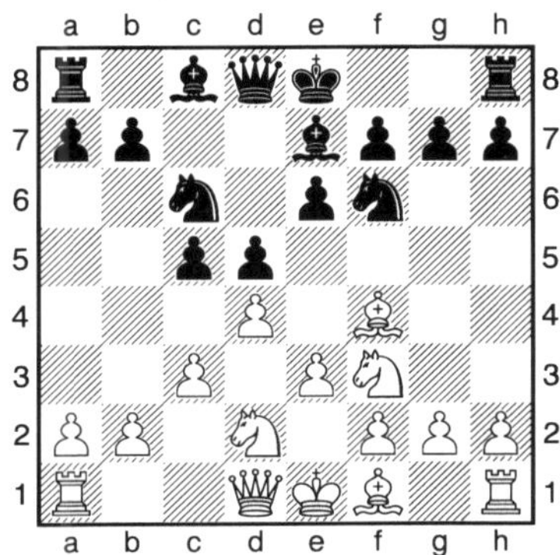

7.Se5! 0-0

Dieser natürliche Zug gibt Weiß ein klares Angriffsziel.

8.Ld3

1) 8...Ld7

Selbst nach diesem Entwicklungszug steht der Läufer augenscheinlich schlecht.

Zu 8...Sxe5 siehe Kapitel 4.5.

9.Df3

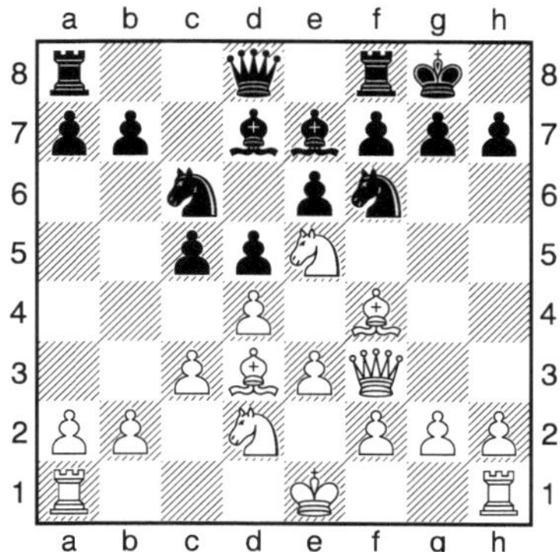

Die Dame wird in Stellung gebracht. Für die kurze Rochade ist immer noch genug Zeit.

9...Tc8

9...Se8 überzeugt nicht. 10.Dh3 g6

(10...f5 erlaubt 11.g4 mit starkem Angriff.)

11.Sdf3 Sxe5 12.Sxe5 f6 13.Sxd7 Dxd7

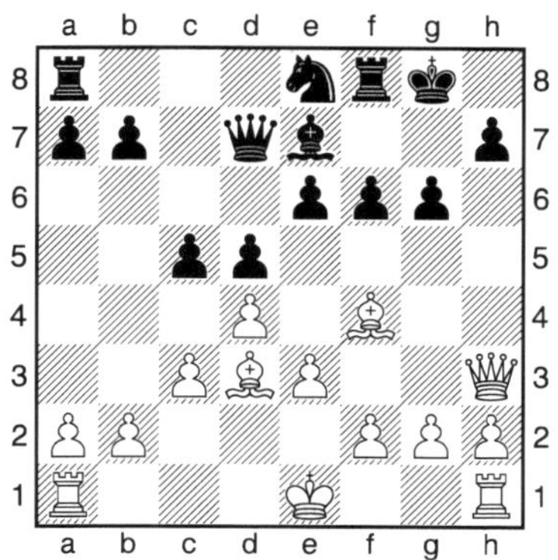

14.dxc5! Der schwarze Königsflügel ist geschwächt worden, so dass es angebracht ist, die Stellung zu öffnen. 14...Lxc5 15.0-0± Weiß besitzt das Läuferpaar und kann mit c4 die Stellung weiter öffnen. Und auch wegen des geschwächten schwarzen Königs steht Weiß dauerhaft etwas besser.

10.Dh3 g6 11.Lh6 Te8 12.f4±

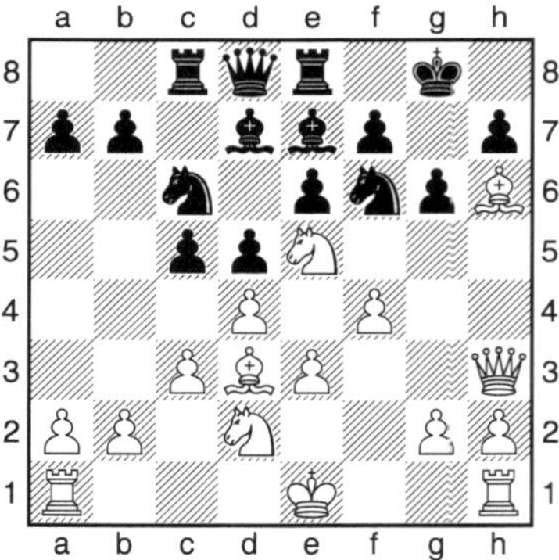

Weiß hat seinen gewünschten LS-Angriff erhalten. Mit f2-f4 ist der Se5 fest verankert worden. Die Bauernkette c3, d4, e3, f4 entspricht der aus dem holländischen Stonewall (c6, d5, e6, f5). Hier befindet sich aber der Läufer auf h6 und nicht etwa auf c1. Weiß hat damit alles, was sich ein LS-Spieler wünschen kann: Angriff ohne jedes Gegenspiel.

1.d4 d5 2.Sf3 Sf6 3.Lf4 e6 4.e3 c5 5.c3 Sc6 6.Sbd2 Le7 7.Se5! 0-0 8.Ld3

2) 8...Sd7!?

Nach diesem guten Verteidigungszug kommt Weiß mit direkten Attacken nicht weiter.

9.Sxd7!

Nach 9.Dh5?! f5 gibt es bereits keinen Angriff mehr. Und 10.g4? verliert sogar schon einen Bauern.

(besser 10.Sxd7 Lxd7 11.g4 cxd4 12.exd4 g6 13.Dh6 Lf6∓)

10...Sdxe5

(10...Sf6 11.Dh3 Sxe5)

11.dxe5 g6 12.Dh3 Tf7 (Needleman – Hungaski, Buenos Aires 2003) 13.0-0-0±

9...Lxd7 10.0-0

Dies ist die sicherste Behandlungsweise. Weiß lässt sich keinen Doppelbauern auf e5 verpassen und erhält dennoch gute Angriffschancen am Königsflügel.

10...g6

10...f5 Diese Stonewall-Formation kann häufiger im LS entstehen; (siehe z.B. Kapitel 4.1 zu 8...0-0). Wichtig ist es hierbei, mit 11.h3! zu reagieren, um für den Lf4 ein Rückzugsfeld zu schaffen und um so flexibel wie möglich zu bleiben.

11.Sf3

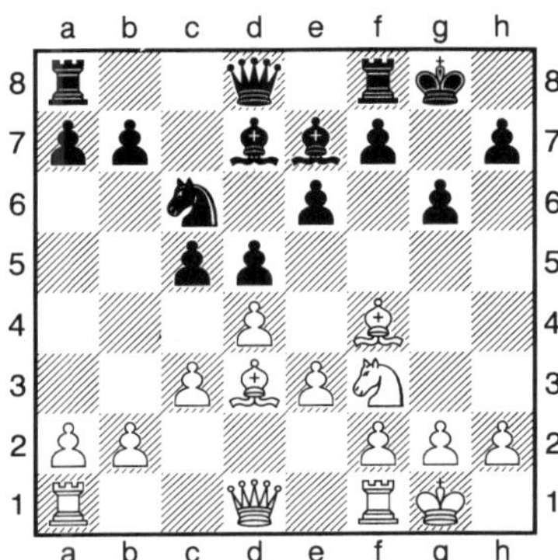

Weiß steht etwas besser, da er wieder über Optionen am Königsflügel und auch im Zentrum verfügt (e3-e4). Schwarz hingegen mangelt es wieder am Gegenspiel.

1.d4 d5 2.Sf3 Sf6 3.Lf4 e6 4.e3 c5 5.c3 Sc6 6.Sbd2 Le7 7.Se5! 0-0 8.Ld3

3) 8...cxd4 9.exd4 Ld7

9...g6 10.Lh6 Te8 11.f4 Sh5 12.0-0 Sg7 13.Lxg7± (Balogh – Rosta, Ungarische Meisterschaft 1992)

10.0-0 a6 11.Te1 b5 12.a3 g6 13.Te3 Sxe5 14.Lxe5 a5 15.Th3 Tc8 16.Df3 Se8

16...Te8 17.Df4±

17.Txh7 Lf6

17...Kxh7 18.Dh5+ Kg8 19.Dh8#

18.Dh3 1-0 (Panic – Stankovic, Belgrad 2003)

Kapitel 4.5

1.d4 d5 2.Sf3 Sf6 3.Lf4 e6 4.e3 c5 5.c3 Sc6 6.Sbd2 Le7 7.Se5! 0–0 8.Ld3 Sxe5

Diese Variante ist höchst undankbar für Schwarz.

9.dxe5

> **Merkregel:** Wenn Schwarz rochiert hat, wird auf e5 mit dem Bauern genommen, um den Schutzspringer von f6 zu vertreiben.

1) 9...Se8?!

Hier steht der Springer sehr ungünstig.

10.h4!

Weiß bereitet offenbar das Läuferopfer auf h7 vor.

10...Ld7

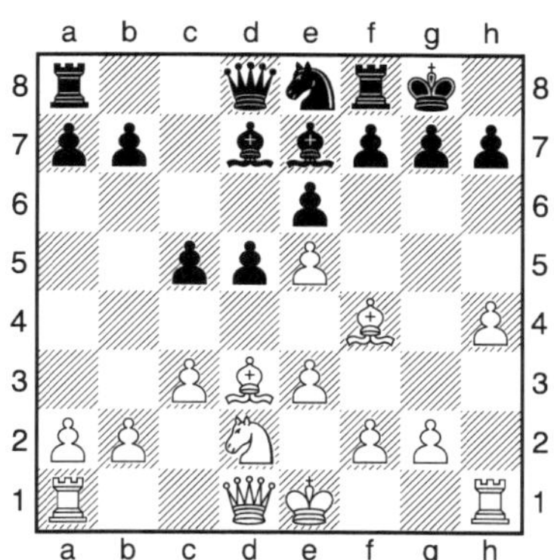

11.Lxh7+!!

Es gibt Engines, die das Opfer selbst nach mehreren Minuten nicht in Betracht ziehen, aber ein geübter Spieler denkt sofort darüber nach. Die komplette Angriffsfolge mit all ihren Pointen ist aber am Brett nur schwer zu finden.

11...Kxh7 12.Dh5+ Kg8 13.Sf3

Normalerweise steht bei einem Läuferopfer auf h7 der Springer schon auf f3, hier wird er erst noch herangeholt. Obwohl Schwarz am Zug ist, kann er gegen die Drohung *Sg5* nicht viel ausrichten.

13...f6

Die beste Verteidigung.

> Keine Probleme stellt 13...g6 14.Dh6 f6 15.Dxg6+ Sg7 16.Sg5! fxg5 17.hxg5+−.
>
> Mit 13...Lb5 könnte Schwarz die Verteidigung Ld3 anstreben. 14.Td1 g6 15.Dh6 f6 16.Dxg6+ Sg7

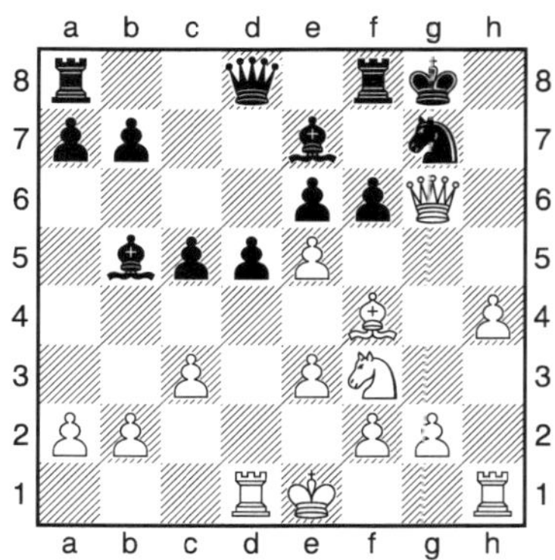

> 17.Sg5! Die Entscheidung. 17...fxg5 18.hxg5 De8 19.Dh7+ Kf7 20.g6#

14.Sg5!

Opfert beherzt die zweite Figur und erzwingt die Öffnung der h–Linie. Auch gelangt der h–Bauer nun als Sargnagel auf die g–Linie.

14...fxg5 15.hxg5

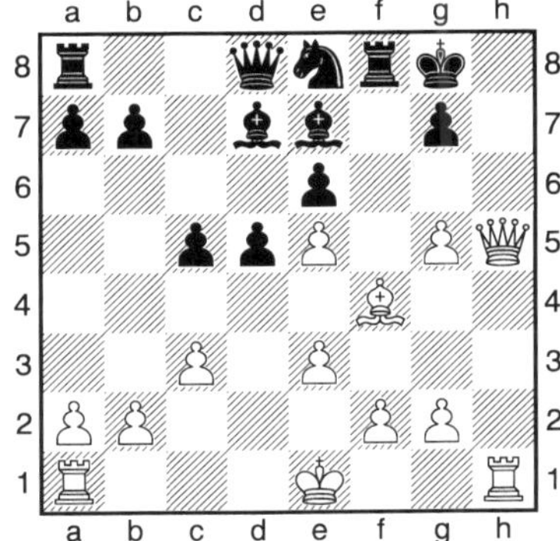

Nun droht tödlich g5–g6.

15...Lxg5?

Nur mit 15...Tf5! hätte Schwarz im Spiel bleiben können; etwa 16.Dh8+ Kf7 17.g6+ Kxg6 18.g4 Txe5 19.Lxe5 Kf7 20.Dh5+ Kf8 21. 0-0-0±

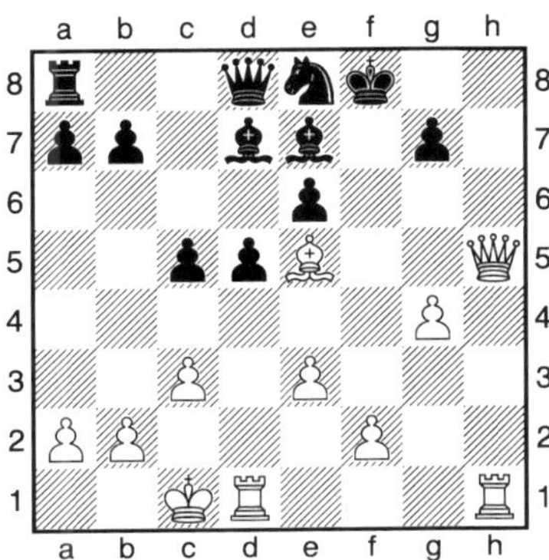

Materiell hat Weiß einiges zurück erhalten (Turm gegen zwei Figuren), aber der entscheidende Faktor ist immer noch der offene schwarze König. Weiß besitzt klaren Vorteil.

16.Lxg5 Db6 17.Dh7+ Kf7 18.Th4 Sf6 19.exf6 1-0 (Rinaldi - Kaminskas, Litauen 1992) Das Matt ist nicht mehr fern.

1.d4 d5 2.Sf3 Sf6 3.Lf4 e6 4.e3 c5 5.c3 Sc6 6.Sbd2 Le7 7.Se5! 0-0 8.Ld3 Sxe5 9.dxe5

2) 9...Sd7

Das ist klarerweise der bessere Platz für den Springer.

10.h4

Ab sofort müssen beide Seiten das Läuferopfer ständig in Betracht ziehen.

2a) 10...c4?

Dies jedoch fordert es geradezu heraus!

11.Lxh7+!!

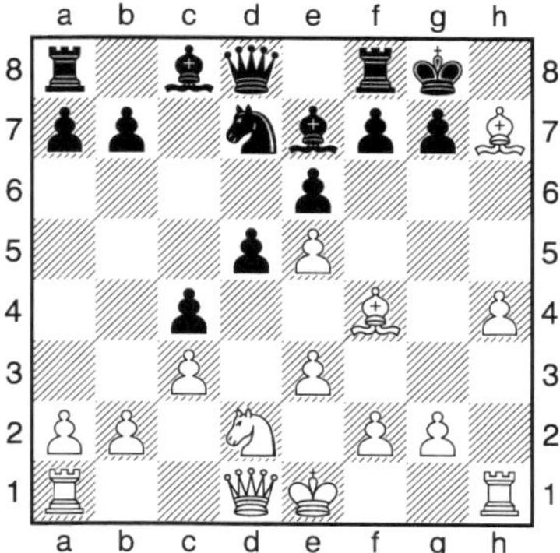

Zweimal bot sich schon die Gelegenheit zum Läuferopfer und es wurde beide Male verpasst. Aber wie schon bei 9...Se8 haben selbst die heutigen Engines enorme Probleme, die Stärke des Läuferopfers zu entdecken. Der Horizonteffekt schränkt hier nicht nur den Menschen ein, sondern auch die Maschine, denn die Gewinnführung ist alles andere als trivial.

11...Kxh7 12.Dh5+ Kg8 13.Sf3 f6

Die einzige Verteidigung, denn nach 13...Te8? 14.Sg5 Sf8 15.Dxf7+ Kh8 16.h5 folgt tödlich h6.

14.Sg5!

Der Angriff hat viele Parallelen zu dem nach 9...Se8.

14...fxg5 15.hxg5 Lxg5 16.Lxg5

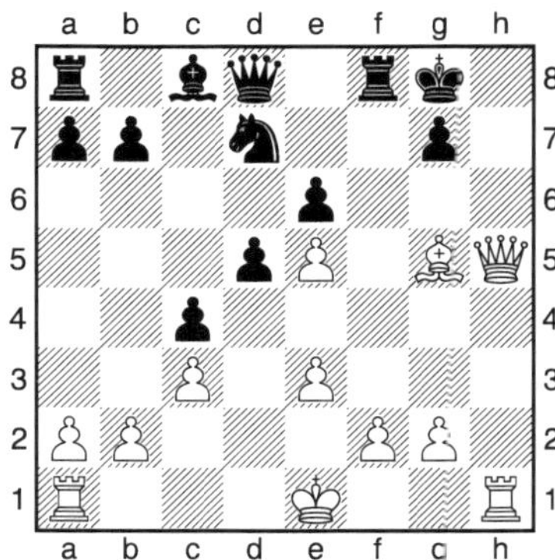

Hier ist die erste forcierte Phase nach 11.Lxh7+ vorbei.

16...Db6

Mit 16...De8 nimmt Schwarz dem König ein wichtiges Fluchtfeld und nach 17.Dh7+ Kf7 18.Th4 ist es vorbei.

Nach 16...Dc7 ist 17.f4 die einfachste Reaktion. 17...Db6 18. 0-0-0! Dxe3+ 19.Kb1+-

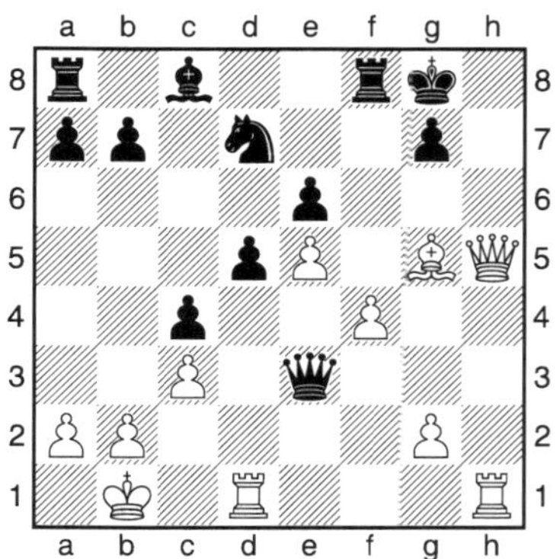

Der weiße Angriff ist nicht zu parieren. Sollte die schwarze Dame nach e4 gehen, kann sie sich nicht auf der Diagonale b1–h7 halten, da Weiß Züge wie Tde1, Th3 und auch g4 zur Verfügung hat. Insgesamt hat der schwarze König einfach zu wenige Verteidiger.

17.0-0-0!

17.Le7?? Dxb2–+

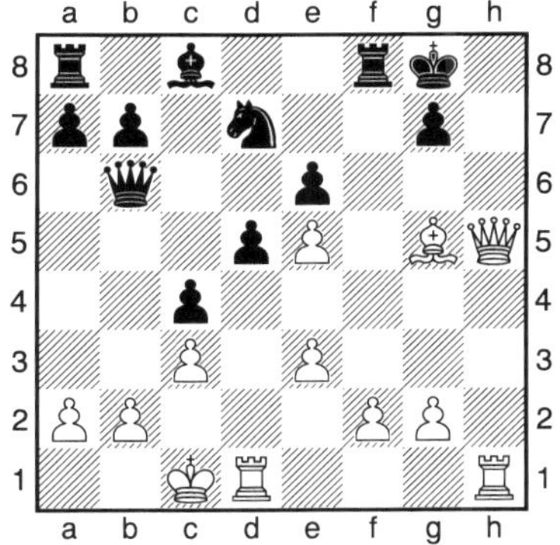

Danach ist der weiße Angriff unparierbar. Die Pointen sind aber teilweise immer noch nicht ersichtlich und es lohnt sich, die Stellung zu analysieren. Ich zeige nur ein paar Varianten, denn für alle ist einfach nicht genug Platz. Ein wichtiges Motiv in der Stellung ist Td4–f4(h4).

17...Sxe5

17...Tf5 18.g4 Tf8 Dies sieht sinnlos aus, aber Schwarz wollte Th4–f4 verhindern. Es gibt aber noch eine andere Option. 19.Dh7+ Kf7

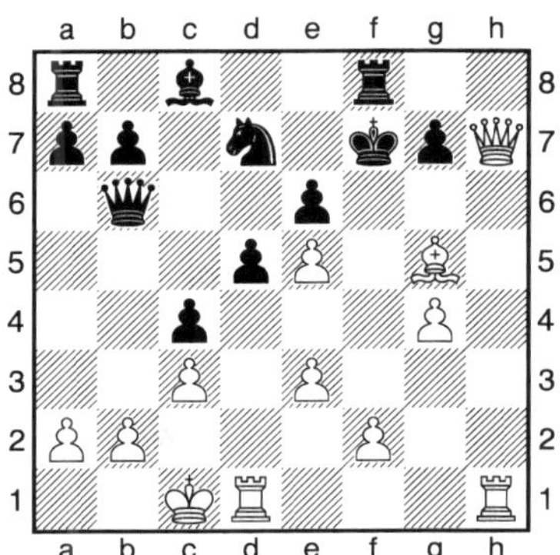

20.Td4! Sxe5 21.Tf4+ Ke8 22.Txf8+ Kxf8 23.Dh8+ Kf7 24.Th7 Sd3+ Das berühmte Racheschach. 25.Kd1 Ansonsten würde sogar noch *Schwarz* gewinnen. 25...Sxf2+ 26.Kc2 und Schwarz wird in 4 Zügen matt.

18.Le7 Ld7

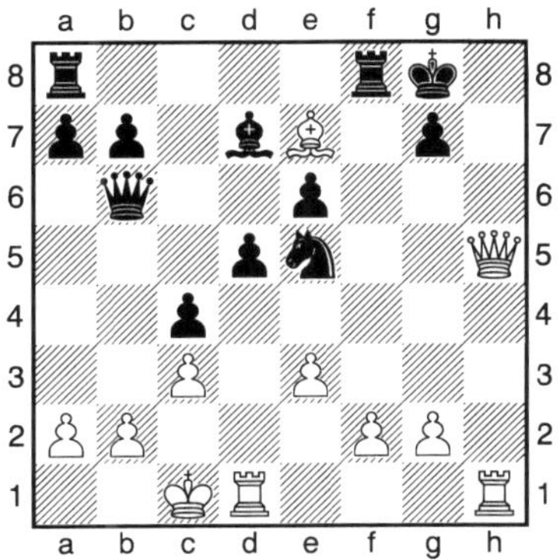

19.La3!

Diese Überdeckung von b2 ist der einzige Zug, der den Gewinnvorteil festhält (19.Dxe5? Txf2 20.La3±).

Wichtig ist, dass sich der Läufer einem Angriff durch den schwarzen König vorsorglich entzieht, aber weiterhin die Diagonale unter Kontrolle hält.

19...Sd3+

Nach 19...Txf2 20.Dh8+ Kf7 21.Dxa8 hält der La3 hält alles zusammen und Weiß steht auf Gewinn.

Mit 19...Sc6 deckt Schwarz den Springer und verhindert Td4. Dennoch reicht diese Verteidigung nicht aus. 20.Dh7+ Kf7 21.Th3 Se7

(21...Ke8 22.Dxg7)

22.Tf3+ Sf5 23.Lxf8 Txf8 24.g4+−

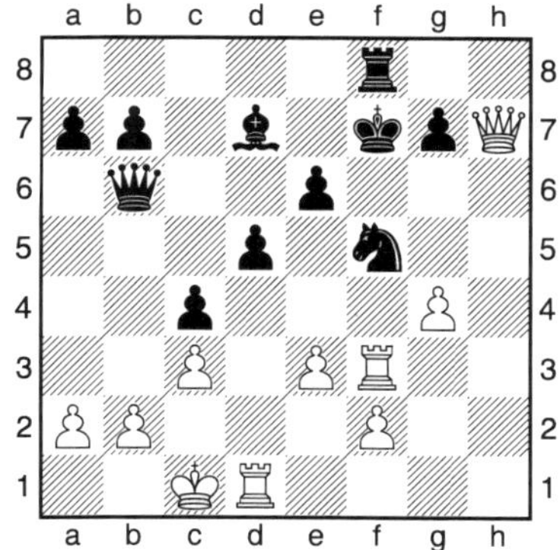

Die Ernte wird eingefahren.

20.Txd3! cxd3 21.Dh7+ Kf7 22.Th3

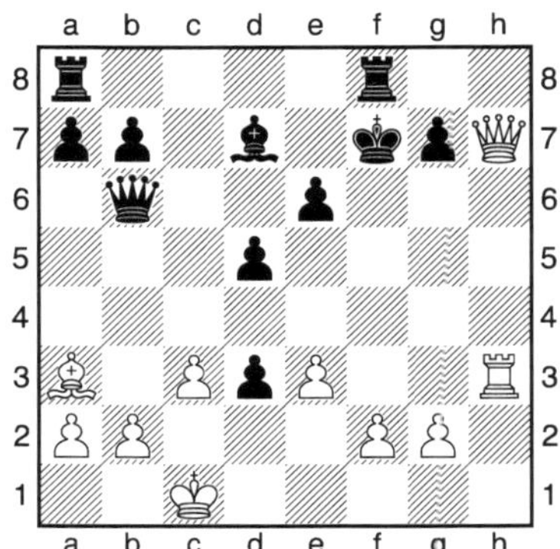

Obwohl Schwarz einen Turm mehr hat, ist er machtlos.

22...e5

Nach 22...Ke8 23.Dxg7 hängt der Turm hängt und es droht Matt auf e7. 23...Tf7 24.Dh8+ Tf8 25.Dxf8#

23.Tf3+ nebst Gewinn.

1.d4 d5 2.Sf3 Sf6 3.Lf4 e6 4.e3 c5 5.c3 Sc6 6.Sbd2 Le7 7.Se5! 0-0 8.Ld3 Sxe5 9.dxe5 Sd7 10.h4

2b) Auch **10...f5** reicht nach **11.g4!** nicht aus; etwa **11...c4**

11...Dc7?! 12.Sf3! fxg4 13.Sg5 Lxg5 Die einzige Verteidigung.

(13...Sxe5?? 14.Lxh7+ Kh8 15.Lxe5 Dxe5 16.Dxg4+−)

14.hxg5 g6 15.Dxg4 Sxe5 16.Lxe5 Dxe5 17.Th6!±

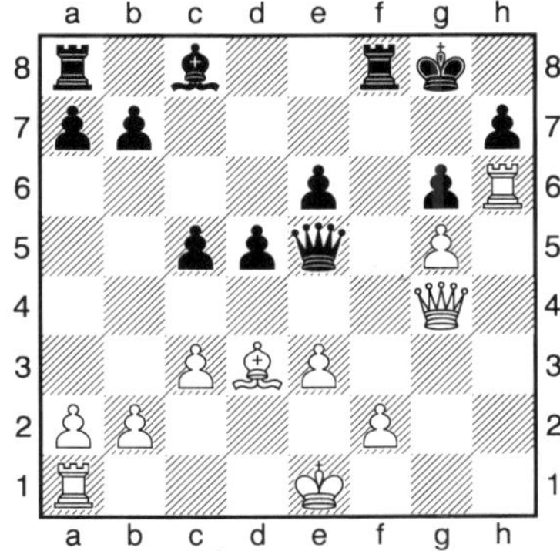

Weiß besitzt für den geopferten Bauern enorme Angriffs-Kompensation. Er bereitet mit Dg2 oder Dh4 die lange Rochade vor und wird dann eine Dreierbatterie in der h-Linie errichten, wonach zusätzlich Lxg6 droht. Vermutlich ist die schwarze Stellung schon nicht mehr zu verteidigen.

12.Lc2 Sc5 13.gxf5!

Öffnet die Zugangsstraße (g-Linie) zum schwarzen König.

13...exf5 14.Dh5

Es verwundert nicht, dass Schwarz bereits enorme Probleme hat.

14...De8

14...Se4 15.Sf3!± Der Springer strebt nach g5 oder als Trostpreis nach d4.

15.Dxe8!

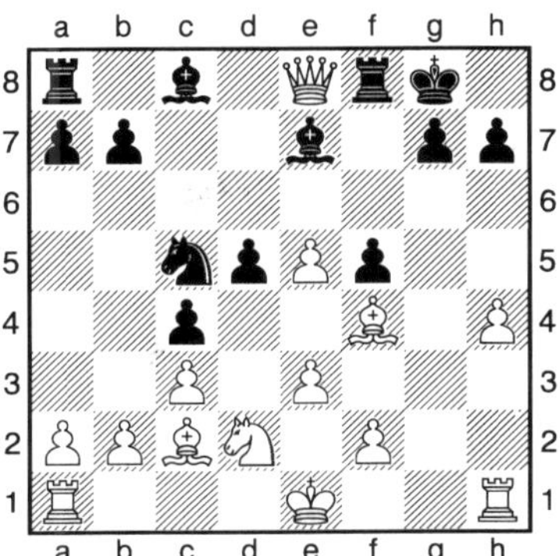

Normalerweise sollte bei einem Königsangriff Damentausch vermieden werden, aber hier ist die weiße Initiative auch ohne Damen sehr stark.

15...Txe8 16.Sf3±

Weiß hat Vorteil, weil alle positionellen Faktoren für ihn sprechen. Das Feld d4 steht für den Springer bereit, der König kann es sich auf e2 bequem machen und seine Türme können am Königsflügel starken Druck ausüben. Schwarz hingegen kann den Bauern auf e5 nicht wirklich bedrohen und besitzt auch sonst kein nennenswertes Gegenspiel.

1.d4 d5 2.Sf3 Sf6 3.Lf4 e6 4.e3 c5 5.c3 Sc6 6.Sbd2 Le7 7.Se5! 0-0 8.Ld3 Sxe5 9.dxe5 Sd7 10.h4

2c) Bessere Verteidigungschancen bot **10...Te8 11.Dh5**

Hier führt das Läuferopfer nur zum Remis.

11...f5 12.Sf3 g6 13.Dh6 Lf8 14.Dg5 Dxg5

Nach 14...Le7? 15.Dg3± entscheidet die Drohung h5 die Partie.

15.hxg5±

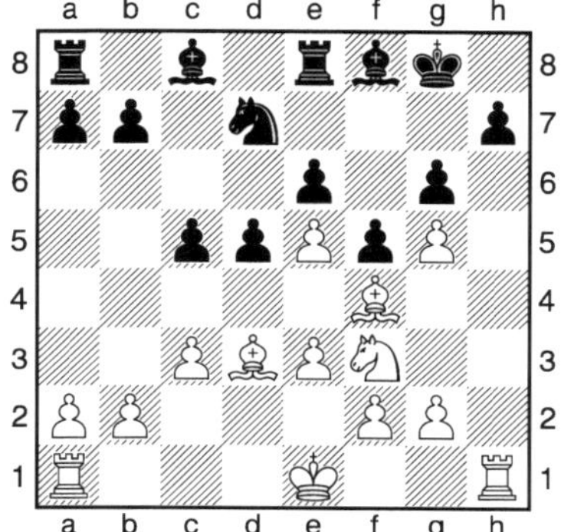

Weiß kann Druck in der h–Linie aufbauen. Ein wichtiges Angriffsmotiv besteht in g2–g4, und falls Schwarz nimmt, folgt Sh2xg4 nebst Einstieg auf f6.

Fazit: 7...0-0 kommt den Absichten von Weiß entgegen und ist genau das, was der LS–Spieler will. Mit h4 bereitet der Anziehende das Läuferopfer auf h7 vor, und wie die Analysen zeigen, hat es eine große Durchschlagskraft. Es lohnt sich, die Angriffsführung genau zu studieren, denn dies dürfte eine Menge Bedenkzeit in der Partie sparen.

Kapitel 5
6...Ld6 7.Lg3 0–0

1.d4 d5 2.Sf3 Sf6 3.Lf4 c5 4.e3 Sc6 5.c3 e6 6.Sbd2 Ld6

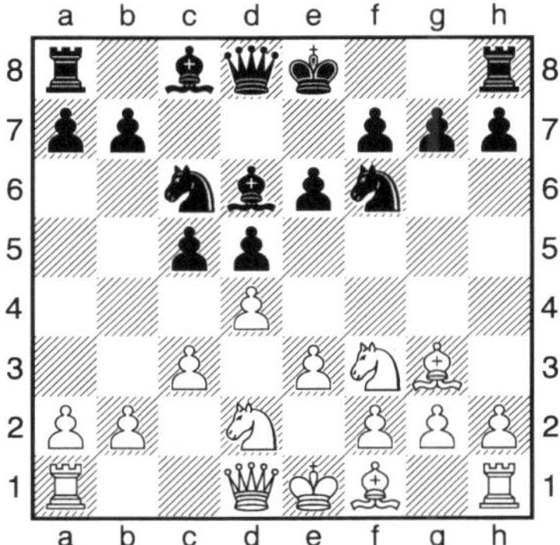

Einer der Gründe, warum das LS auf Amateur-Ebene so beliebt ist, besteht darin, dass Weiß häufig einen automatischen Angriff erhält – in Form von Se5, f4, Lh4 häufig gefolgt von g4–g5. Viele haben die weißen Angriffschancen unterschätzt und wurden dementsprechend bestraft. Allerdings ist objektiv betrachtet nicht alles so einfach.

Mit Ld6 wählt Schwarz den aktivsten Zug gegen den skizzierten *automatischen* Angriff und verfolgt dabei den ehrgeizigen Plan die Läufer zu tauschen und e6–e5 anzustreben. Danach würde der Lc8 an die frische Luft gelangen und Schwarz hätte alle Probleme gelöst.

Kapitel 5.1
6...Ld6 7.Lg3 Lxg3 8.hxg3

1.d4 d5 2.Sf3 Sf6 3.Lf4 c5 4.e3 Sc6 5.c3 e6 6.Sbd2 Ld6 7.Lg3 Lxg3 8.hxg3

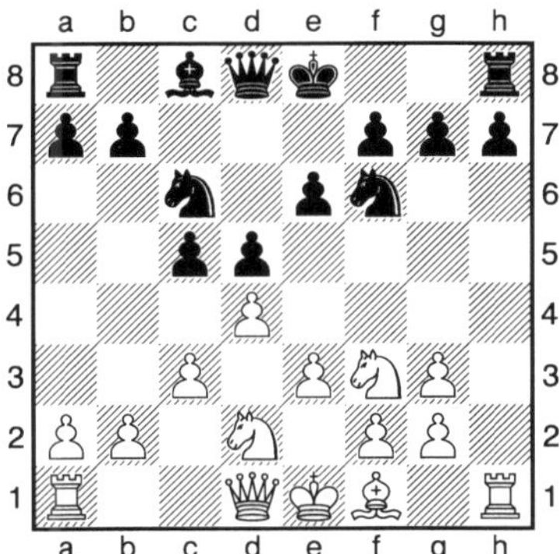

Zwar erhält Weiß die halboffene h-Linie, aber Schwarz nimmt den Tausch lieber jetzt vor, um so schnell wie möglich e6–e5 durchzusetzen. Immerhin hat er noch nicht kurz rochiert, so dass sich sein König nicht in unmittelbarer Gefahr befindet.

8...Dd6

Weiterhin sehr konsequent.

Eine wichtige Alternative besteht in 8...De7 9.Se5 ...

... und nun entweder 9...Sd7 10.Sxc6! bxc6 11.Da4

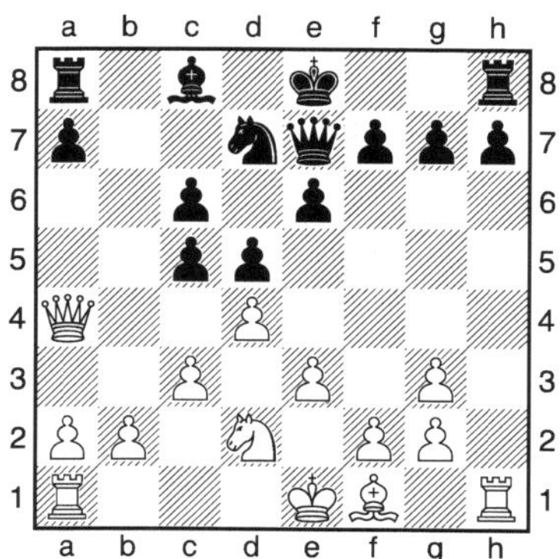

Auch dies ist ein immer wiederkehrendes Motiv. Die Dame setzt den Damenflügel unter Druck und lockt die gegnerische Dame nach d6. 11...Dd6 12.Da3 Ke7 13.dxc5 Sxc5

(13...Dxc5 14.b4 Dd6 macht keinen Unterschied.)

14.b4 Sd7 15.Td1± mit dem taktischen Hauptmotiv Sc4.

– oder 9...Sxe5 10.dxe5 Sd7 11.f4 f6 12.Lb5!

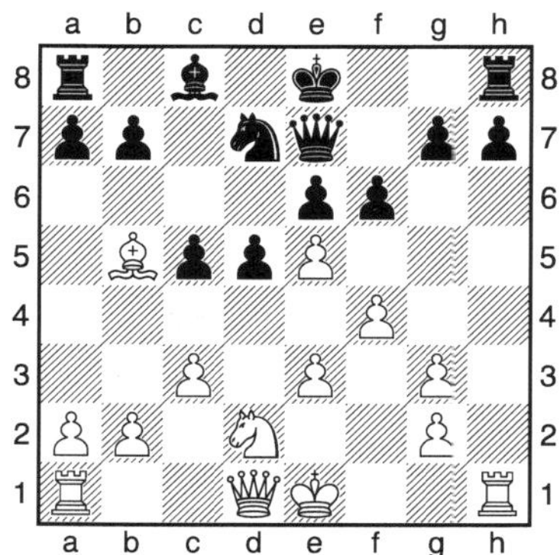

Diese Strategie ist aus der Hauptvariante bekannt. Der Läufer eliminiert im richtigen Moment die flexiblere schwarze Leichtfigur und der verbleibende Springer ist dann häufig besser als der Läufer. In Verbindung mit dem sichereren König ergibt das einen soliden Vorteil.

12...fxe5 13.Dh5+ Df7 14.Dxe5 0-0 15.Dd6±

9.Lb5!

Die positionelle Lösung. Mit dem Läuferzug verhindert Weiß e6–e5 und kämpft selber um die Besetzung des Feldes durch seinen Springer. Hier gibt es nun allerlei Versuche:

1) 9...Ld7 10.Lxc6!

Trotzdem!

10...Lxc6

Schwarz ist es gelungen, einen Doppelbauern zu vermeiden, aber der Läufer ist dennoch die schlechtere Leichtfigur.

11.Se5 h6

11...0-0 12.g4 Sd7 13.Dc2 f5 14.Sxd7 Lxd7± (Kamsky – Dlugy, New York 1989) Auch hier hat Weiß die Vorteile auf seiner Seite: bessere Leichtfigur, besserer König und Initiative am Königsflügel.

11...Sd7 12.Sdf3 Ke7

(12...f6? 13.Sg6)

13.Dc2 h6

(13...Sf8 14.0-0-0 Le8 15.dxc5 Dxc5 16.e4 f6 17.Sd3 Dc4 18.exd5+– Knezevic – Langeweg, Sarajevo 1981)

14.Sxd7! Lxd7±

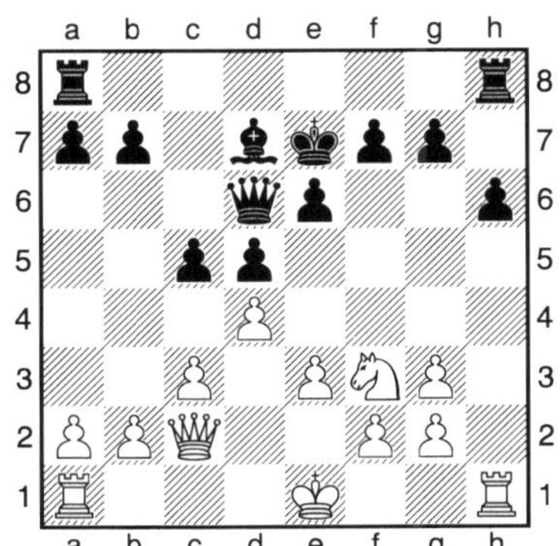

Weiß besitzt die bessere Leichtfigur und den sichereren König. Er kann es sich sogar überlegen, ob er lang oder kurz rochieren möchte.

12.g4!?

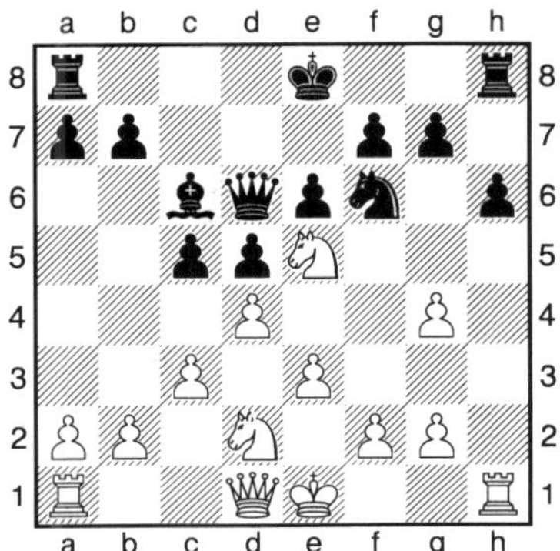

Dies ist nur eine Möglichkeit von vielen, wie 12.f4 oder 12.Df3. Die weiße Stellung ist vorzuziehen.

1.d4 d5 2.Sf3 Sf6 3.Lf4 c5 4.e3 Sc6 5.c3 e6 6.Sbd2 Ld6 7.Lg3 Lxg3 8.hxg3 Dd6 9.Lb5!

2) Mit **9...a6?!** wird Weiß zu dem ermutigt, was er ohnehin vorhatte. Danach zeigt sich die positionelle Idee am besten.

10.Lxc6+! bxc6 11.Dc2

Weiß hat ein bestimmtes Motiv im Auge.

11...h6 12.Se5 Sd7 13.Sdf3 Sxe5 14.Sxe5 cxd4 15.cxd4±

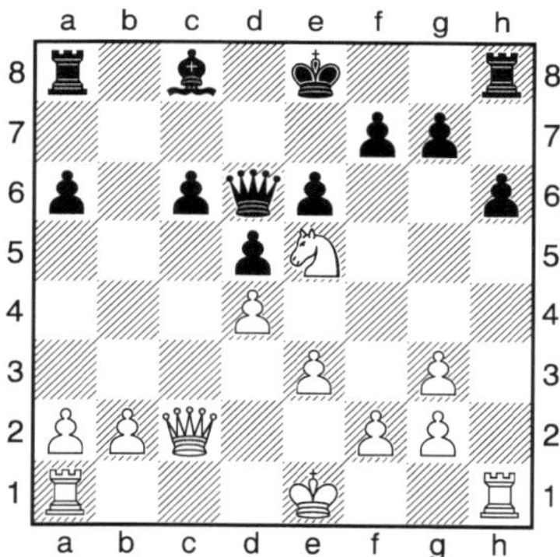

Dies ist ungefähr das Traumszenario für Weiß. Der Lc8 ist ein Großbauer und der Se5 ein Monster. Zwar kann Schwarz sich besser verteidigen, aber Weiß behält nach 11.Dc2 immer soliden Vorteil. Diese Idee ist das Schlüsselmotiv nach 9.Lb5.

1.d4 d5 2.Sf3 Sf6 3.Lf4 c5 4.e3 Sc6 5.c3 e6 6.Sbd2 Ld6 7.Lg3 Lxg3 8.hxg3 Dd6 9.Lb5!

3) 9...0-0 10.Lxc6!

10.Dc2?! cxd4 11.exd4 h6= ist ok für Schwarz.

10...bxc6

Das Schlagen mit der Dame würde Se5 mit Tempo gestatten.

11.Dc2 h6

Nach 11...cxd4 kann Weiß mit dem c-Bauern wiedernehmen.

Verlockend ist 11...La6?, aber es geht am Thema vorbei. Weiß will überhaupt nicht kurz rochieren, sondern mattsetzen. Der König steht auf e1 viel sicherer als sein Pendant auf g8. Es folgt eine Variante ohne Rücksicht auf Verluste. 12.g4± cxd4 13.g5! dxc3 14.gxf6 cxd2+ 15.Kd1!

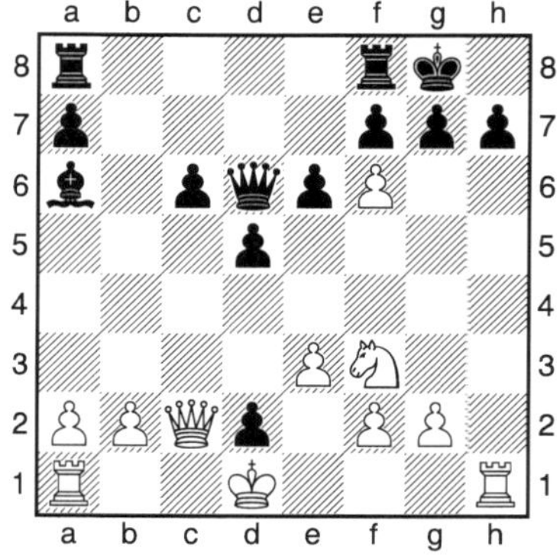

Der Springer wird im Angriff gebraucht und die Dame soll über a4 nach h4 gebracht werden. 15...g6 16.Da4 Lc4 17.b3 Nun geht die Figur verloren. Zwar hat Schwarz einige Bauern, doch reichen diese hier nicht als Kompensation aus. Nach 17...Lb5?? 18.Dh4 h5 19.Dg5 nebst Dh6 war es dann sofort vorbei.

12.Se5

3a) 12...Tb8

Schwarz sucht Gegenspiel auf b2.

13.f4 La6 14.Da4

Die Dame greift den Läufer an, sondern strebt aber häufig auch nach a3.

Nach 14.g4 cxd4 15.cxd4 ist 15...Se4= eine der Pointen von 12...Tb8, denn der weiße Angriff geht nicht recht weiter.

14...Lc8 15.0-0-0!

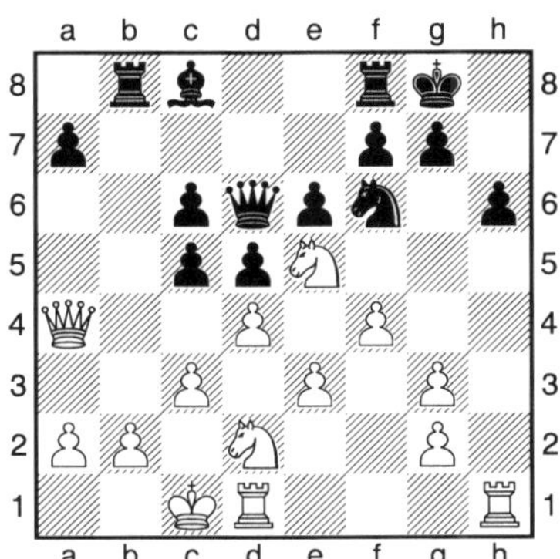

Keine Angst vor Gespenstern. Der König übernimmt persönlich die Deckung von b2, wonach bei Schwarz einiges hängt.

15...cxd4 16.exd4 c5 17.Da3

Dieses im LS häufig anzutreffende Motiv stammt eigentlich aus gewissen Varianten des Damengambits. Schwarz wird den c–Bauern opfern müssen.

17...Sd7 18.Sb3±

Der Bauer wird fallen und die Kompensation für Schwarz ist äußerst fraglich.

1.d4 d5 2.Sf3 Sf6 3.Lf4 c5 4.e3 Sc6 5.c3 e6 6.Sbd2 Ld6 7.Lg3 Lxg3 8.hxg3 Dd6 9.Lb5! 0-0 10.Lxc6! bxc6 11.Dc2 h6 12.Se5

3b) 12...Sd7 13.f4 cxd4

13...f6? verliert bereits wegen 14.Txh6! fxe5

(14...gxh6 15.Dg6+ Kh8 16.Dxh6+ Kg8 17.Dg6+ Kh8 18.Kf2 Es ist immer schön, wenn alles zusammenpasst. 18...De7 19.Th1+ Dh7 20.Txh7#)

15.Dh7+ Kf7 16.Sf3+–

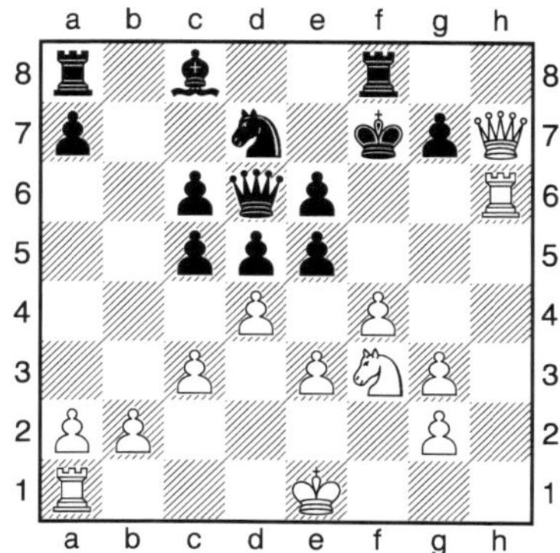

Weiß steht auf Gewinn, denn er hat zahlreiche Drohungen. Allein Sg5+ nebst Txe6 ist schon nicht so einfach zu parieren.

14.Sxd7 Lxd7 15.cxd4 Tab8 16.Sb3±

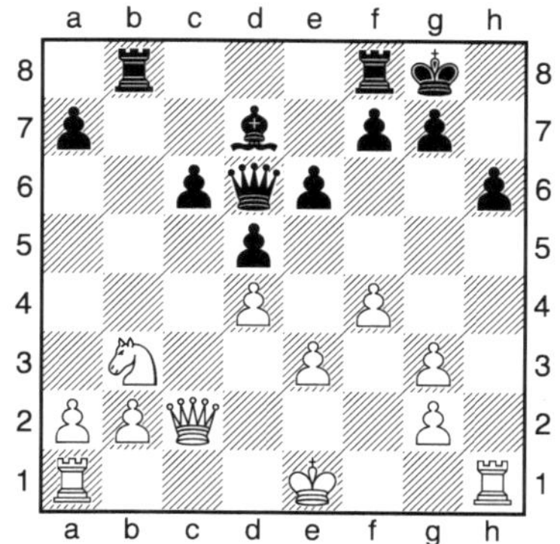

Schwarz hat den Angriff pariert, aber das Endspiel „guter Springer gegen schlechten Läufer" ist nicht mehr fern. Der rückständige Bauer auf c6 ist ein dauerhaftes Problem, weswegen Weiß ein langfristiges Plus hat.

1.d4 d5 2.Sf3 Sf6 3.Lf4 c5 4.e3 Sc6 5.c3 e6 6.Sbd2 Ld6 7.Lg3 Lxg3 8.hxg3 Dd6 9.Lb5!

4) 9...Sd7?

Der Springer wird noch auf f6 gebraucht.

10.Dc2 h6 11.g4±

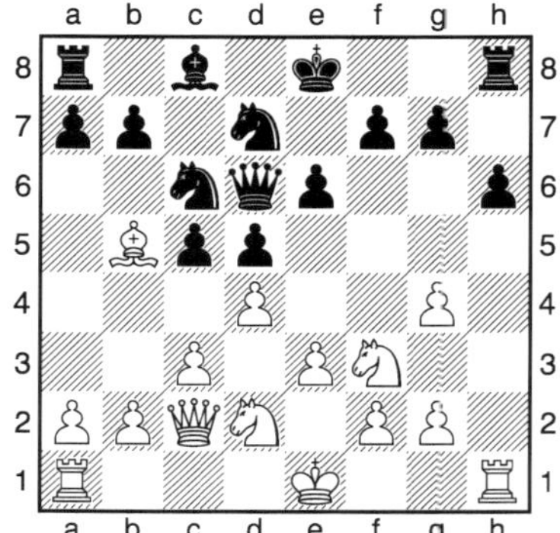

In sehr vielen Varianten mutiert dieser Bauer zum Mauerbrecher.

11...Tg8

11...a6 12.Lxc6 bxc6 13.g5 Tg8 14.gxh6±

12.0-0-0 Se7 13.Se5 cxd4 14.exd4 a6 15.Lxd7+ Lxd7 16.Tde1 a5 17.Th3 Ta6 18.Tf3+– (Brava – Bence, Ungarn 2003)

Fazit: Nach dem Abtausch auf g3 kann Weiß ein einfaches positionelles Konzept verfolgen: Abtausch seines weißfeldrigen Läufers gegen den Springer auf c6, um dann ein Endspiel mit gutem Springer gegen schlechten Läufer anzustreben.

Kapitel 5.2
6...Ld6 7.Lg3 seltene Fortsetzungen

1.d4 d5 2.Sf3 Sf6 3.Lf4 c5 4.e3 Sc6 5.c3 e6 6.Sbd2 Ld6 7.Lg3 De7!?

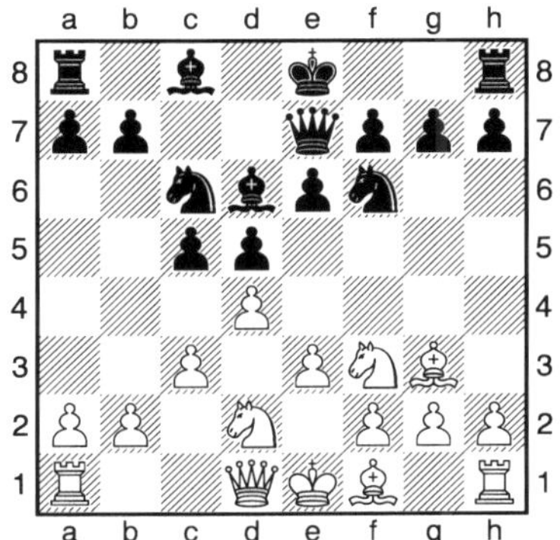

Ein cleverer Versuch, mit dem Schwarz sofort e6–e5 droht.

Mit 7...Dc7? 8.dxc5± kann Schwarz wenig elegant einen Bauern einstellen.

Und mit 7...Se4? wird nur die eigene Stellung geschwächt. 8.Lxd6 Dxd6 9.Sxe4 dxe4 10.Sd2 cxd4 11.exd4 f5 12.f3 0-0 13.fxe4 fxe4 14.Lc4 e3 15.Sf3± (Kovacevic – Lalev, Ruse 1983)

8.Se5

Merkregel: Sobald Schwarz in diesem System e6–e5 droht, blockiert Weiß mit Se5!

1) Mit **8...Sd7** wird Weiß zu einer Erklärung gezwungen.

Zu 8...0-0 9.Ld3 siehe Kapitel 5.3.

Am Königsflügel gibt es im Moment kein direktes Angriffsziel, deshalb ist es richtig, die Initiative am Damenflügel zu suchen.

9.Sxc6! bxc6 10.Da4 Lb7 11.Lxd6

Zwingt die Dame wieder einmal nach d6, womit das Motiv Da3 vorbereitet wird.

11...Dxd6 12.Sb3

Schon droht Da3 mit Bauerngewinn.

12...cxd4

12...c4 13.Sa5 Tb8 14.b3±

13.cxd4±

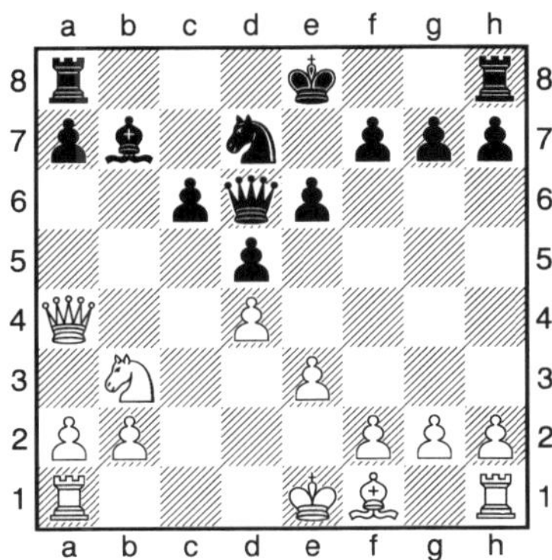

Weiß steht besser, denn er hat die Kontrolle über c5, Bauer c6 ist eine klare Schwäche und der Lb7 steht passiv.

1.d4 d5 2.Sf3 Sf6 3.Lf4 e6 4.e3 c5 5.Sbd2 Sc6 6.c3 Ld6! 7.Lg3 De7!? 8.Se5

2) 8...Lxe5 9.dxe5 Sd7 10.f4 f6

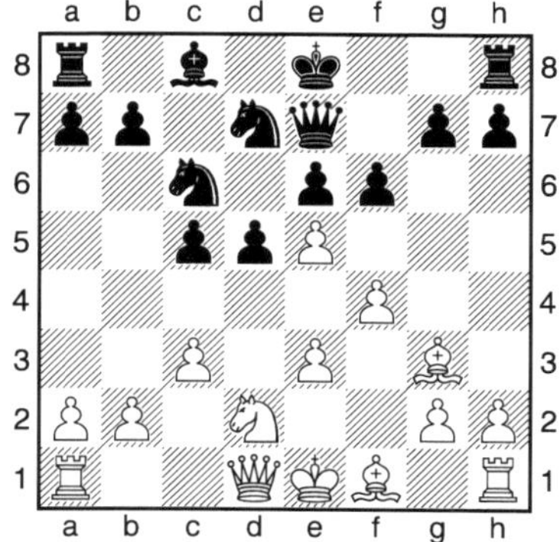

10...0-0 geht wieder in Kapitel 5.3 über.

11.exf6! Sxf6 12.e4! dxe4

Nimmt Schwarz nicht, so folgt einfach e5 nebst Ld3 mit besserer Stellung.

13.De2±

Weiß bekommt den Bauern zurück und steht danach mit dem Läuferpaar und der besseren Struktur einfach besser.

Fazit: 7...De7 geht meist in Kapitel 5.3 über und mit 10...f6 kann der Nachziehende ebenfalls kein Ausgleich erzielen.

Kapitel 5.3 System mit 6...Ld6 und 8...De7

1.d4 d5 2.Sf3 Sf6 3.Lf4 c5 4.e3 Sc6 5.c3 e6 6.Sbd2 Ld6 7.Lg3 0-0 8.Ld3 De7 9.Se5

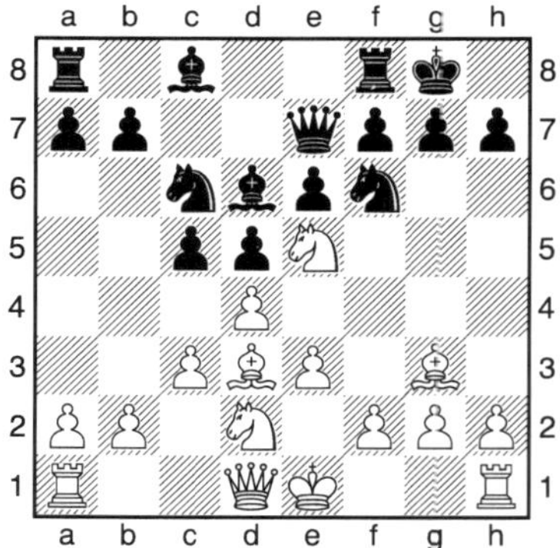

Schwarz muss nun etwas unternehmen, sonst lässt Weiß einfach f4 mit besserer Stellung folgen.

1) 9...Sd7?!

Verhindert Lh4 und möchte den Springer mit f6 vertreiben. Aber bereits 2007 wurde in einer Fernpartie Kögler - Matheis die Widerlegung gefunden. Dennoch begehen immer noch viele starke Spieler diesen lehrreichen Fehler.

10.Sxd7!

Ohne konkreten Grund würde eine solche Entscheidung einfach einen Zeitverlust darstellen.

10...Lxd7?

Ein Fehler, weil der ungedeckten Läuferposition in Kürze entscheidende Bedeutung zukommen wird.

Nur mit 10...Dxd7! kann Schwarz im Spiel bleiben. 11.dxc5 Lxc5 12.0-0

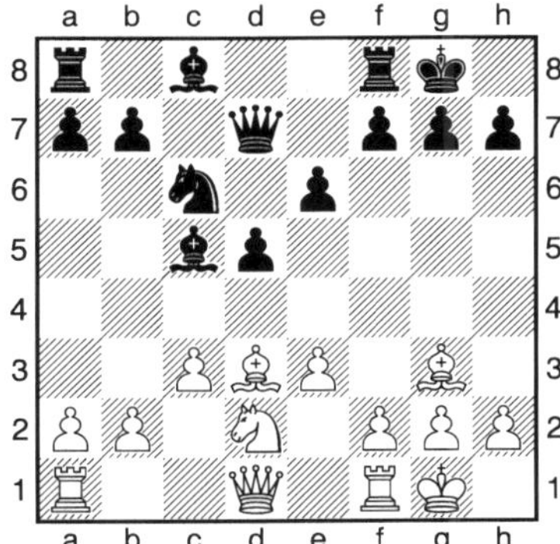

Weiß ist im nächsten Zug, z.B. nach 13.Dc2, vollständig entwickelt und auch besser koordiniert. Er sollte dann e4 anstreben um etwas Vorteil nachzuweisen.

12...e5?! 13.b4 e4 14.bxc5 exd3 15.Sb3±

11.Lxd6!

Zuerst hat Weiß seinen Springer getauscht, nachdem er ihn dreimal gezogen hatte – nun folgt der Läufer.

11...Dxd6 12.dxc5!

Lockt die Dame nach c5, wonach die Pointe folgt.

12...Dxc5

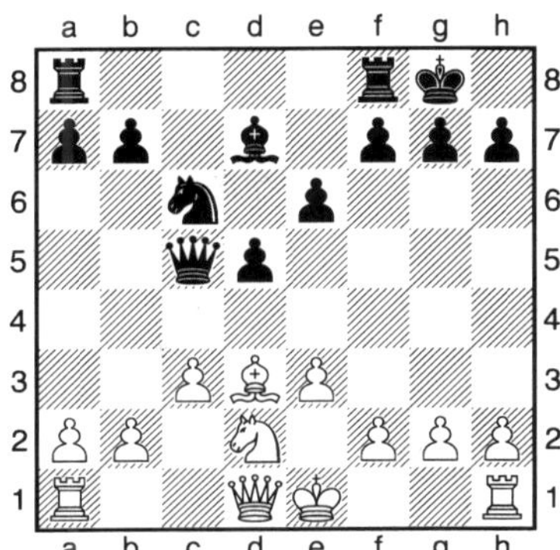

13.Lxh7+! Kxh7 14.Dh5+ Kg8 15.Se4!

Und hier wird nun der Sinn der vorigen Züge klar. Der Springer greift mit Tempo die Dame an und wird mit Tempo gegen den schwarzen König in Stellung gebracht.

15...Dc4

Nach 15...g6 16.Sxc5+– entscheidet der ungedeckte Ld7 den Tag.

16.Sg5 Tfd8

16...Dd3 17.e4

17.Dxf7+ Kh8 18.Dh5+ Kg8 19.Td1

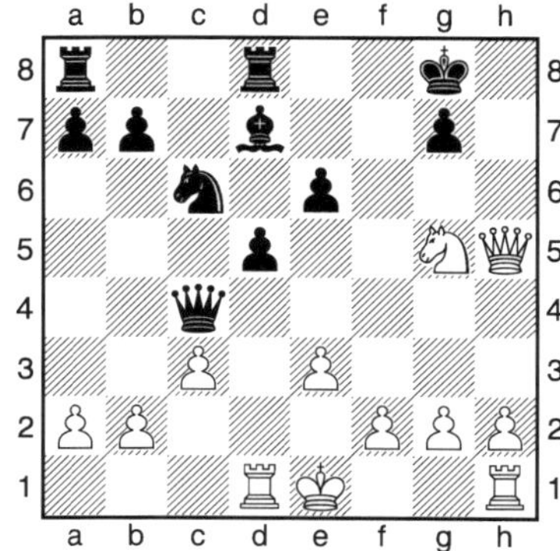

Die schwarzen Figuren können ihrem Monarchen nur beim Sterben zusehen. Es gab hier einige Rettungsversuche, aber Schwarz steht einfach auf Verlust.

19...Db5

Auch 19...Le8 hilft nicht. 20.Dh7+ Kf8 21.Dh8+ Ke7 22.Dxg7+ Kd6 23.b3 Die Dame muss das Matt durch Se4 verhindern und hat kein gutes Feld mehr.

Ein relativ aktuelles Beispiel ist 19...e5 20.Df7+ Kh8 21.e4 Se7 22.Dxe7 Lb5 23.Td2 Dxa2 24.Df7 Da1+ 25.Td1 Dxb2 26.Dh5+ Kg8 27.Dh7+ Kf8 28.Dh8+ Ke7 29.Dxg7+ Kd6 30.Txd5+ Kc6 31.Df6+ 1-0 (Kamsky - Shankland, Sturbridge 2014)

20.f4 d4 21.Df7+ Kh8 22.e4 1–0

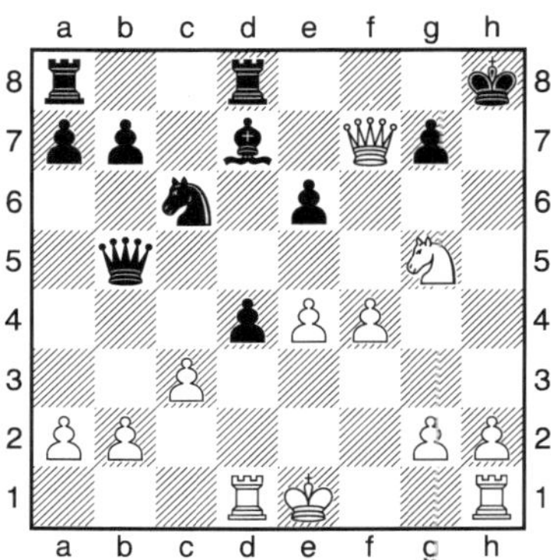

Schwarz ist völlig verloren, denn seinem König ist auf Dauer nicht zu helfen.

1.d4 e6 2.Sf3 c5 3.c3 d5 4.Lf4 Sf6 5.e3 Sc6 6.Sbd2 Ld6 7.Lg3 0-0 8.Ld3 De7 9.Se5

2) 9...Lxe5

Gibt das Läuferpaar auf, aber nicht den Kampf um e5.

10.dxe5 Sd7 11.f4!±

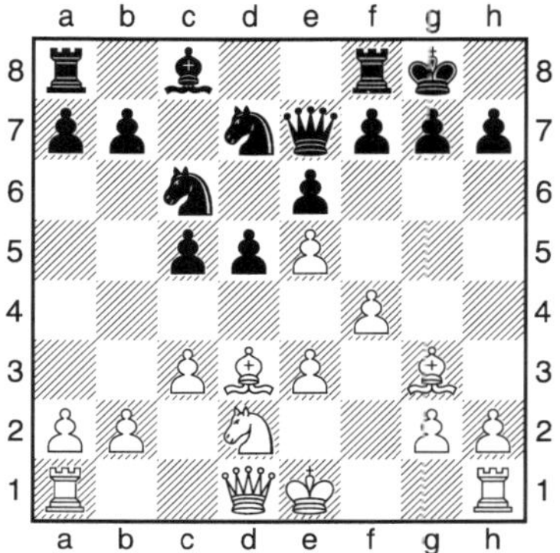

Da hier c5–c4 nebst Db6 nicht möglich ist, ist f4 unbedenklich.

11...f6

Schwarz gibt den Kampf um e5 noch längst nicht auf.

Mit 11...f5 hofft Schwarz auf eine Verschnaufpause. 12.b3± Verhindert c5–c4 und bereitet selbst c3–c4 vor. Weiß besitzt stabilen Raumvorteil und steht etwas besser. Der Lg3 kann mittels Sf3–Lh4 aktiviert werden und am Königsflügel gibt es durchaus Ideen wie, Kh1, Tg1, g4 usw.

11...d4? 12.0-0! Mit deutlichem weißem Vorteil, denn Schwarz kann weder auf e3 noch auf c3 gut nehmen, da Weiß weiterhin die Kontrolle über d4 behalten wird.

12.Dh5!

Die Alternative 12.Sf3 ist ebenfalls gut. Mit dem Damenzug wird eine weitere Schwächung der dunklen Felder erzwungen.

12...g6 13.exf6!

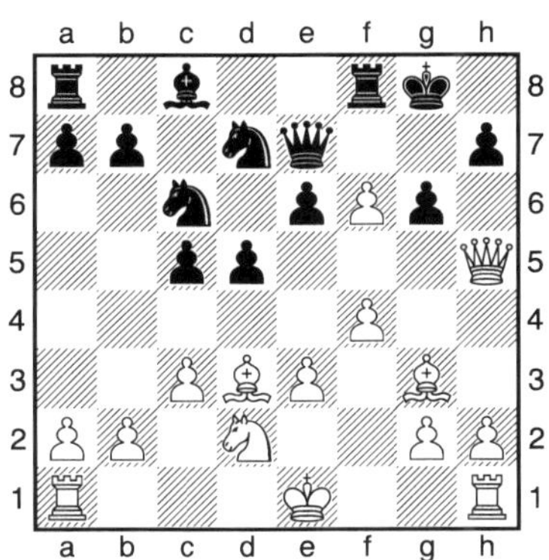

Ansonsten würde der Bauer verloren gehen.

2a) Mit **13...Dxf6** scheint Schwarz den Kampf um e5 endgültig zu gewinnen.

Nach 13...Txf6 nimmt Weiß mit 14.De2!± die Dame zurück und stellt die Drohung Lh4 auf.

14.Df3!

Da die Dame von hier aus d5 angreift, ist e6–e5 wieder nicht möglich. Eine denkbare Folge besteht in **14...Dd8! 15.Lc2!±**

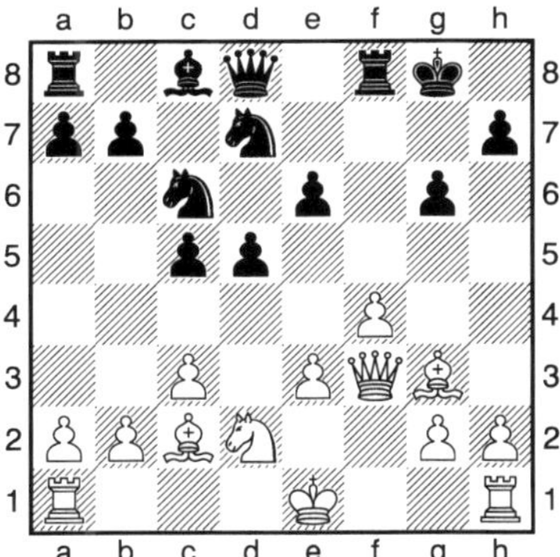

Umgeht eine kleine Falle, denn durch den Damenrückzug nach d8 wurde die Sicht des Turmes Tf8 freigegeben, so dass Sde5 drohte.

15.0-0-0? Sde5! 16.De2 Sxd3+ 17.Dxd3=

Nun jedoch spielt sich die weiße Stellung fast von alleine und nach 0-0-0 nebst h2–h4–h5 sehe ich kaum schwarze Überlebenschancen.

1.d4 e6 2.Sf3 c5 3.c3 d5 4.Lf4 Sf6 5.e3 Sc6 6.Sbd2 Ld6 7.Lg3 0-0 8.Ld3 De7 9.Se5 Lxe5 10.dxe5 Sd7 11.f4 f6 12.Dh5! g6 13.exf6!

2b) 13...Sxf6 14.Dg5

Die Kontrolle über e5 ist hier sehr wichtig. Mit dem Läuferpaar steht Weiß äußerst bequem.

14...Sh5 15.Dxe7!

Strebt schon das Endspiel an.

15...Sxe7 16.Lh4!

Aktiver als 16.Lf2.

16...Sf5 17.Lxf5!

Besser als 17.Lf2? wegen 17...d4 mit Ausgleich.

17...exf5 18.Sf3±

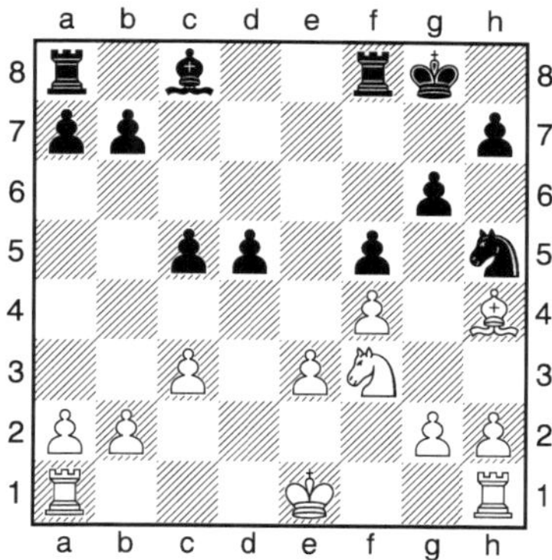

Mit seinem Springer auf e5 erreicht Weiß langfristigen Vorteil.

Fazit: Das weit verbreitete Konzept, mit 8...De7 und 9...Sfd7 den Kampf um e5 zu gewinnen, scheitert sehenswert an einer neuen Form des Läuferopfers auf h7. Aber auch ohne 9...Sfd7 gibt es für Schwarz keinen Weg zum Ausgleich.

Kapitel 5.4 – System mit 6...Ld6 und 8...Te8!?

1.d4 d5 2.Sf3 Sf6 3.Lf4 c5 4.e3 Sc6 5.c3 e6 6.Sbd2 Ld6 7.Lg3 0-0 8.Ld3 Te8

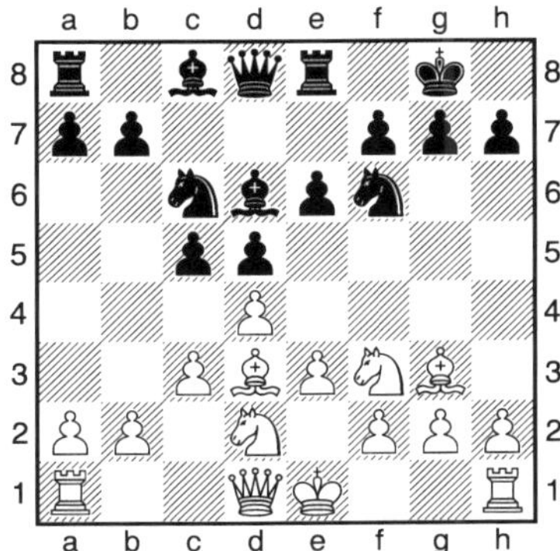

Auch nach diesem Turmzug tritt die Merkregel „Ziehe Se5, sobald Schwarz e6–e5 droht" wieder in Kraft.

9.Se5! Lxe5!?

Das kostet zwar das Läuferpaar, ist aber wohl das Beste, weil die anschließende Deckung von e5 nicht so einfach ist.

9...Se7

Dies erinnert stark an das Manöver im Abspiel 8...b6! aus Kapitel 5.5. Auch hier wird f4 abgeschwächt, aber der Springerzug hat nicht nur Vorteile.

10.dxc5!? Lxc5 11.e4± Mit 9...Se7 hat sich Schwarz so seltsam aufgestellt, dass die Stellungsöffnung angebracht erscheint. Die weißen Chancen verdienen den Vorzug.

10.dxe5 Sd7

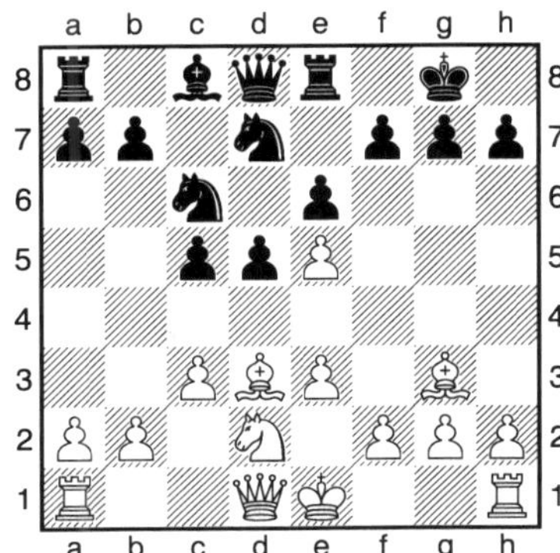

Jetzt kann Weiß danebengreifen.

11.Sf3!

Der Bauer wird nach späterem Dc7 indirekt gedeckt.

11.f4?! ist ein unseriöses Gambit. 11...c4! 12.Lc2 Db6 und ein Bauer geht verloren. Weiß hat zwar gewisse Kompensation, aber es ist fraglich, ob sie für den Bauern ausreicht.

11...Dc7

11...h6 12.0-0 Dc7 13.e4! führt über Zugumstellung zur Hauptvariante.

11...Sf8?! ist eine sehr passive Fortsetzung, nach der Schwarz dauerhaft mit der schlechteren Stellung leben muss. 12.0-0± Ld7 13.De2 h6 14.Tad1 f5? 15.exf6 Dxf6 16.e4 Sg6 17.Dd2 Sce7 18.Tfe1 Lc6 19.exd5 Lxd5 20.Se5 Tad8 21.Sg4 1-0 (Blatny – Kölle, Deutschland 1990)

11...f6?! 12.exf6 Sxf6 Es droht wieder einmal e6–e5, also ... 13.Se5 Sxe5 14.Lxe5 Ld7 15.Df3± (Rodrigues – Cruz, Porto 2012). Die Dame geht nach h3 und u.a. wegen seiner fürchterlichen Läufer steht Weiß deutlich besser.

12.0-0!

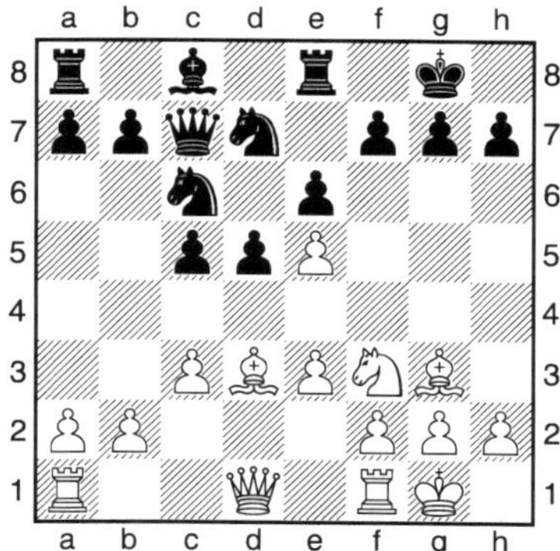

1) Nach **12...Scxe5?? 13.Sxe5 Sxe5 14.Dh5**+– hängt zu viel.

2) Nach **12...h6?!** droht Sxe5 immer noch nicht, weil nach zweimaligem Schlagen am Ende erneut Dh5 gewinnt.

13.e4!

Da Bauer e5 taktisch gedeckt ist, kann Weiß aktiv werden.

13...Db6

Nach 13...dxe4 14.Lxe4 b6 15.Sd2 La6 16.Te1 Tad8 17.Da4± dominiert Weiß die Stellung (Rodriguez Fontecha – Walton, Calvia 2011).

14.De2!?

Es wird alles indirekt gedeckt. Die Stellung bleibt aber sehr komplex, weil Schwarz seinen Damenflügel immer noch nicht entwickelt hat.

14...c4 15.Lc2 Sc5

15...Dxb2?? 16.exd5 exd5 17.Lh7+ +–

16.Tad1 dxe4 17.Lxe4 Sxe4 18.Dxe4 Dxb2 19.Dxc4⩲

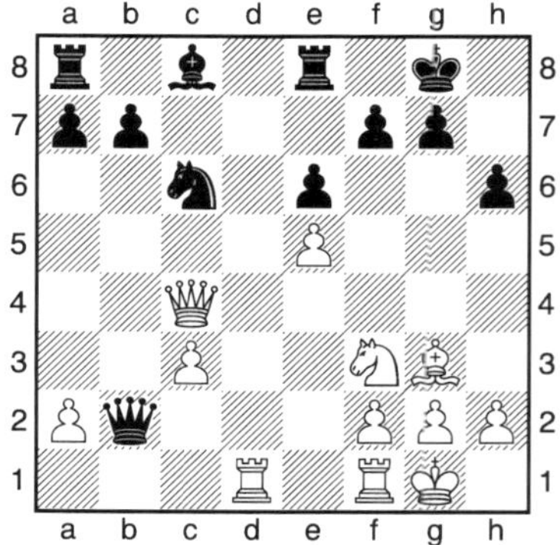

Die d–Linie ist in weißer Hand und Schwarz hat enorme Probleme mit seinem Damenflügel.

1.d4 e6 2.Sf3 c5 3.c3 d5 4.Lf4 Sf6 5.e3 Sc6 6.Sbd2 Ld6 7.Lg3 0-0 8.Ld3 Te8 9.Se5! Lxe5!? 10.dxe5 Sd7 11.Sf3! Dc7 12.0-0!

3) Mit **12...g6** erneuert Schwarz die Drohung Sdxe5.

13.Lb5!

Der Läufer hat seine Aufgabe auf d3 mehr als erfüllt. Nachdem Schwarz seine dunklen Felder geschwächt hat, muss ohnehin Bauernverlust vermieden werden.

13...a6 14.Lxc6 Dxc6

Auch das Schlagen mit dem Bauern ist unbefriedigend, denn es folgt einfach 15.e4 mit weißem Vorteil.

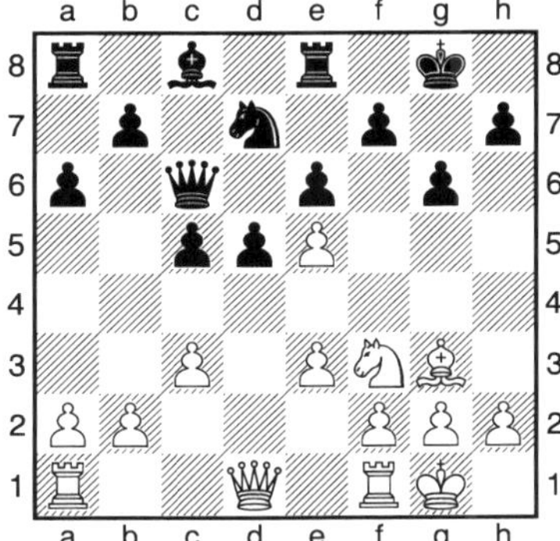

15.e4!

Als LS-Spieler darf man niemals die typischen Hebel vergessen! Was für den Holländisch-Spieler der Vorstoß f5-f4 ist, ist für uns häufig e4! Abgesehen davon muss Weiß ohnehin sehr konsequent handeln, da Schwarz sonst mit b5 eine starke Initiative am Damenflügel entfalten wird.

15...b5

Die Annahme des Bauern ist wohl zu gefährlich; man sehe 15...dxe4?! 16.Sd2 Strebt hauptsächlich nach d6. Die schwachen schwarzen Felder werden jetzt klar erkennbar. Folgende Varianten unterstreichen die schwarzen Schwierigkeiten.

16...Dd5? Möchte mit aller Gewalt den Materialvorteil aufrechterhalten.

a) 16...f5 Befreit den Lg3. 17.exf6 Sxf6 18.Sc4! Der Bauer ist nicht so wichtig. 18...b5 19.Se5± Ideen gibt es hier genug, z.B. Lh4, und sobald eine Figur d5 betritt folgt c4! mit weiterer Verschlechterung der gegnerischen Bauernstruktur. Weiß beherrscht das Brett und da spielt der Minusbauer keine große Rolle.;

b)16...b5 17.Te1 Lb7

(17...f5 18.exf6 Sxf6 19.Le5±)

18.Sxe4± Der Springer wird früher oder später auf d6 landen.

c) 16...e3 17.De2 Sxe5 17.Sc4!±; 18.Sxe4 Sd7 19.Tad1+-

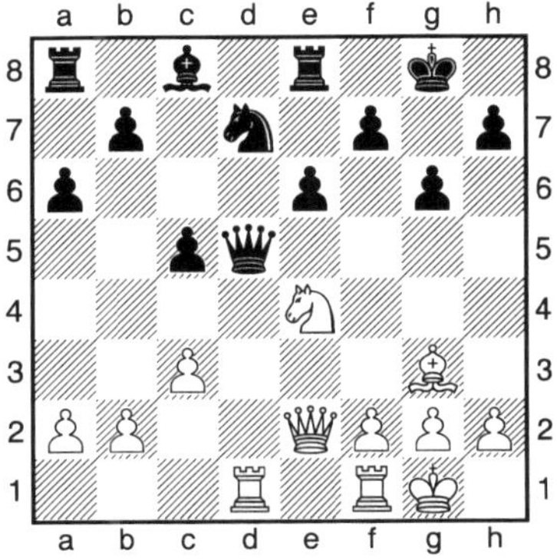

Schwarz kann bereits aufgeben, da auf 19...Dc6 20.Txd7! mit Vernichtung folgt. 20...Lxd7 21.Sf6+ Kf8

(21...Kg7 22.De5+−)

22.Sxh7+ Kg7

(Nach 22...Ke7 23.De5 Kd8 24.Td1 ist gegen Sf6 nichts mehr zu erfinden. 24...Kc8 25.Sf6 Td8 26.Td6)

23.Le5+

(23.De5+ Kxh7)

23...Kxh7 24.Dg4 mit baldigem Matt.

16.exd5 exd5

Jetzt ist der e−Bauer beweglich und somit kommen Motive mit e5−e6 in Betracht, gerade bei einem späteren Königsangriff. (16...Dxd5 17.De2+−)

17.Dd2!±

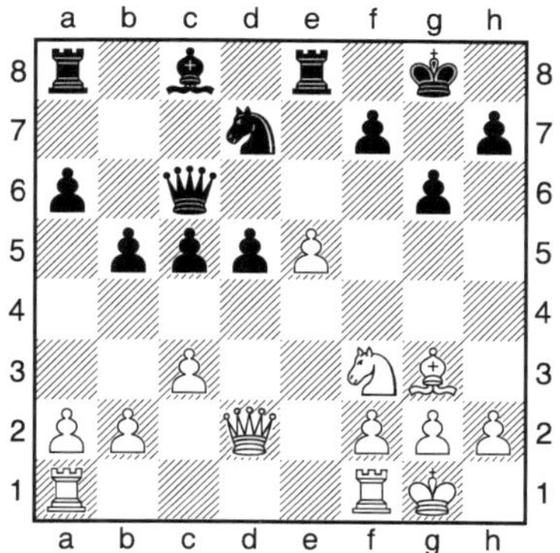

Die Drohung Dh6 usw. bringt den schwarzen König in höchste Lebensgefahr.

Fazit: Nach 8...Te8 ist es wichtig, im weiteren Verlauf den schwächelnden Bauern e5 mit f4 zu decken. Dabei lautet die Merkregel: Wenn Schwarz nicht c5−c4 und Db6 (mit Doppelangriff auf e3 und b2) antworten kann, ist f4 richtig. Der Bauer e5 sieht zwar anfällig aus, kann aber indirekt mit taktischen Kniffen gedeckt werden. Die alten Analysen sind immer noch stichhaltig und Weiß erhält immer Vorteil.

Kapitel 5.5
System mit 6...Ld6 und 8...b6

1.d4 d5 2.Sf3 Sf6 3.Lf4 c5 4.e3 Sc6 5.c3 e6 6.Sbd2 Ld6 7.Lg3 0-0 8.Ld3 b6!

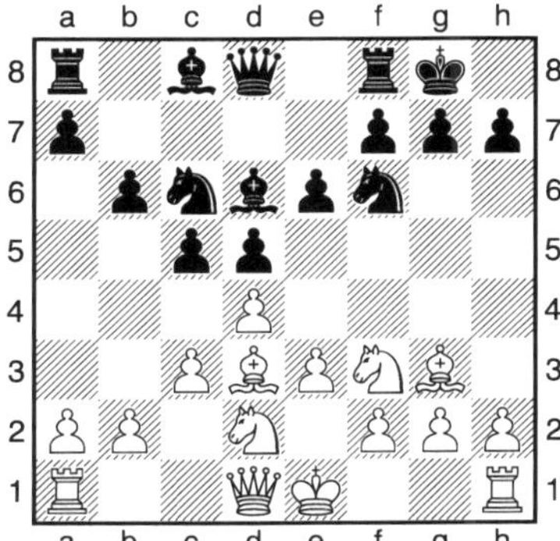

Dieser Zug ist eine extrem harte Nuss. GM Avrukh zeigt im „Grandmaster Repertoire 11" sehr überzeugend, dass danach der Plan Se5 nebst f4 nicht mehr funktioniert. In dieser Stellung muss man also komplett umdenken und sich vom alten Schema verabschieden.

9.0-0!

9.Se5?! Lb7 10.f4 Se7!

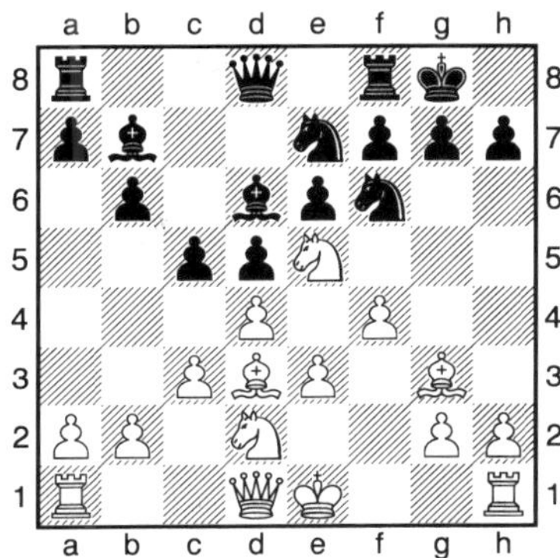

Erstaunlicherweise kann Weiß gegen folgenden Plan wenig ausrichten: Sf5, Le7, Sd6, Sfe4 und f6. Schwarz erobert damit e4 und auch e5, wonach Weiß um Ausgleich kämpfen muss. Deshalb sollte Weiß die Finger von 9.Se5 lassen. Allerdings ist dieser Springerzug ja nicht der einzige Plan, den Weiß im LS besitzt, denn Plan B strebt den Vorstoß e3–e4 an.

1) 9...Lxg3

Ohne einen weißen Turm auf h1 ist der Tausch auf g3 eine bessere Option für Schwarz, aber Ausgleich hat er damit noch nicht erreicht.

10.hxg3 Lb7 11.De2!

11.a3?! erlaubt 11...Dd6, wonach Weiß nicht e4 ziehen kann. 12.b4 cxd4! (Avrukh) 13.cxd4 Tfc8 14.Tc1 a5 15.b5 Se7 16.Db3 Sg4=

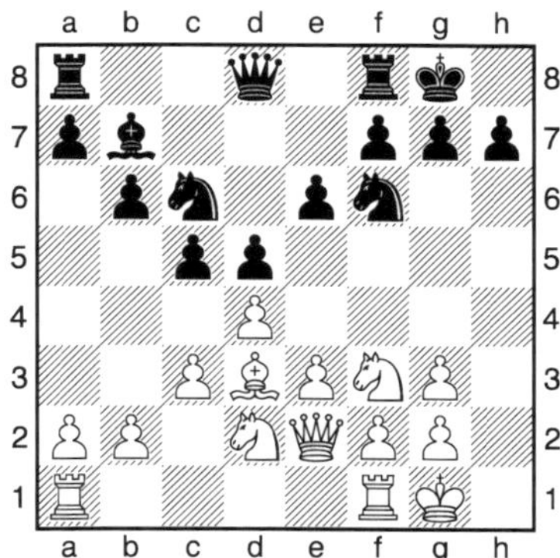

Die Stellung ist komplizierter als sie aussieht. Weiß sollte nicht automatisch e3–e4 ziehen. Dafür muss man den richtigen Zeitpunkt wählen. Und sowieso kann man den Vorstoß in aller Ruhe planen – z.B. mit Zügen wie a3, Tad1, Tfe1.

1a) 11...c4?!

Wie so häufig ist dieser Vorstoß auch hier ein strategischer Fehler.

12.Lc2 b5 13.a3

Es macht Sinn, den Vorstoß b5–b4 zu hemmen.

13...a5

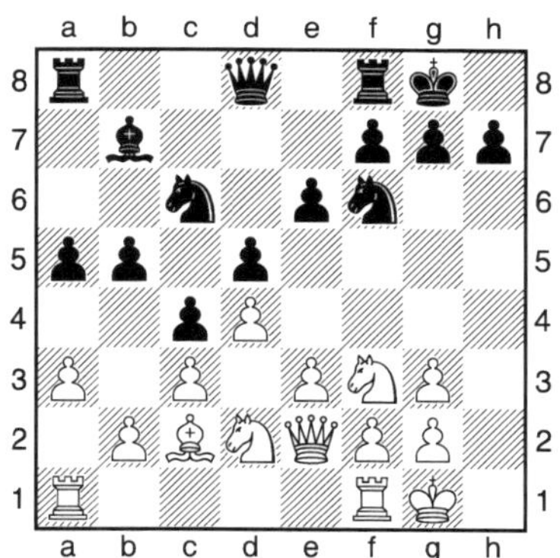

Schwarz scheint gut zu stehen, aber nun folgt ein pointierter Konter.

14.b3! Dc7

Nach 14...cxb3? 15.Sxb3± sind Feld c5 und Bauer b5 nachhaltig geschwächt und zudem steht der Lb7 schlecht.

15.bxc4 dxc4 16.e4±

Die schwarzen Bauern am Damenflügel sind fixiert und Weiß ist es gelungen, das gesamte Zentrum zu erobern.

1.d4 e6 2.Sf3 c5 3.c3 d5 4.Lf4 Sf6 5.e3 Sc6 6.Sbd2 Ld6 7.Lg3 0-0 8.Ld3 b6! 9.0-0! Lxg3 10.hxg3 Lb7 11.De2!

1b) 11...De7

Droht 12...e5.

12.dxc5

Schwarz darf nicht zu cxd4 kommen.

Mit sofortigem 12.e4?! erreicht Weiß nichts. 12...dxe4 13.Sxe4 cxd4 14.Sxf6+ Dxf6 15.De4 Df5 16.Sxd4 Sxd4 17.Dxd4 Dd5=

12...bxc5 13.e4 Sd7 (Balduan – Brandenburg, Deutschland 2008)

14.exd5 exd5 15.Dxe7 Sxe7 16.Tfe1±

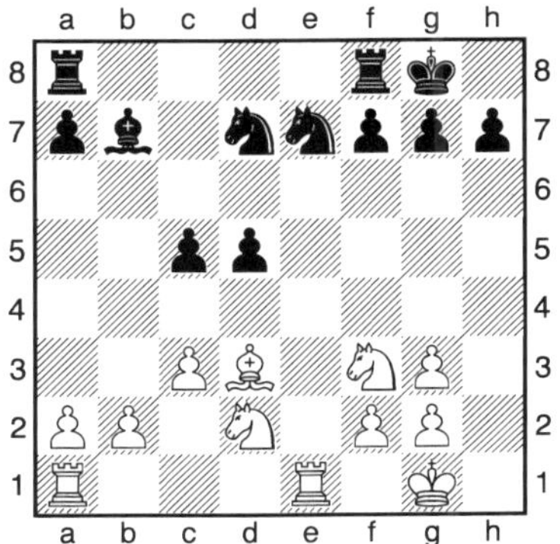

Weiß besitzt die bessere Struktur und die aktiveren Figuren.

1.d4 e6 2.Sf3 c5 3.c3 d5 4.Lf4 Sf6 5.e3 Sc6 6.Sbd2 Ld6 7.Lg3 0-0 8.Ld3 b6! 9.0-0! Lxg3 10.hxg3 Lb7 11.De2!

1c) 11...Dc7?!

Dieser sehr menschliche Zug ist ungenau, da sich die Dame zu früh vom Königsflügel abwendet. Dieser Umstand gestattet den starken Vorstoß **12.e4!**, denn **12...cxd4** ist wegen einer folgenden Feinheit nicht schlimm.

Nach 12...dxe4 13.Sxe4 Sxe4 14.Dxe4 g6 15.dxc5 muss Schwarz auf c5 mit dem Bauern wiedernehmen, wonach Weiß ein dauerhaftes positionelles Plus besitzt. 15...Se7?! Sieht clever aus, ist aber nicht ausreichend. 16.Dh4 Dxc5 Die Bauernstruktur wurde gerettet, aber Weiß erhält mit 17.Sg5 h5 18.g4± sehr starken Königsangriff.

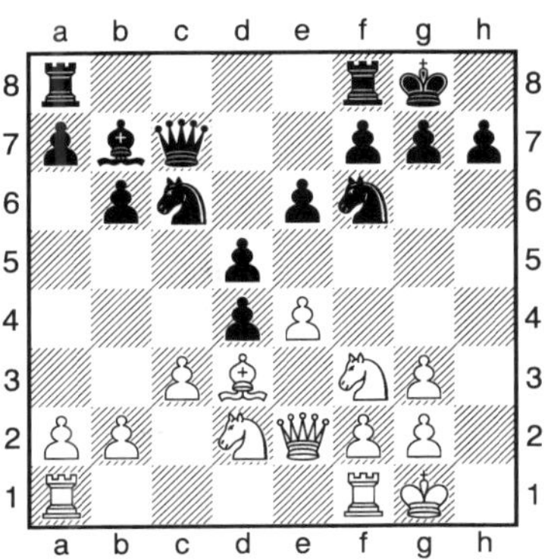

13.e5!

Dieser Zwischenzug gibt Weiß Vorteil.

13...dxc3

Nach 13...Sd7 14.cxd4 droht das Läuferopfer auf h7. 14...Tfc8

(14...Sb4? 15.Lxh7+)

15.a3± Der Damenflügel ist unter Kontrolle und Weiß kann seine Initiative am Königsflügel in Ruhe ausbauen.

14.exf6 cxd2

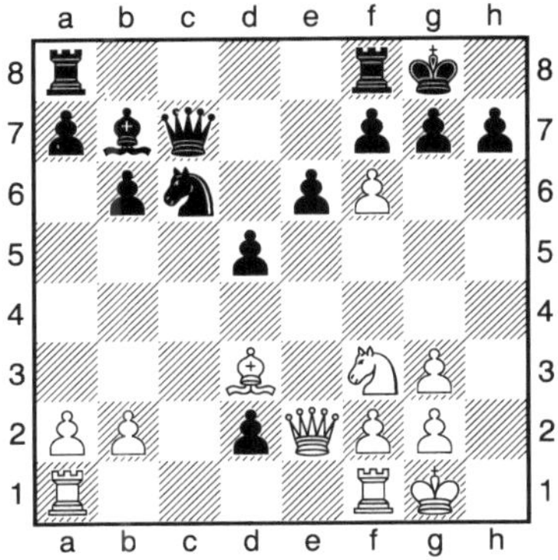

15.Sg5!

Nach diesem starken Angriffszg wird die schwarze Stellung schwierig.

15...g6

15...h6 16.Dg4+-

16.Sxh7

Der Turm darf wegen Dg4 nebst Lxg6 nicht ziehen.

16...De5

16...Kxh7?? 17.Dh5+ Kg8 18.Dh6

17.Sxf8 Txf8 18.Dxd2 Dxf6±

Schwarz hat keinerlei Kompensation für die Qualität.

1.d4 e6 2.Sf3 c5 3.c3 d5 4.Lf4 Sf6 5.e3 Sc6 6.Sbd2 Ld6 7.Lg3 0-0 8.Ld3 b6! 9.0-0!

2) 9...Lb7 10.De2

2a) 10...Te8 11.Se5 Se7

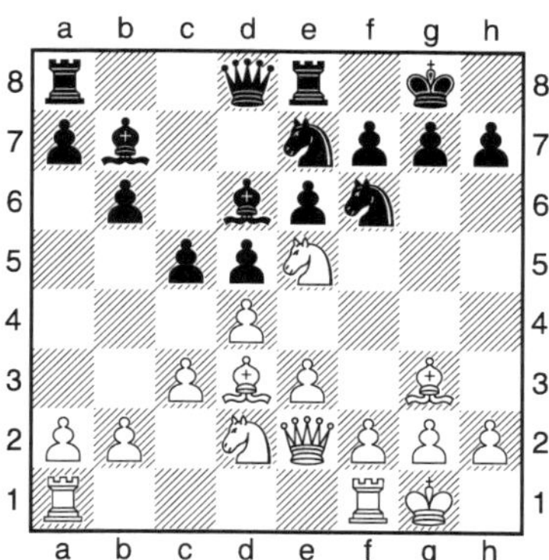

Hier funktioniert die Idee Sf5 nebst Le7 usw. nicht – wegen **12.Lb5! Lxe5**

12...Tf8 13.Sd7 Sxd7 14.Lxd6±

13.dxe5 Sd7 14.e4 a6 15.Ld3 c4 16.Lc2 Sc5 (Prohaszka – Postny, Östereich 2013)

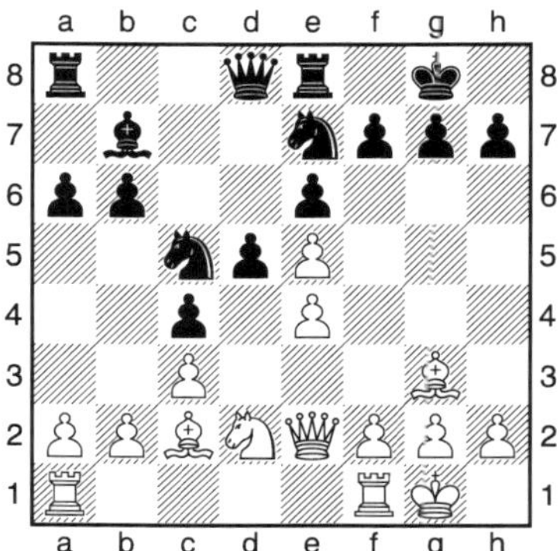

Hier kann Weiß mit **17.exd5!** deutlichen Vorteil erreichen; etwa **17...exd5 18.Tad1 b5 19.Dh5 h6 20.Sf3**±. Der schwarze König ist in höchster Gefahr und zudem steht Weiß auch positionell (Feld d4) sehr schön.

1.d4 e6 2.Sf3 c5 3.c3 d5 4.Lf4 Sf6 5.e3 Sc6 6.Sbd2 Ld6 7.Lg3 0-0 8.Ld3 b6! 9.0-0! Lb7 10.De2

2b) 10...Dc7 (Radjabov - Leko, Beijing 2014)

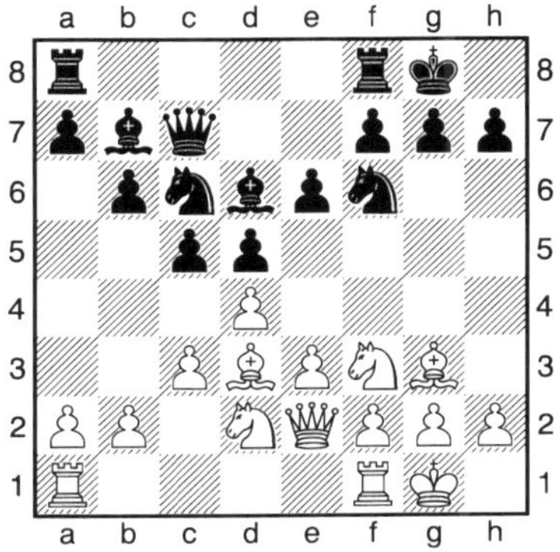

11.e4!

Das ist besser als 11.dxc5.

11...Sxe4

11...cxd4?? 12.e5

12.Sxe4 dxe4 13.Dxe4 g6 14.dxc5±

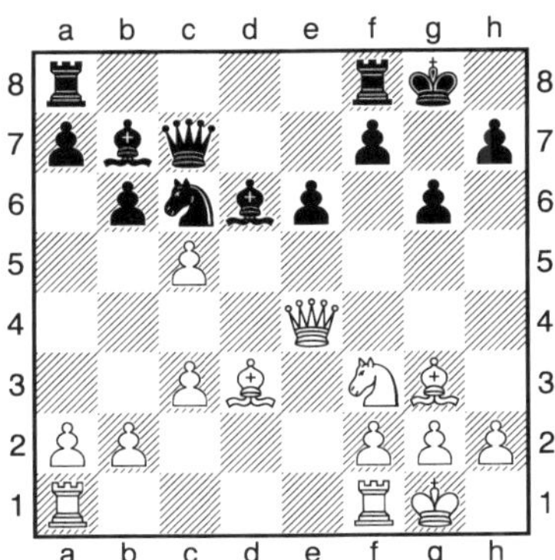

Wieder wird Weiß mit der besseren Bauernstruktur und dem sichereren König verbleiben.

Fazit: 8...b6 ist eine sehr starke Fortsetzung. Weiß muss sich dabei ausnahmsweise vom Konzept Se5 nebst f4 verabschieden und etwas anderes versuchen. In diesem Sinne sieht 9.0-0 gefolgt von 10.De2 sehr brauchbar aus.

Kapitel 6
1.d4 d5 2.Sf3 Sf6 3.Lf4 seltene Fortsetzungen

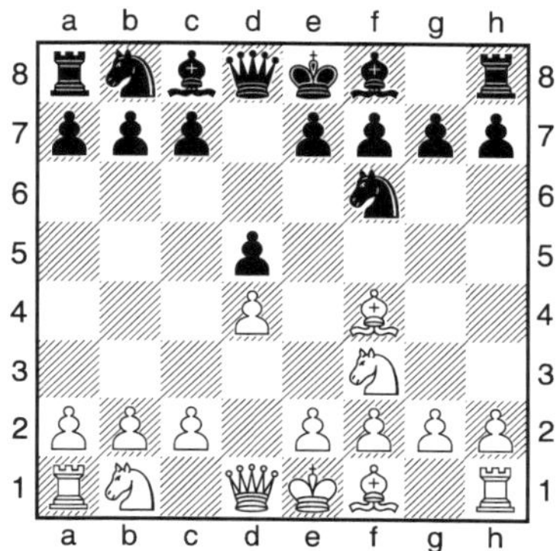

An dieser Stelle werden die Züge 3...Sh5 und 3...Lg4 untersucht.

Kapitel 6.1

1.d4 d5 2.Sf3 Sf6 3.Lf4 Lg4?!

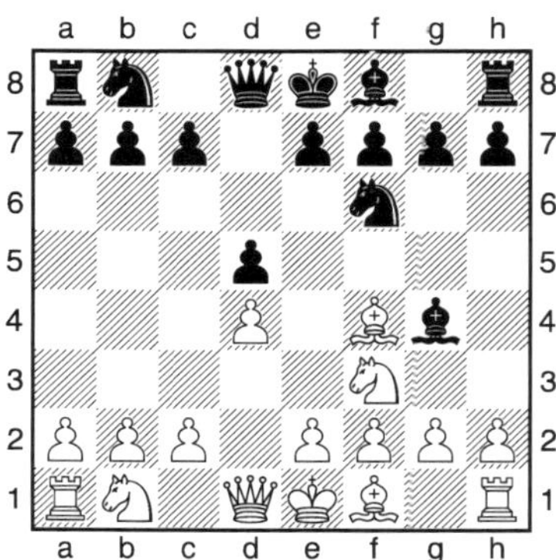

Schenkt Weiß ein wichtiges Tempo.

3...Sh5?! ist zu diesem Zeitpunkt sehr ungewöhnlich, aber Weiß kann den Läufertausch nicht gut verhindern, denn ein Rückzug auf der Diagonale c1–h6 kommt kaum in Frage. 4.Lg3! Soll Schwarz doch seinen Willen bekommen.

4...Sxg3 5.hxg3± Mit der halboffenen h-Linie ist bestimmt etwas anzufangen und ähnlich wie in Kapitel 3.3 kann man mittels e3 und c4 gefolgt von Dc2 Druck aufbauen.

4.Se5

1) 4...Lf5 5.e3 e6

5...Sbd7 6.g4 Le6 7.Le2

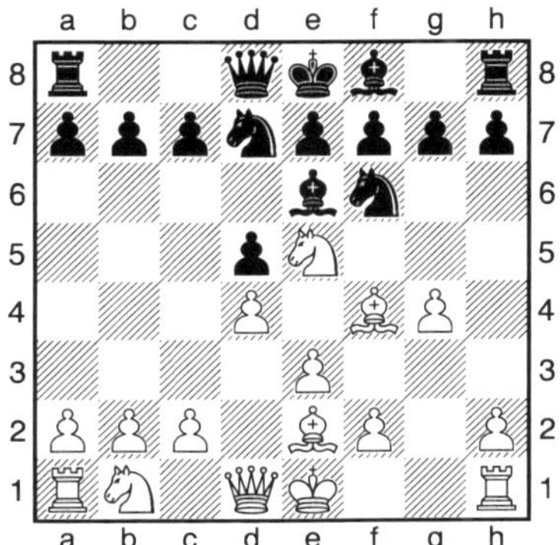

Auf e6 steht der Läufer sehr seltsam. Falls Schwarz nicht auf e5 nimmt, kann der Springer (ähnlich wie in Kapitel 11.1) nach d3 gehen. Die weiße Stellung ist etwas besser.

6.g4

1a) 6...Lg6? 7.h4±; 6...Le4? 7.f3 Lg6 8.h4

Die Drohung h5 erzwingt einen Zug mit dem h-Bauern, wodurch Weiß mit Sxg6 die komplette Bauernstruktur am Königsflügel zerstören kann. Der Vorteil ist danach schon an der Gewinngrenze.

1.d4 d5 2.Sf3 Sf6 3.Lf4 Lg4?! 4.Se5 Lf5 5.e3 e6 6.g4

1b) Interessant ist **6...Sxg4 7.Sxg4 h5 8.Se5 f6.**

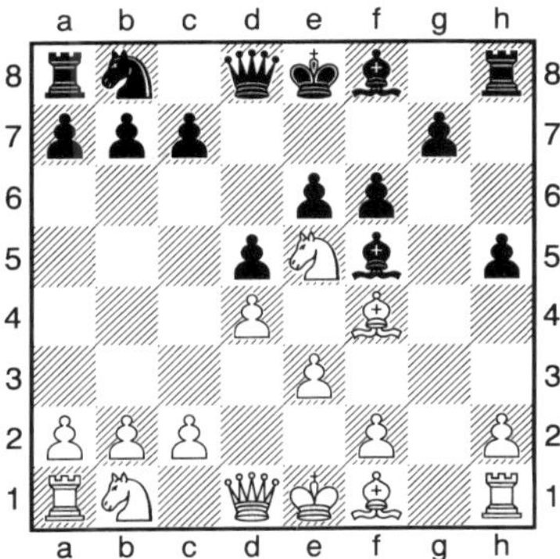

Schwarz gewinnt die Figur zurück, da der Lf4 nach g7-g5 nicht mehr fliehen kann. Nur so kann Schwarz versuchen 4...Lf5 zu rechtfertigen, aber noch niemand hat es ausprobiert.

9.Sd3 g5 10.Le2 gxf4 11.Sxf4±

Das ist die einfachste Behandlungsweise. Weiß gewinnt einen Bauern ohne nennenswerte gegnerische Kompensation.

1.d4 d5 2.Sf3 Sf6 3.Lf4 Lg4?! 4.Se5

2) 4...Lh5 5.f3

An dieser Stelle hat Weiß viele Optionen, aber diese alte Empfehlung gefällt mir nach wie vor am besten. Die Jagd auf den Lh5 wird vorbereitet. In der Praxis hat Schwarz nach 5.f3 fast immer fehlgegriffen.

5...Lg6

Das ist ein besserer Versuch als 5...e6? 6.g4 Lg6 7.h4 h6 8.Sxg6 fxg6 9.Dd3+– (Kovacs – Schipkov, Budapest 1992).

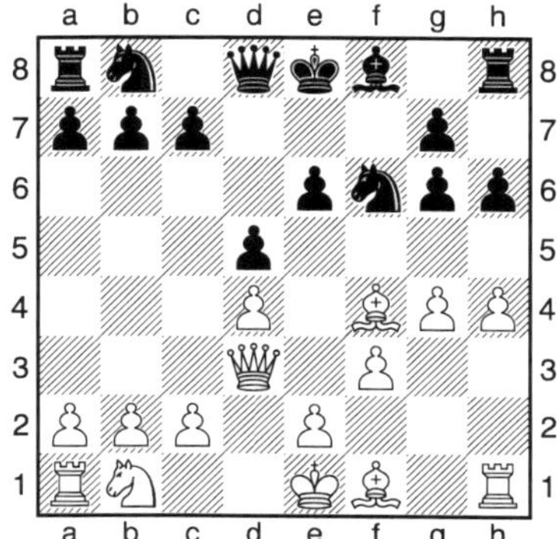

Schwarz ist um seine Bauernstruktur und seinen König nicht zu beneiden.

5...Sfd7 6.Sxd7 Sxd7 7.Sc3 e6 8.Dd2± Weiß bereitet e4 und die lange Rochade vor.

5...Sbd7? 6.g4 Lg6 7.h4 h6 8.Sxg6 fxg6 9.Dd3 Kf7+– ist noch schlechter als in der Hauptvariante, Weiß kann mit 10.Lh3 oder 10.e4 bereits eine Gewinnstellung erreichen.

6.c4 e6 7.Sc3±

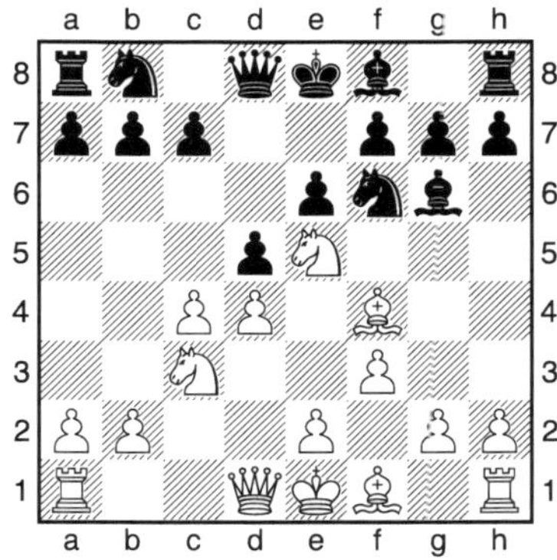

Weiß kann sich jederzeit das Läuferpaar sichern. Eine gute Aufstellung im Zentrum erreicht er mittels cxd5 und e3. Insgesamt besitzt er soliden Vorteil.

Fazit: Gegen das LS ist 3...Lg4 keine brauchbare Idee.

Kapitel 7
3...c5 4.e3 Db6

1.d4 d5 2.Sf3 Sf6 3.Lf4 c5

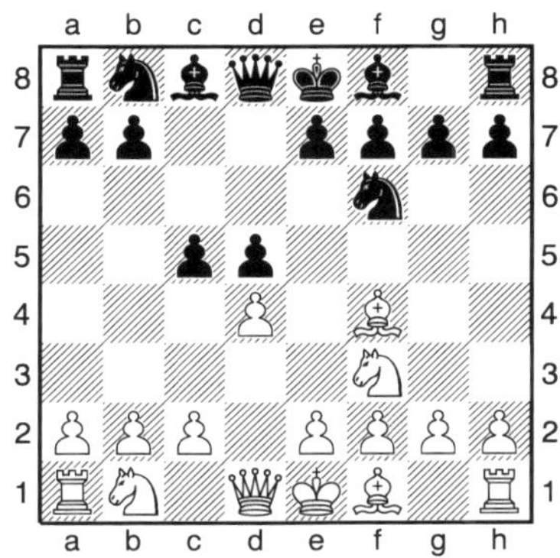

Damit übt Schwarz sofort Druck auf das Zentrum aus, weswegen dies die aktivste Vorgehensweise ist.

Kapitel 7.1

4.e3 Db6

Falls es im LS einen Nachteil von Lf4 gibt, dann ist es der ungedeckte Bauer auf b2. Die schlechte Nachricht lautet: „Weiß kann nicht mehr seine Schablone mit c3, Sd2 usw. verfolgen." – Die gute Nachricht lautet: „4...Db6 geschieht hier womöglich etwas zu früh und bietet Weiß sehr gute Konterchancen."

5.Sc3!

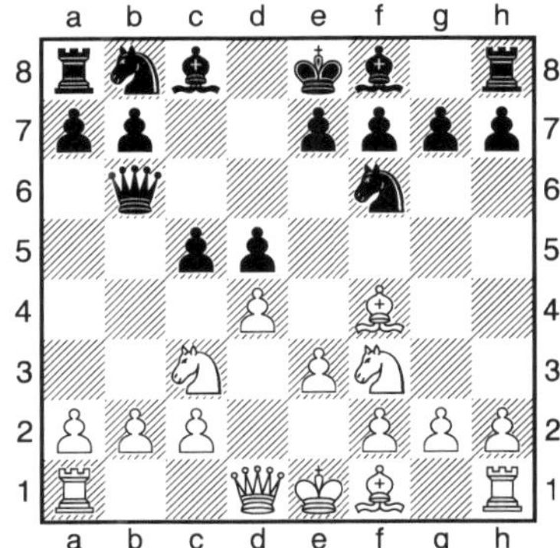

Die große Ausnahme im LS. Der Bauer auf b2 wird auf taktischem Wege gedeckt. Aber sieht der Zug nicht hässlich aus, wo wir doch alle lieber c3 ziehen möchten?

Mag sein, aber eine Pointe liegt darin, dass Weiß Sb5 mit anschließendem c2–c3 plant, wodurch wieder die geliebte Bauernstruktur entsteht.

Übrigens sind 5.b3 oder 5.Dc1 passive Alternativen und kommen daher nicht in Frage.

5...Dxb2?

Wer so dreist ist, der sollte dafür bestraft werden.

6.Sb5 Sa6 7.a3!!

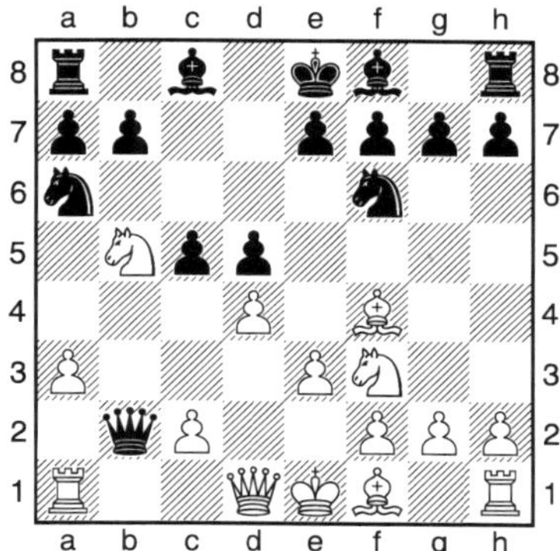

Ein anderer Widerlegungsversuch geht mit 7.Tb1 weiter, aber die Idee von GM Kovacevic ist noch besser.

7...Lf5 8.dxc5!

Es droht Le5, aber noch ist nicht so klar, warum das Ganze so stark sein soll.

8...Lxc2

8...Dxc2 9.Dxc2 Lxc2 10.Tc1 La4/Le4 11.c6+-

8...Sd7 9.Sfd4 Lg4 10.f3

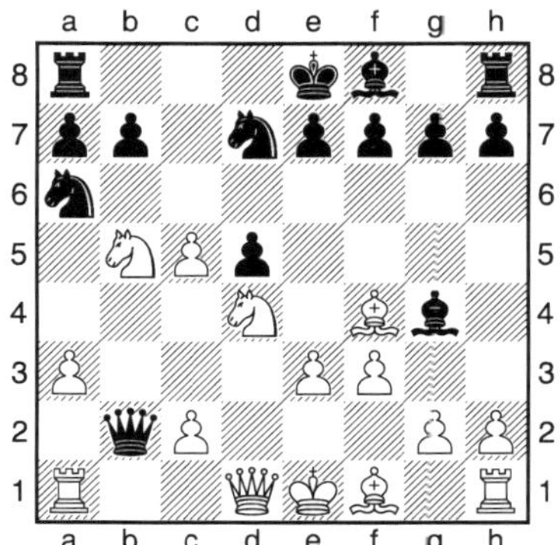

Nun droht Damenfang mit 11.Tb1 Da2 12.Dc1 nebst Tb2 oder Sc3.

10...e5 11.Tb1 Da2 12.Dc1 exd4 13.Tb2 Dxb2 14.Dxb2+-

9.Dc1 Dxc1+ 10.Txc1

Schwarz hat einen Bauern mehr, aber seine Stellung bricht bald zusammen.

10...Lf5

10...La4 11.c6 b6 12.Sd6+! Der schönste Gewinnzug. 12...exd6 13.Lxa6+-

10...Lg6? 11.c6 bxc6 12.Txc6+-

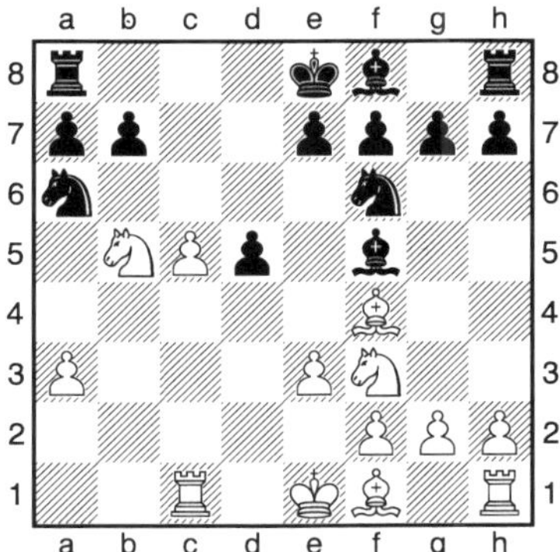

11.Sbd4!

Schwarz hat keine Verteidigung mehr.

11...Lg6

11...Lc8 12.Lb5+ Sd7 13.c6+–; 11...Ld7 12.c6

12.Lb5+ Kd8 13.c6+–

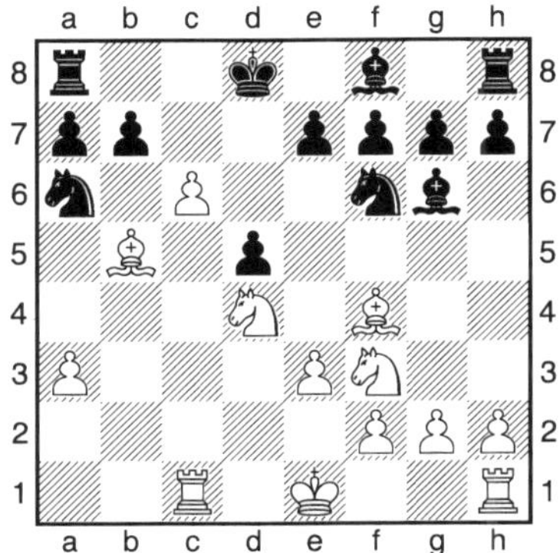

Fazit: 5...Dxb2? ist ein klarer Fehler und wird mit 7.a3!! entsprechend bestraft.

Kapitel 7.2
4...Db6 5.Sc3 e6

1.d4 d5 2.Sf3 Sf6 3.Lf4 c5 4.e3 Db6 5.Sc3 e6

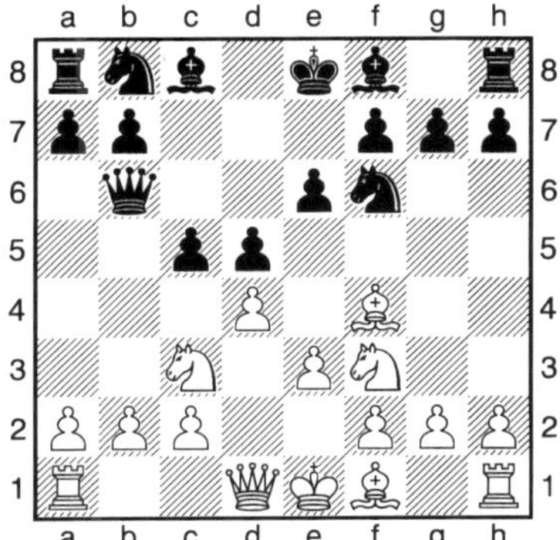

Dies schließt freiwillig den Lc8 ein, ohne die weiße Idee dadurch zu verhindern.

6.Sb5 Sa6 7.c3!?

1) 7...Ld7 8.a4 c4

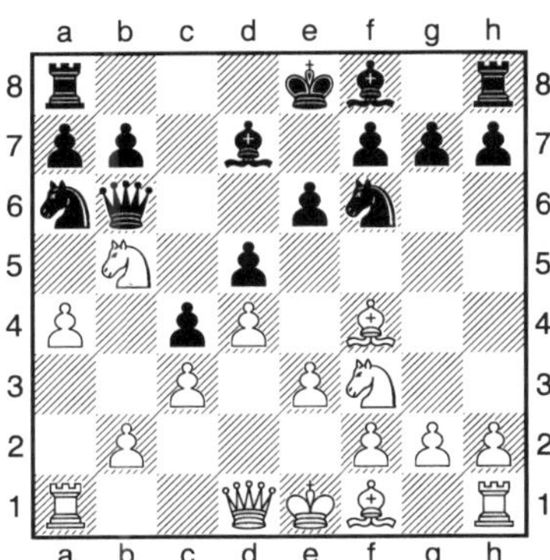

9.b3!

Wenn Schwarz hier einen Bauern erobern will, wird er einen hohen Preis dafür bezahlen.

9...Da5

9...Lxb5? 10.axb5 Dxb5 11.bxc4 dxc4 12.Sd2 Der einfachste Weg. 12...Tc8 13.Lxc4 Txc4 14.De2+– Schwarz steht auf Verlust.

9...cxb3 Dies hilft auch nicht. 10.Dxb3 Le7 11.a5 Dd8 12.Sd6+ ± Erobert das Läuferpaar und verhindert zusätzlich die kurze Rochade.

10.bxc4

Dies forciert die folgende Variante.

10...Lxb5 11.axb5 Dxc3+ 12.Sd2 Sb4 13.Tc1 Sd3+ 14.Lxd3 Dxd3 15.De2 dxc4 16.Txc4 Dxe2+ 17.Kxe2±

(Iotov – Inkiov, Sunny Beach 2014)

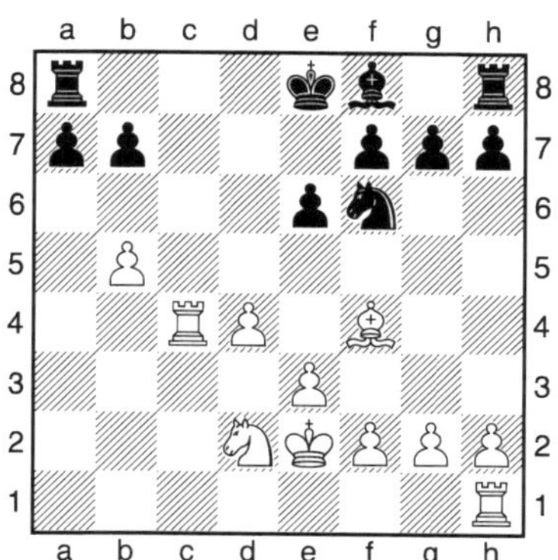

Weiß hat erdrückenden Vorteil: Entwicklungsvorsprung, Kontrolle über die c–Linie und Raumvorteil am Damenflügel. Schwarz hat dem nichts entgegenzusetzen.

1.d4 d5 2.Sf3 Sf6 3.Lf4 c5 4.e3 Db6 5.Sc3 e6 6.Sb5 Sa6 7.c3!?

2) 7...c4 8.a4

Im Gegensatz zum Abspiel mit 5...c4! hat Weiß Tb1 eingespart und Schwarz hat freiwillig den Lc8 eingesperrt. Es ist daher kein Wunder, dass er bereits deutlich schlechter steht.

Sobald im LS ein schwarzer Bauer auf c4 steht, verlangt die Stellung nach den Hebeln b3 und/oder e4. Hier ist es eindeutig b3, wogegen der Nachziehende nichts ausrichten kann.

2a) 8...Ld7 9.b3 Lxb5 10.axb5 Dxb5 11.bxc4 dxc4

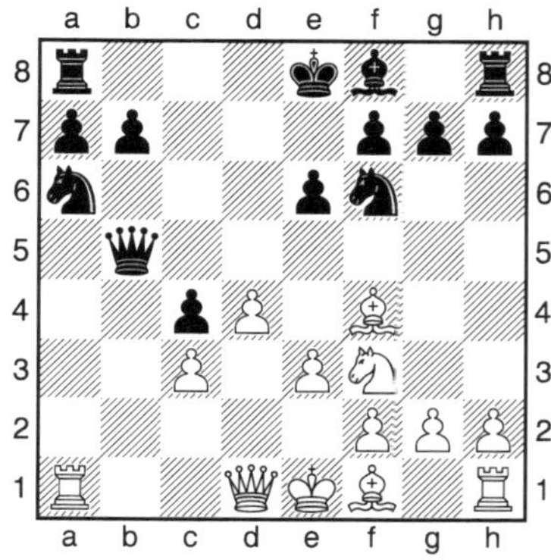

Diese schwarze Konstellation ist zum Scheitern verurteilt.

12.Se5 Tc8 13.Lxc4 Txc4 14.De2+–

Dies ist nur *eine* der Gewinnvarianten.

1.d4 d5 2.Sf3 Sf6 3.Lf4 c5 4.e3 Db6 5.Sc3 e6 6.Sb5 Sa6 7.c3!? c4 8.a4

2b) 8...Le7 9.b3 cxb3 10.Dxb3 0-0 11.Ld3 Ld7

11...Dd8 12.0-0 h6 13.Lb1 Ld7 14.Se5± (Cruzado Duenas – Boldysh, ICCF email 2005) Auch hier steht der Vorteil außer Frage. Weiß beherrscht das Zentrum und seine Figuren besetzen hervorragende Felder.

12.a5 Dc6 13.0-0+– (Mary – Yepez Gutierrez, Fernschach 2002)

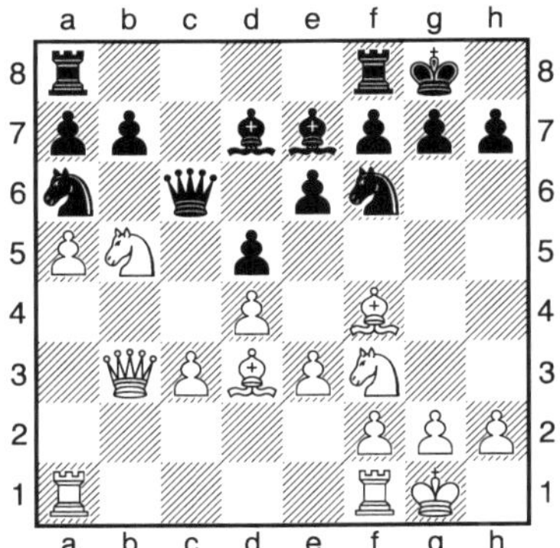

Weiß hat alle Freiheiten und kann mit Tfc1 den Hebel c4 vorbereiten.

1.d4 d5 2.Sf3 Sf6 3.Lf4 c5 4.e3 Db6 5.Sc3 e6 6.Sb5 Sa6 7.c3!? c4 8.a4

2c) 8...Sh5?! 9.Lg5 h6 10.Lh4 g5 11.Se5 Sf6 12.Lg3+–

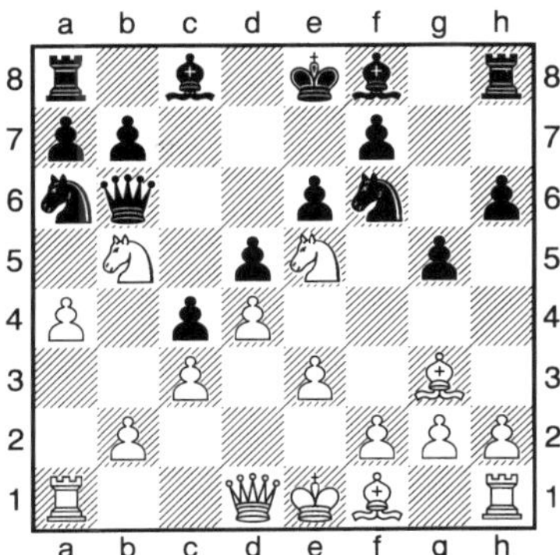

Schwarz hat sich mit Sh5 nur freiwillig geschwächt und steht bereits hoffnungslos.

Fazit: 5...e6 schließt freiwillig den Läufer auf c8 ein und bringt Schwarz nur Schwierigkeiten.

Kapitel 7.3
4...Db6 5.Sc3 a6

1.d4 d5 2.Sf3 Sf6 3.Lf4 c5 4.e3 Db6 5.Sc3 a6!?

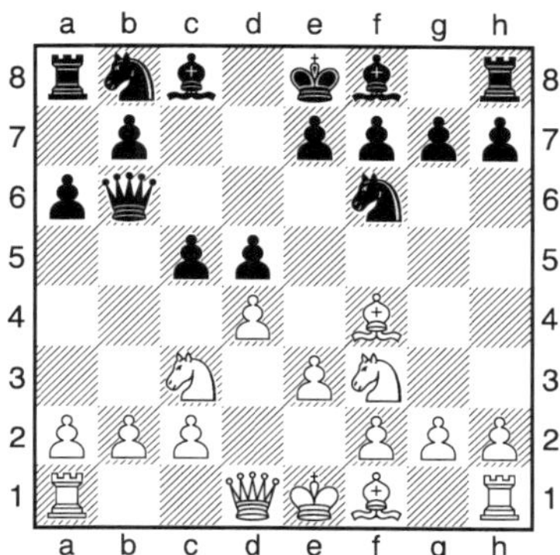

Verhindert Sb5 und verfolgt ähnliche Ideen wie 5...c4.

6.Sa4 Da5+ 7.c3

Der Springer sieht nun deplatziert aus, aber für das weiße Spiel am Damenflügel ist er gut postiert.

1) 7...Sbd7?

Auch damit schafft Schwarz es nicht, die weiße Initiative am Damenflügel zu stoppen.

8.Sxc5! Sxc5 9.b4! Da3 10.bxc5 Dxc3+ 11.Sd2

Die Bauernstruktur garantiert Weiß dauerhaften Vorteil.

11...Se4 12.Tc1 Dxd2+ 13.Dxd2 Sxd2 14.Kxd2± (Panow - Alatortzew, Leningrad 1951)

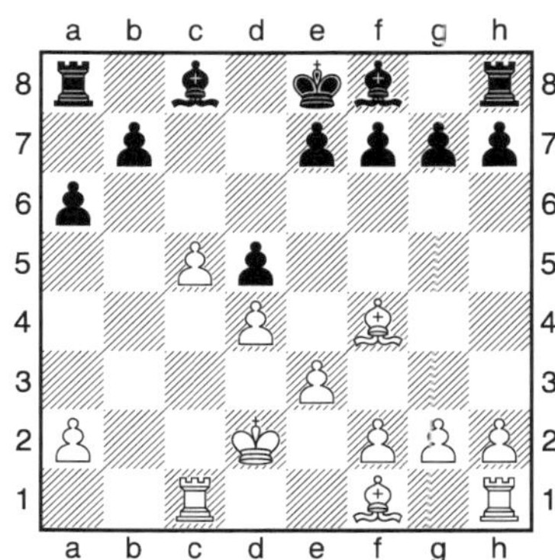

Weiß ist besser entwickelt, besitzt mehr Raum und der Bauer auf b7 ist eine klare Schwäche.

1.d4 d5 2.Sf3 Sf6 3.Lf4 c5 4.e3 Db6 5.Sc3 a6!? 6.Sa4 Da5+ 7.c3

2) 7...c4 8.b4 Dd8 9.Se5 Sbd7 10.Le2 g6 (Lüders – Wellendorf, Berlin 2000)

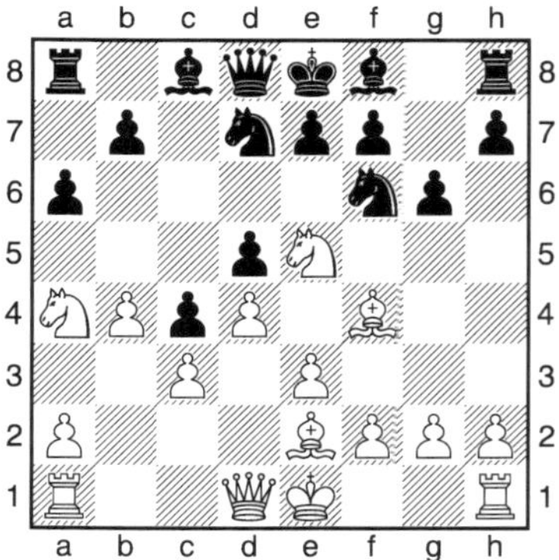

11.0-0

Weiß plant einfach Lf3, Sc5, a4, um im richtigen Moment mit e4 den zweiten wichtigen Hebel im LS folgen zu lassen. Schwarz fehlt es zudem an Gegenspiel, so dass ihm eine lange und schwierige Verteidigung bevorsteht.

1.d4 d5 2.Sf3 Sf6 3.Lf4 c5 4.e3 Db6 5.Sc3 a6!? 6.Sa4 Da5+ 7.c3

3) 7...cxd4 8.exd4 e6

Die Fesselung 8...Lg4? ist nicht wirkungsvoll. 9.Db3!

Wegen der Drohung Dxb7 hat Schwarz nicht die Zeit, auf f3 zu nehmen.

9...b5 Der einzige Zug. 10.Se5 Dxa4 11.Sxg4 e6

(11...Sxg4?? 12.Dxd5 Ta7 13.Lxb8+-)

12.Sxf6+ gxf6 13.Ld3±

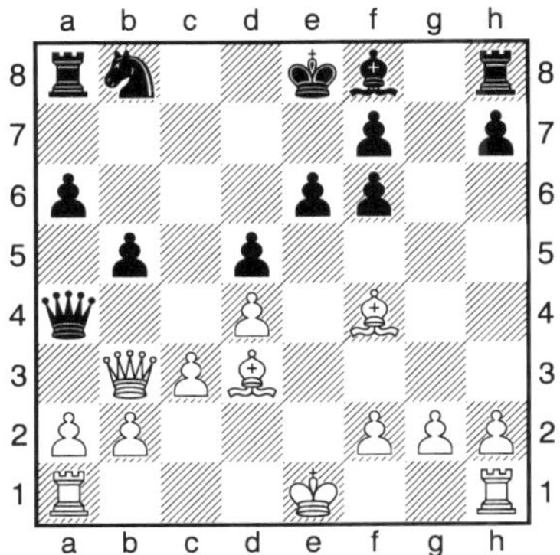

Es ist nicht nötig, die Dame auf a4 sofort abzutauschen, denn das kann auch noch später geschehen. Das Läuferpaar und die bessere Struktur geben Weiß hier die deutlich besseren Chancen.

9.Ld3±

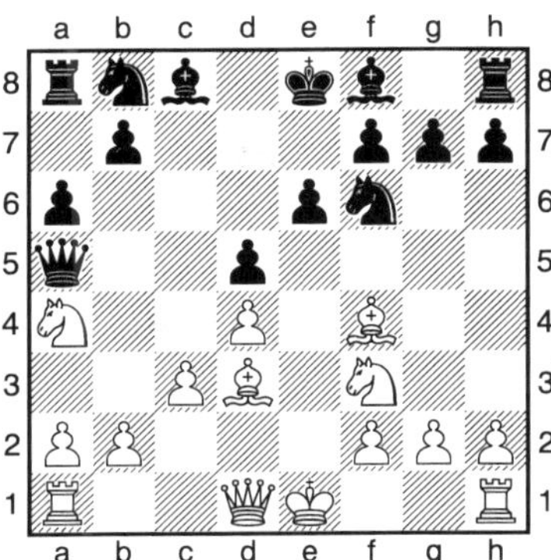

Wieder ist der Lc8 dauerhaft eine schlechte Leichtfigur. Und mit b7-b5 würde Schwarz den Springer nur auf den Vorposten c5 treiben. Damit ist fraglich, was die Dame auf a5 überhaupt will, während Weiß sich weiter natürlich entwickeln kann.

9...Le7 10.0-0 0-0 11.Te1 Ld7 12.Lc2 Lxa4

So wird Schwarz immerhin den schlechten Läufer los.

13.Lxa4 b5 14.Lc2 b4

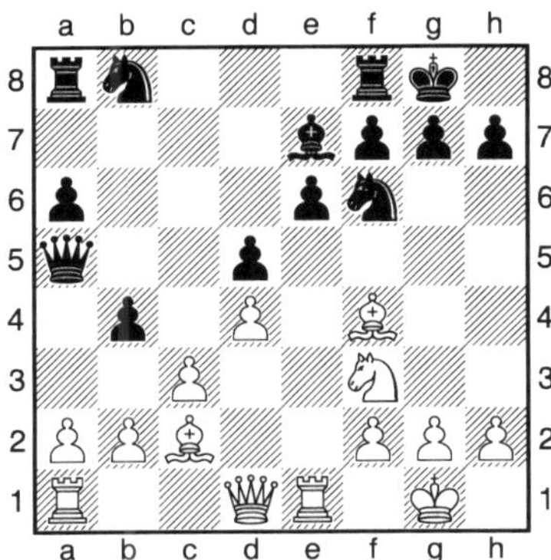

Ein Versuch, Gegenspiel zu erlangen. Hier hätte Weiß (in der Partie Prié – Narciso Dublan, Figueres 2008) mit

15.Se5!

ein starkes Bauernopfer anbieten können. Weiß plant gelegentlich Züge wie Lg5, Te3–h3 mit enorm kräftigem Königsangriff. Die Annahme des Bauernopfers verbietet sich, denn Weiß könnte Te3 mit Tempo folgen lassen.

Fazit: 5...a6!? Ist nicht so schlecht wie es aussieht. Beginnend mit dem energischem 6.Sa4 sichert sich Weiß aber eine starke Initiative.

Kapitel 7.4
4...Db6 5.Sc3 c4

1.d4 d5 2.Sf3 Sf6 3.Lf4 c5 4.e3 Db6 5.Sc3 c4

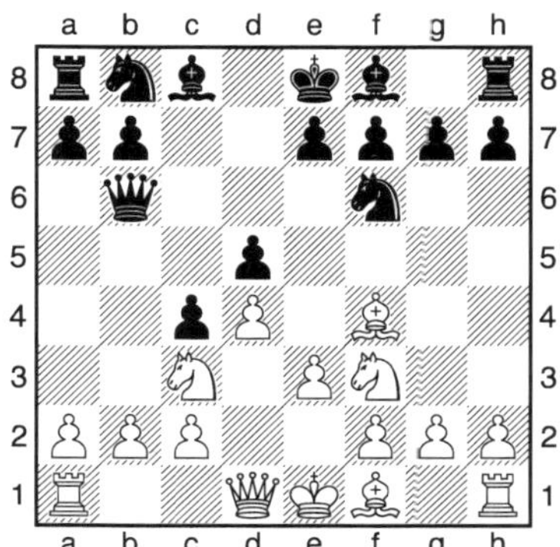

Nur so lässt sich 4...Db6 rechtfertigen.

6.Tb1

Mehr als in jeder anderen Stellung im LS muss Weiß hier alles auf die Hebel b3 und e4 setzen, um durch die Aktivierung seiner Figuren Vorteil zu erlangen. Wenn Schwarz die Stellung geschlossen halten kann, darf er sehr zufrieden sein, denn dann wären die weißen Figuren Sc3, Tb1, Lf1 wirkungslos.

Mit 6.a4 Dxb2 7.Sb5 Sa6 8.Tb1 Da2 9.Ta1 Db2= ist nicht mehr als eine Zugwiederholung zu erreichen.

1) 6...Lf5

Hier steht der Läufer nicht gut.

7.Se5

1a) 7...h6 8.g4 Lh7 9.h4!

Es ist fast egal, was Schwarz macht, denn es folgt immer g5 mit der Idee g6.

9...e6

9...Sc6 10.g5 Sxe5 11.gxf6 Sg6 Die Konstellation Sg6/Lh7 ist extrem ungünstig. 12.Lg3 exf6 13.Sxd5 Da5+ 14.Sc3 Lb4 15.Lg2± Allein die fürchterlich starken Läufer sprechen für deutlichen Vorteil.

10.g5 hxg5 11.hxg5

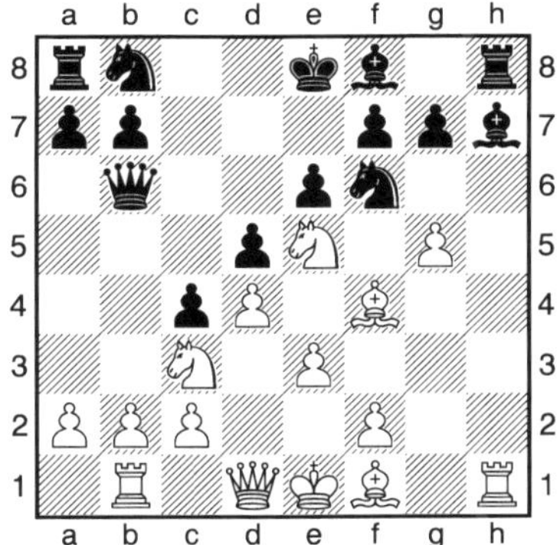

Bevor Weiß 10.g5 zog, musste er sich Gedanken über folgende ziemlich forcierte Abwicklung machen:

11...Lxc2 12.Txh8! Lxd1 13.gxf6 gxf6 14.Lh6 fxe5 15.Lxf8 Kd7 16.Lc5 Da5 17.Txd1

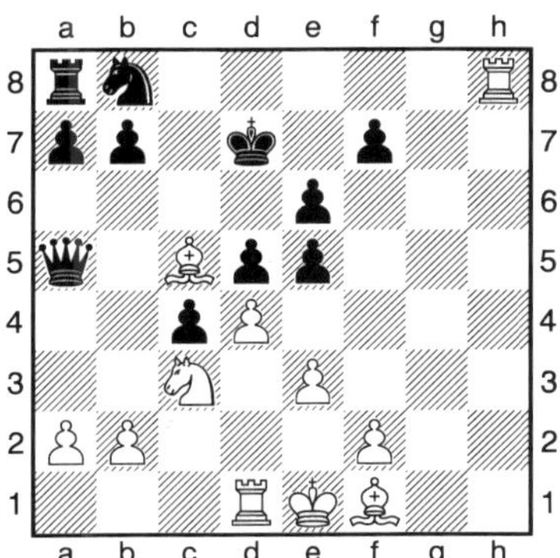

Weiß hat weit mehr als bloße Kompensation für die Dame, denn die Fesselung des Sb8 garantiert sogar bedeutenden Vorteil. Schwarz kann noch **17...b6 18.La3 b5 19.Lc5 b4 20.Se2±** probieren, aber mehr als Schwindelchancen erhält er dadurch nicht.

1.d4 d5 2.Sf3 Sf6 3.Lf4 c5 4.e3 Db6 5.Sc3 c4 6.Tb1 Lf5 7.Se5

1b) 7...e6?

Ignoriert völlig die weiße Idee.

8.g4! Lg6

8...Le4 9.f3 Lg6 10.h4 h6 11.Sxg6 fxg6 12.Se2 Bereitet c3 nebst Dc2 vor. Schwarz kann für seine zerstörte Struktur nichts vorweisen.

9.h4 h6 10.Sxg6 fxg6±

1.d4 d5 2.Sf3 Sf6 3.Lf4 c5 4.e3 Db6 5.Sc3 c4 6.Tb1

2) 6...Lg4

Diese Fesselung ist im gesamten LS meist kein guter Einfall.

7.Le2

7.b3? ist wegen 7...e5!∓ eindeutig zu früh.

7...e6 8.0-0

Bevor Weiß etwas unternimmt, schließt er seine Entwicklung ab.

8...Sc6 9.h3

9.b3? Da5 10.Sa4 b5 11.Sc5 Lxc5 12.dxc5 Se4-+

2a) 9...Lh5!?

Bislang hat noch keiner so gespielt, aber der Zug ist durchaus logisch.

10.b4!

Die Drohung lautet b5 nebst Durchsetzung von e4.

10...Le7

10...Lxb4?? 11.a3

11.b5 Sa5 12.Se5 Lxe2 13.Dxe2 0-0 14.Tfd1

Nach dieser Überdeckung von d4 ist die Durchsetzung von e4 kein Problem mehr.

14...Tfe8 15.e4

Weiß hat all seine Ziele erreicht.

15...dxe4 16.Sxe4 Sxe4 17.Dxe4 Tad8 18.c3±

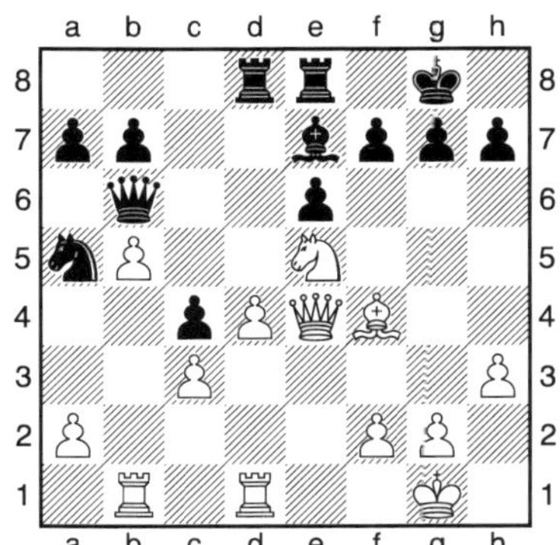

Diese Variante mag als Beispiel dafür angesehen werden, wie sich die Partie nach 9...Lh5!? entwickeln kann. Weiß steht aktiver, der Sa5 ist in diesem Fall tatsächlich eine Schande und Schwarz fehlt es an Gegenspiel.

1.d4 d5 2.Sf3 Sf6 3.Lf4 c5 4.e3 Db6 5.Sc3 c4 6.Tb1 Lg4 7.Le2 e6 8.0-0 Sc6 9.h3

2b) 9...Lxf3 10.Lxf3 Le7

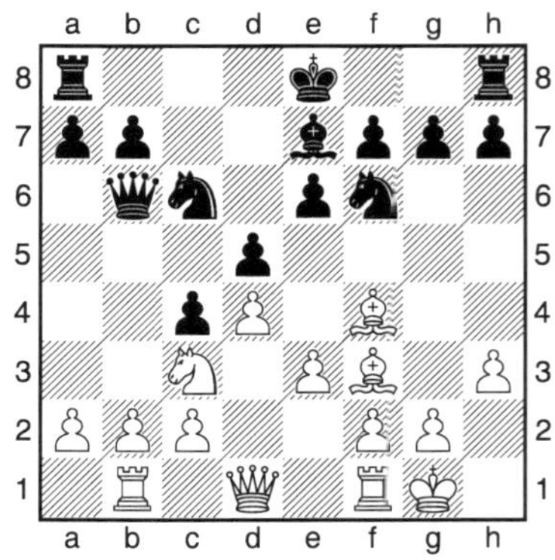

11.b3!

Ich bin davon überzeugt, dass auch 11.e4 gut ist, aber Weiß hat die Komplikationen gar nicht nötig und kann mit dem Textzug viel einfacher Vorteil nachweisen. Die Drohung 12. bxc4 zwingt die Db6 zu einer Reaktion.

11...Da5 12.Se2 c3

Nach 12...b5 13.bxc4 bxc4 14.c3 0-0 15.Dc2± droht der Tb1 auf b7 einzudringen und wegen des starken Lf4 ist Schwarz nicht in der Lage, um die b-Linie zu kämpfen. Mit Se2-g3 wird Weiß den Vorstoß e4 vorbereiten und auch hier fehlt es Schwarz an Gegenspiel.

Und nach dem allzu gierigen Zugriff 12...Dxa2?? 13.Ta1 Db2 14.bxc4+- spielt sich die weiße Stellung fast von alleine.

13.Dd3 Tc8 14.a3!

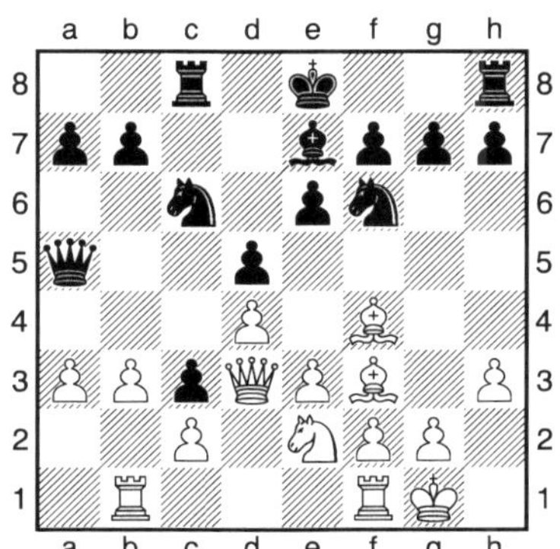

Nun droht einfach Ta1 nebst b4, wonach Weiß sich den Bauern auf c3 einverleiben kann.

14...Dxa3 (Jaluvka - Mayr, ICCF email 2003)

15.Ta1 Db4 16.Sxc3±

Der einfache Plan Sa2 nebst c4 gibt Weiß die klar bessere Stellung.

1.d4 d5 2.Sf3 Sf6 3.Lf4 c5 4.e3 Db6 5.Sc3 c4 6.Tb1

3) 6...e6

Dies schließt zwar den Lc8 ein, aber es droht 7...Lb4.

7.a3

In dieser Position sieht 7.a3 wie ein Zeitverlust aus, aber Weiß behält sich die Hebel b3 und e4 vor.

3a) 7...Ld6 8.Se5!

Dies gefällt besser als der Tausch auf d6, denn es droht schon einfach 9.Lxc4! Daher wird Schwarz die Dame oder den Läufer wieder bewegen müssen.

8...Dc7

8...0-0? 9.Lxc4!+-; 8...Da5? 9.Sxc4+-

9.b3!

Schon kommt der Hebel.

9...Da5

Nach 9...cxb3 ist 10.Sb5?! erstaunlicherweise ungenau wegen 10...Da5+ 11.c3 Le7!

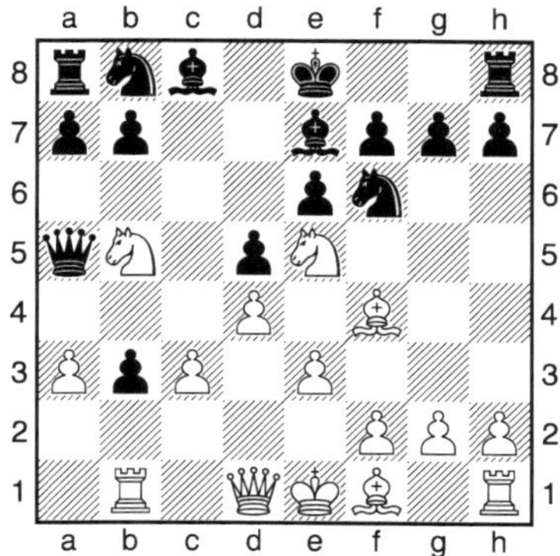

Plötzlich steht der Sb5 sinnlos und zusätzlich sind die Bauern a3 und c3 anfällig.

12.Sf3 (Droht immerhin Sc7.) 12... 0-0 13.Sc7 Se4

(13...Dxc3+?? 14.Dd2+-)

14.Txb3 g5 15.Le5 f6 Die Stellung ist höchst unklar, wenn nicht sogar schlechter für Weiß. Er bekommt zwar den Ta8, aber dafür wird der Springer wohl nicht entkommen können. Außerdem hinkt er mit der Entwicklung hinterher.

Besser ist aber 10.Txb3 0-0 11.Sb5 Da5+ 12.Dd2 Dxd2+ 13.Kxd2 Se4+ 14.Ke1 Lxe5 15.Lxe5±

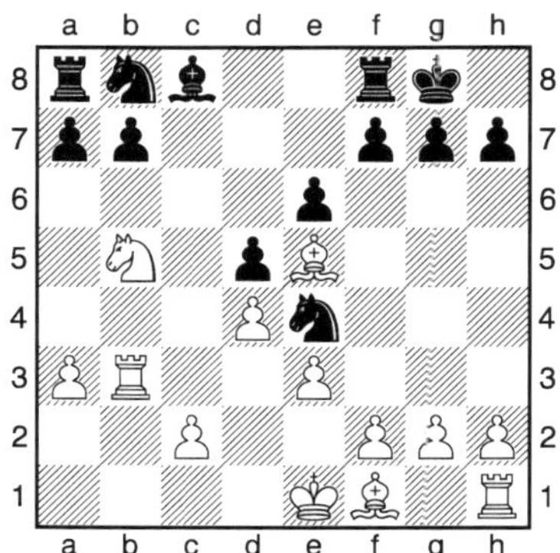

Zwar kann Weiß nicht mehr rochieren, aber das ist ohne Damen auf dem Brett auch kein Beinbruch. Am Damenflügel hat er starke Initiative und der Se4 wird mit f3 vertrieben, wodurch der König ein sicheres Feld auf f2 erhält.

10.b4

Immerhin konnte der Nachziehende bxc4 verhindern, aber seine Dame muss wieder ziehen. Der Bauer auf a3 ist wegen Sb5 nicht gut zu schlagen.

10.Dd2 Lxa3

(10...cxb3? 11.Lb5+ +-)

11.bxc4 Lb4 12.Txb4 Dxb4 13.Sb5 Db1+ 14.Dd1 Dxd1+ 15.Kxd1 Sa6 16.Sd6+ Ke7 17.Sdxf7 Tf8 18.Sg5

10...Da6±

Die Dame begibt sich freiwillig in die Läuferdiagonale, verhindert aber zumindest Sb5. Schwarz hat eindeutig große Probleme zu lösen.

Die Alternative lautet:

10...Dxa3?! 11.Sb5 Lxb4+ 12.Ke2 Se4

12...Da5 13.Txb4 Dxb4 14.Sc7+ Ke7

13.Sxa3 Sc3+ 14.Kf3 Sxd1 15.Sb5!

Der Springer muss auf dem Brett bleiben.

15...Sa6 16.Txd1 f6 17.Sxc4!

Gibt die Figur freiwillig und zum richtigen Zeitpunkt zurück.

17...dxc4 18.Lxc4±

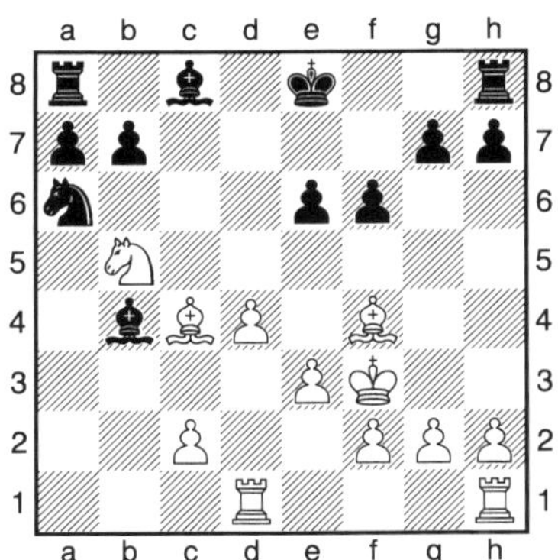

Bessere Entwicklung und gute Zentrumskontrolle geben Weiß einen soliden Vorteil.

1.d4 d5 2.Sf3 Sf6 3.Lf4 c5 4.e3 Db6 5.Sc3 c4 6.Tb1 e6 7.a3

3b) 7...Sh5?!

Das ist verführerisch, aber wohl eher zweifelhaft.

8.Lg5 h6 9.Lh4 g5 10.Se5!

Solange die Dame auf d1 steht, ist Sh5 wegen dieses kleinen taktischen Tricks keine Drohung. Schwarz hat damit nur seinen Königsflügel dauerhaft geschwächt und keinerlei Gegenleistung erhalten.

10...Sg7

10...Sf6 11.Lg3±

11.Df3!

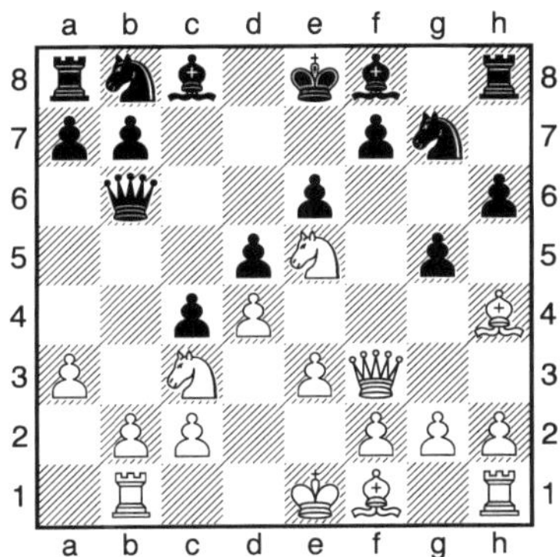

Ein wichtiger Nadelstich zur rechten Zeit.

11...Sf5?

Darauf hatte Schwarz ja bei Sg7 gesetzt, aber auch das ist schlecht.

11...f5 Ist wohl oder übel erzwungen. 12.Lg3± Positionell ist die schwarze Stellung bereits ein Trümmerhaufen.

11...gxh4?? Dies führt zwar zu keinem Matt, aber es gibt eine andere Drohung. 12.Dxf7+ Kd8 13.Sg6 mit Gewinn.

11...Dc7? 12.Lg3 Sf5 13.Sxc4 Sxg3 14.Sb5 De7 15.Scd6+ Kd7 16.hxg3+-

12.Dh5!

Dieses Feld ist ja nach 11...Sf5 frei geworden und nun droht Lxg5. Schwarz ist verloren.

12...gxh4

12...Th7 13.Lxg5+-

13.Dxf7+ Kd8 14.Df6+ +-

1.d4 d5 2.Sf3 Sf6 3.Lf4 c5 4.e3 Db6 5.Sc3 c4 6.Tb1 e6 7.a3

3c) 7...Da5!?

Mit diesem kreativen Versuch bereitet Schwarz b5-b4 vor.

8.Sd2

Entfesselt den Sc3, macht Platz für späteres Df3, verhindert Sh5 und bereitet somit b4 oder e4 vor.

8...Sc6 9.b4! Db6

9...cxb3? 10.Sb5±

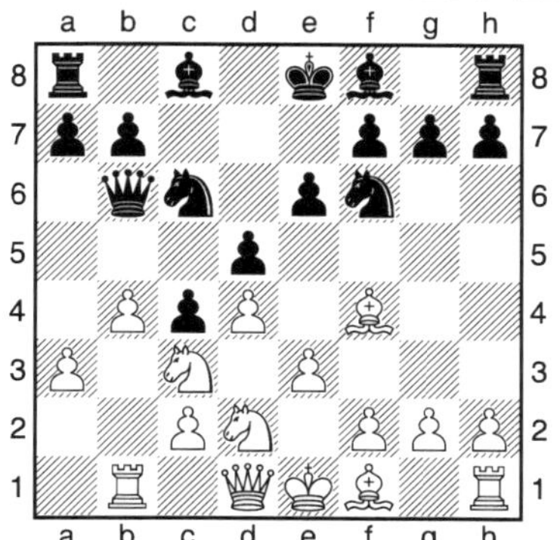

10.Df3!

Weiß beherrscht das Brett.

10...Le7 11.b5!

Bringt die schwarzen Kräfte durcheinander.

11...Sa5 12.Le2±

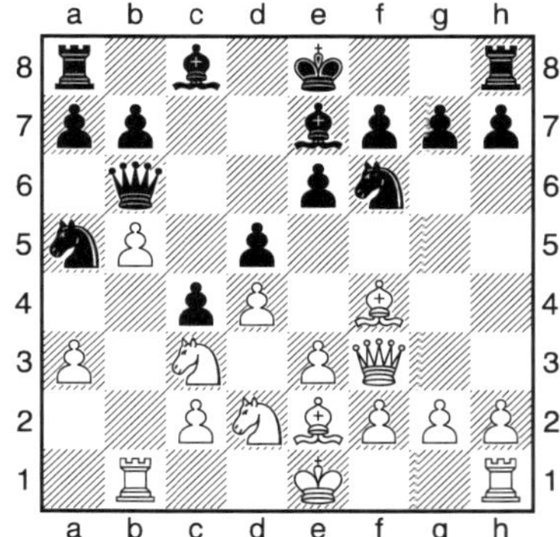

Bauer a3 ist wegen Dg3 tabu, denn Schwarz könnte gegen die Drohung Lc7 nicht mehr viel ausrichten. Allerdings ist die Lage von Schwarz sowieso nicht zu beneiden, denn er kann nur traurig abwarten und zuschauen, wie Weiß den Hebel e4 vorbereitet.

Fazit: 5...c4 ist der brauchbarste Versuch, den frühen Damenzug nach b6 zu rechtfertigen. Variantenkenntnisse sind wichtig, da die Stellungen sich sehr vom typischem LS unterscheiden. Da jedoch auch 5...c4 nicht vollkommen ausgleicht, muss auch 4...Db6 als zweifelhaft angesehen werden.

Kapitel 7.5
4...Db6 5.Sc3
seltene Läuferzüge

1.d4 d5 2.Sf3 Sf6 3.Lf4 c5 4.e3 Db6 5.Sc3

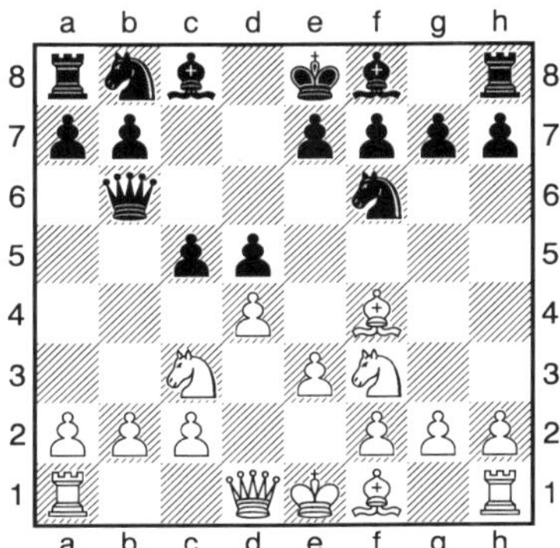

1) 5...Lg4?!

Wie so häufig ist diese Fesselung mehr als harmlos.

6.dxc5

Wie üblich wird die Db6 auf ein ungünstiges Feld gelenkt.

6...Dxc5

6...Dxb2?? 7.Sb5 Sa6 8.Tb1 Dxa2 9.Ta1 Db2 10.Txa6 bxa6 11.Sc7+ Kd7 12.Sxd5!+-

7.Sb5 Sa6

Anders ist die Drohung Sc7+ nicht zu parieren.

8.c3

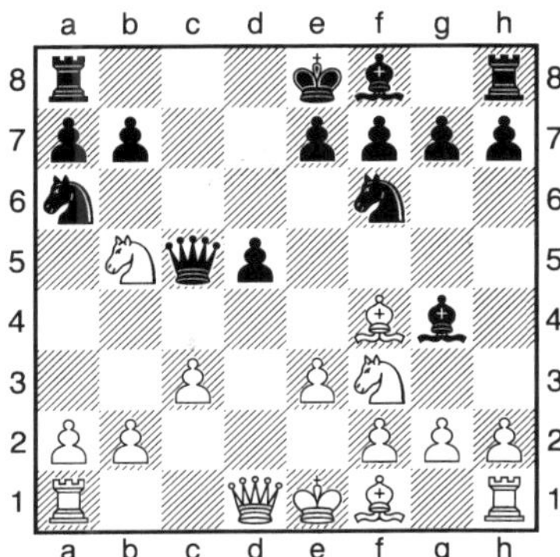

Ein solider und harmlos aussehender Zug. Ideen gibt es aber zahlreiche, z.B. könnte nach Le5–d4 der Bauer a7 schnell vom Brett verschwinden. Insgesamt stehen die schwarzen Figuren wieder sehr unharmonisch (Sa6/Dc5), so dass Weiß deutlichen Vorteil besitzt.

1.d4 d5 2.Sf3 Sf6 3.Lf4 c5 4.e3 Db6 5.Sc3

2) 5...Lf5?

Der Bauer auf c5 wird nur von der Dame gedeckt und der Läufer begibt sich auf ein ungesichertes Feld. Das kann sofort bestraft werden.

6.dxc5! Dxc5

Nach 6...Dxb2 7.Sb5 Sa6 sind wir in Kapitel 7.1.

7.Sd4!

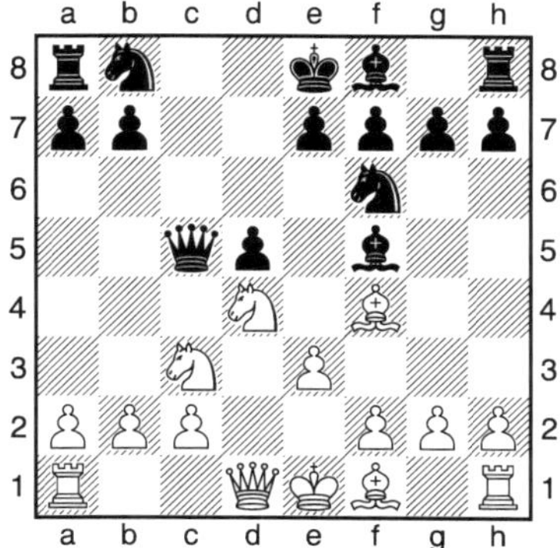

Mit Tempo bringt sich der Springer ins Spiel und plant die giftige Weiterreise Sb3, wonach Bauernverlust kaum zu vermeiden wäre.

7...Lg4

7...Ld7? 8.Sb3 Dc6 9.Lb5 Db6 10.Lxd7+ Sbxd7 11.Sxd5+-

8.Dd2 a6

Mit 8...Se4? versucht Schwarz, die Probleme radikal zu lösen.

9.Sxe4 dxe4 10.Lxb8!

Sorgt dafür, dass Schwarz nicht zur Rochade kommt.

10...Txb8 11.Lb5+ Ld7 12.Lxd7+ Kxd7 13.Sb3+ Dd6

Mit dem König in der offenen d-Linie darf Schwarz alle Hoffnungen auf eine rosige Zukunft fahren lassen. Nach 14.Da5+- droht Td1 und Dxa7.

9.f3 Ld7 10.Sb3 Dc6 11.0-0-0 e6 12.e4+-

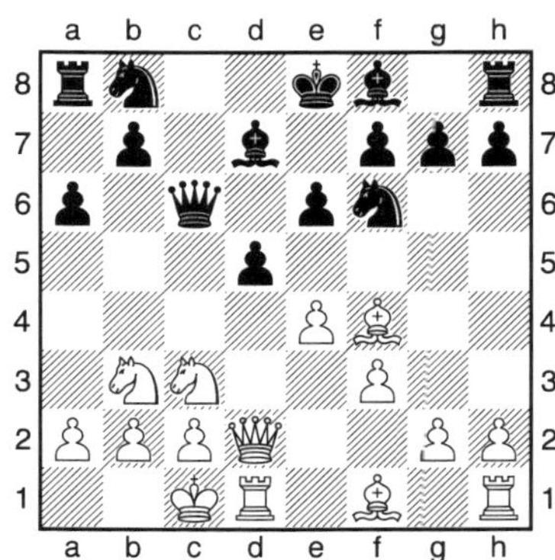

Materialverlust konnte der Nachziehende verhindern, aber seine Stellung ist dennoch verloren. Er liegt entscheidend in der Entwicklung zurück und seine Figuren (besonders Ld7 und Sb8) stehen fürchterlich.

1.d4 d5 2.Sf3 Sf6 3.Lf4 c5 4.e3 Db6 5.Sc3

3) 5...Ld7

Dieser Läuferzug ist noch am besten.

6.dxc5

3a) Mit **6...Dxb2** lässt Schwarz sich auf eine (für seinen Gegner) hübsche Variante ein.

7.Sb5! Lxb5

Nach 7...Sa6?? 8.a3! droht entscheidend 9.Le5.

8.Dd4

Lenkt die schwarze Dame von b5 ab.

8...Da3

Nach 8...Dxd4? 9.Lxb5+ Sc6 10.exd4+− ist Bauer b7 sehr anfällig für Manöver wie z.B. Tb1 nebst La4. Schwarz muss aber auch immer gegen Se5 gewappnet sein. Seine Position ist wahrscheinlich schon verloren.

9.Lxb5+ Sc6 10.Tb1±

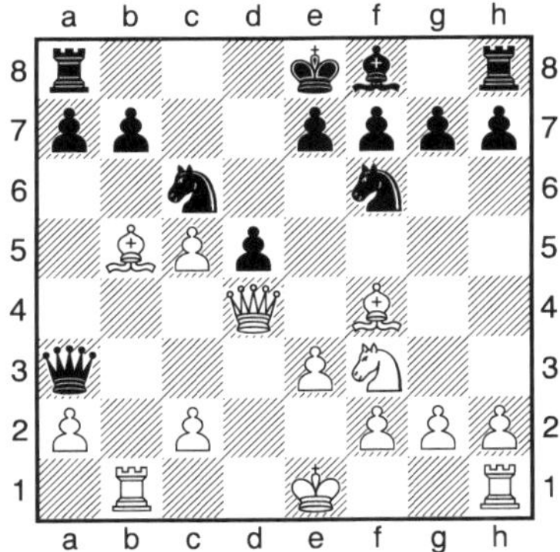

Die Anschluss-Idee lautet Da4! mit Druckerhöhung gegen c6 und b7. Der weiße Entwicklungsvorsprung ist wieder einmal enorm, was für leichten Vorteil locker ausreicht.

1.d4 d5 2.Sf3 Sf6 3.Lf4 c5 4.e3 Db6 5.Sc3 Ld7 6.dxc5

3b) 6....Dxc5 7.Ld3 e6 8.0-0 Le7 9.e4

Ohne diesen Hebel geht es nicht weiter.

9...dxe4 10.Sxe4 Sxe4 11.Lxe4 Lc6 12.Ld3±

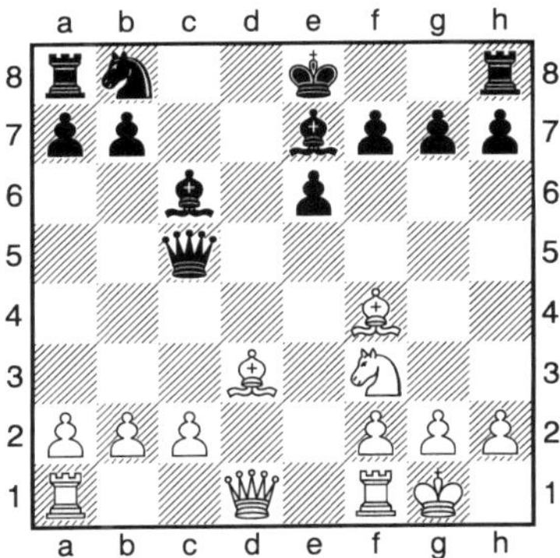

Weiterhin steht die Dame auf c5 anfällig für Attacken wie Le3. Weiß liegt zudem in der Entwicklung leicht vorn und kann versuchen, die Bauernmehrheit am Damenflügel einzusetzen. Somit ist es angebracht, von leichtem Vorteil zu sprechen.

Fazit: Die Läuferzüge nach g4 oder f5 sind auch in diesem Kapitel eher anrüchig als gut.

Kapitel 8
3...c5 4.e3 Sc6 5.c3 Db6!

1.d4 d5 2.Sf3 Sf6 3.Lf4 c5 4.e3 Sc6 5.c3 Db6!

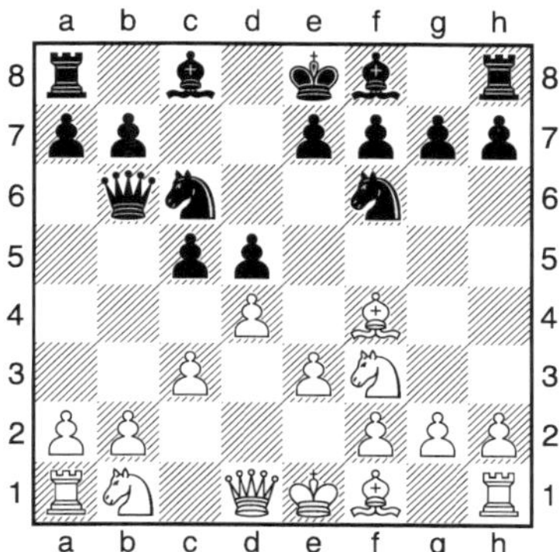

Die aggressivste Aufstellung gegen das LS. Gegen diese muss man auf 6.Db3 verzichten, denn dieser Zug ist aus theoretischer Sicht nicht mehr haltbar (siehe weiter unten).

Wie schon bei 4...Db6 will Schwarz mit dem Damenzug das Fehlen des Läufers am Damenflügel ausnutzen. Auch hier muss Weiß bereit sein, die Schablone zu verlassen und konkrete Theorie anzuwenden. Wer mit Schwarz auf Gewinn spielen will, sollte dieses System anwenden.

Kapitel 8.1
5...Db6! 6.Db3?! und 6.Dc2!

1) 6.Db3?!

Man mag es kaum glauben, aber auch im LS hat sich in den letzten Jahren einiges in der Theorie bewegt. So hat z.B. GM Avrukh in seinem Buch „Grandmaster Repertoire 11 – Beating 1.d4 Sidelines“ den althergebrachten Zug 6.Db3 überzeugend entschärft und sogar nachgewiesen, dass Weiß danach schon um Ausgleich kämpfen muss. Das Schlüsselmotiv besteht dabei immer in Lf5 und deshalb macht es Sinn, diesen Ausfall zu verhindern. Hier nun eine kleine Zusammenfassung, warum 6.Db3 nicht mehr brauchbar ist.

6...c4!

1a) 7.Dc2

Das ist die normale Hauptvariante, von der ich noch nie viel gehalten habe. Weiß schenkt dem Gegner mit Tempogewinn Raum – und wegen eines kleine Tricks in der Folge sogar noch einen Entwicklungszug.

7...Lf5!

Der Läufer darf wegen 8...Dxb2 nicht genommen werden.

8.Dc1

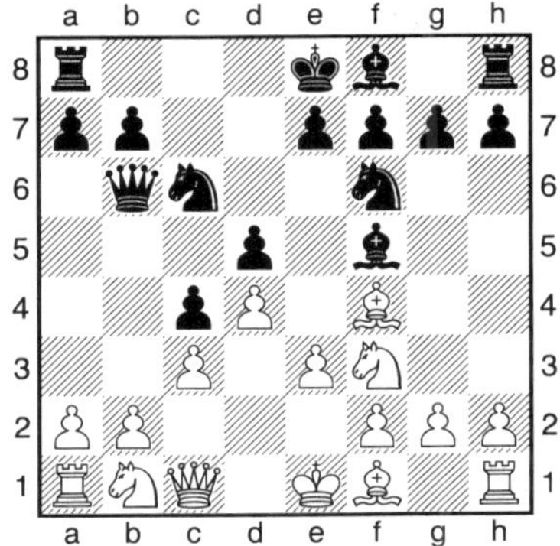

Die Stellung ist geschlossen und Weiß plant langfristig die Durchsetzung von e4 mittels Sd2, Le2, 0–0, Te1 nebst Ld1–c2. Allerdings darf Schwarz auch noch ziehen und Avrukh überzeugt auch hier mit seinen Varianten.

1.d4 d5 2.Sf3 Sf6 3.Lf4 c5 4.e3 Sc6 5.c3 Db6! 6.Db3?! c4!

1b) 7.Dxb6 axb6 8.Sa3

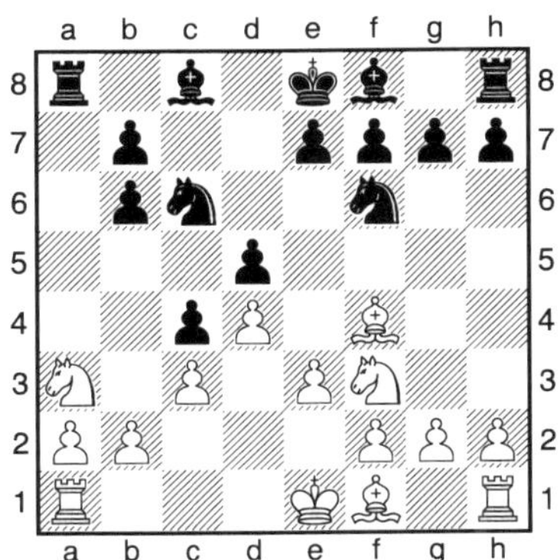

Das war die ursprüngliche Empfehlung aus der Erstauflage. Der Springer verhindert b6–b5 und möchte häufig selber auf das Feld, um für Unruhe zu sorgen.

8...Lf5

Wieder einfach und stark. Es stellt sich nämlich heraus, dass ein Ausflug mit 9.Sb5 eher schädlich als nützlich ist. Nach der einfachen Antwort 9...Ta5 wäre der Springer b5 von seiner Streitmacht abgeschnitten.

9.Sh4

Ausflüge mit Sb5 sind nach wie vor unbrauchbar.

9...Ld7! 10.Sb5 Ta5

Nun kann man bei Avrukh nachlesen, wie es weitergeht, aber irgendwie ist für Weiß nichts zu finden.

1.d4 d5 2.Sf3 Sf6 3.Lf4 c5 4.e3 Sc6 5.c3 Db6!

2) 6.Dc2!

2a) Mit **6...Lg4** erlaubt Schwarz die Folge **7.dxc5 Dxc5 8.Sbd2 e6 9.Ld3±**. Und ähnlich wie in Kapitel 7.5 steht die Dame auf c5 ungünstig.

1.d4 d5 2.Sf3 Sf6 3.Lf4 c5 4.e3 Sc6 5.c3 Db6! 6.Dc2!

2b) 6...Lf5?!

Danach kann Weiß die Pointe von 6.Dc2 demonstrieren.

7.dxc5! Lxc2 8.cxb6 axb6 9.Sa3±

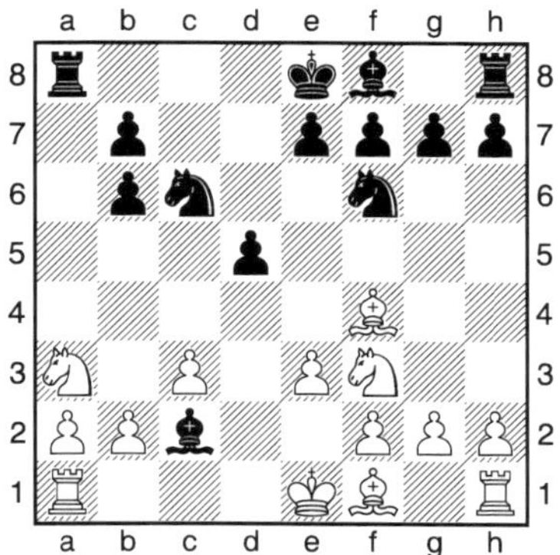

Aufgrund der besseren Bauernstruktur ist die weiße Stellung vorzuziehen.

1.d4 d5 2.Sf3 Sf6 3.Lf4 c5 4.e3 Sc6 5.c3 Db6! 6.Dc2!

2c) 6...cxd4 7.exd4 Lg4

7...Lf5 8.Db3 hilft Schwarz nicht wirklich. Ein Abtausch auf b3 oder b6 wird nur Weiß etwas bringen. 8...Dxb3 9.axb3 e6±

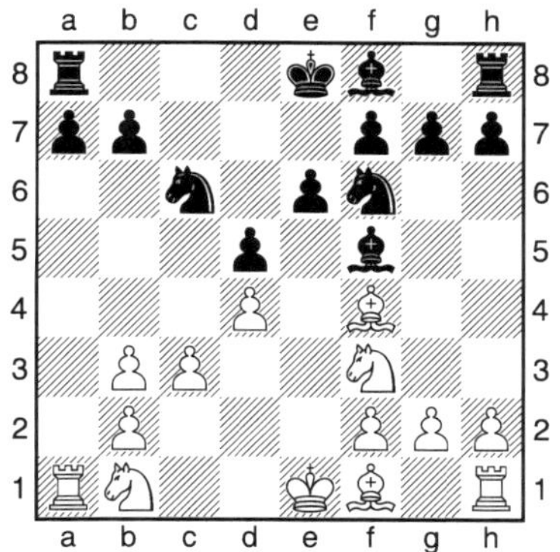

Der Doppelbauer ist günstig für Weiß. Die geöffnete a-Linie und die Möglichkeit b3-b4 mit Ideen wie Sbd2-b3-c5 (a5) geben Weiß leichten Vorteil.

8.Sbd2 e6 9.Ld3

Und auch hier hat Weiß gute Chancen auf Vorteil.

9...Tc8 10.0-0 Le7

Weiß ist gut entwickelt und an dieser Stelle kann er die ungünstige Damenposition in der c-Linie mit **11.Db3!?** aufheben.

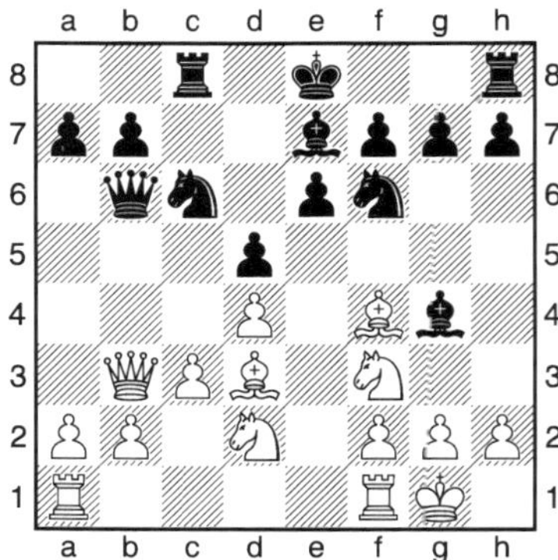

Auch an dieser Stelle ist der Damentausch auf b3 oder b6 günstig für Weiß. Schwarz steht sehr solide, aber ich ziehe die weiße Stellung etwas vor.

1.d4 d5 2.Sf3 Sf6 3.Lf4 c5 4.e3 Sc6 5.c3 Db6! 6.Dc2!

2d) 6...g6

Investiert ein Tempo, um es dann mit Lf5 zurück zu gewinnen.

7.Sbd2 Lf5

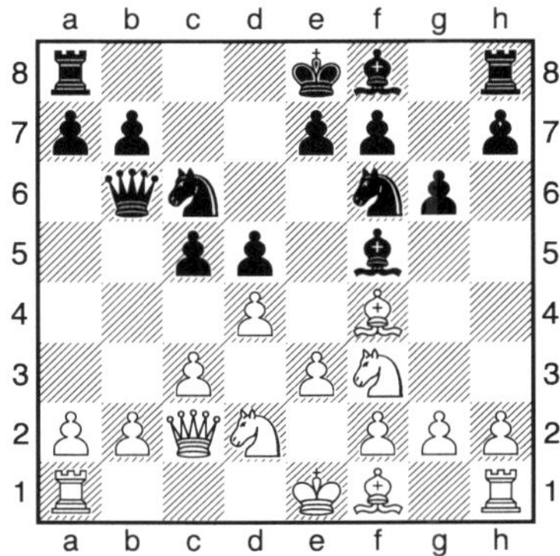

8.dxc5!

Leitet eine längere forcierte Variante ein.

8...Dxc5 9.Db3 Sa5

Die Empfehlung von Avrukh, denn 9...Lc8 10.Le2± ist zu passiv.

10.Db5+ Dxb5 11.Lxb5+ Ld7

Das muss wohl oder übel sein, denn auf 11...Sc6 folgt unangenehm 12.Se5.

12.Le2!

Den Läufer will Weiß behalten.

12...Lg7

12...Sc6 13.h3± Der weiße Vorteil beruht darauf, dass der Ld7 nicht aktiviert werden kann. Zwar ist die schwarze Position sehr solide, aber dafür passiv. Weiß darf gefahrlos auf den vollen Punkt spielen.

13.Se5

Sichert sich das Läuferpaar, denn der Ld7 darf wegen Schach auf b5 nicht ziehen.

13...Sc6 14.Sxd7 Sxd7 15.0-0-0

Ein seltener Moment für jeden Anwender des LS!

15...Sc5

Nach 15...0-0 ist die (weiter unten folgende) Idee 16.g4! auch an dieser Stelle richtig. Zwar kann man ohne Damen keinen Mattangriff erwarten, aber dennoch ist die Sache nicht zu unterschätzen.

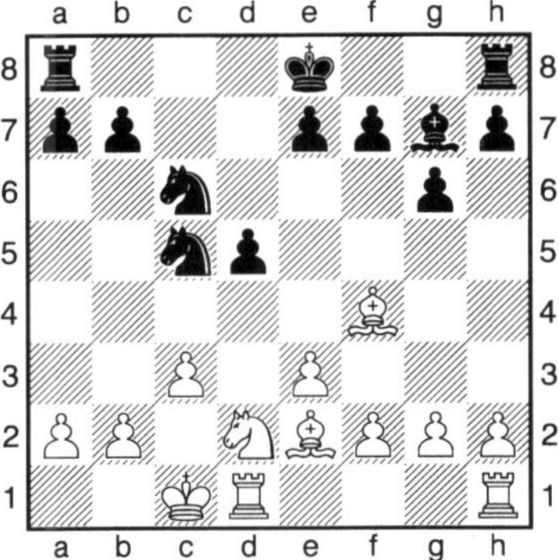

Hier endet die Variante von Avrukh mit Ausgleich, da Schwarz gut koordiniert steht und im Zentrum einen Bauern mehr hat. Ganz so einfach ist es jedoch nicht, denn nach **16.g4!±** muss Schwarz es sich gut überlegen ob er 16...e5 ziehen will.

Der scheinbar solide Raumgewinn wird nämlich mit der Anfälligkeit des d-Bauern bezahlt. Das weiße Läuferpaar ist ebenfalls ein nicht zu unterschätzender Faktor. Der weiße Plan ist zudem simpel – er will mit h4-h5 Raum am Königsflügel gewinnen, und falls Schwarz mit h5 dagegen hält, folgt gxh5 mit spürbarer Initiative.

Fazit: 6.Dc2 statt 6.Db3 ist eine der wichtigsten Änderungen im Vergleich zur Erstauflage. Avrukhs Empfehlung 6...g6 reicht nicht zum vollen Ausgleich.

Kapitel 8.2
5...Db6! 6.Dc2! Sh5

1.d4 d5 2.Sf3 Sf6 3.Lf4 c5 4.c3 Sc6 5.e3 Db6! 6.Dc2! Sh5!?

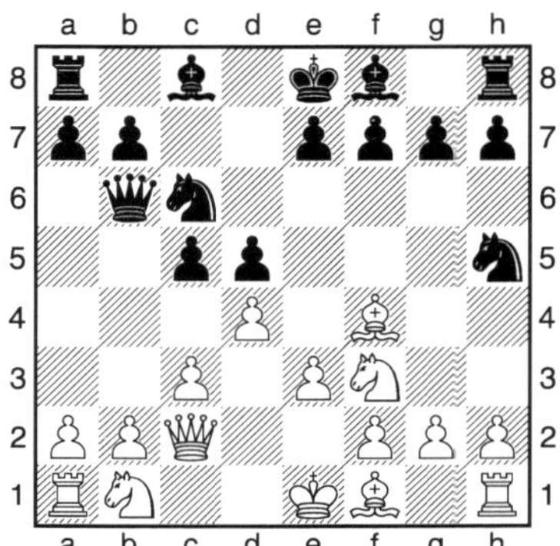

Die Dame hat das Feld d1 verlassen, weswegen das Motiv Sh5 eher in Frage kommt. Schwarz will das Läuferpaar erobern, ohne Weiß Kompensation dafür zu gönnen.

1) 7.Lg3?! Sxg3 8.hxg3 g6 9.Sbd2 Lg7∓

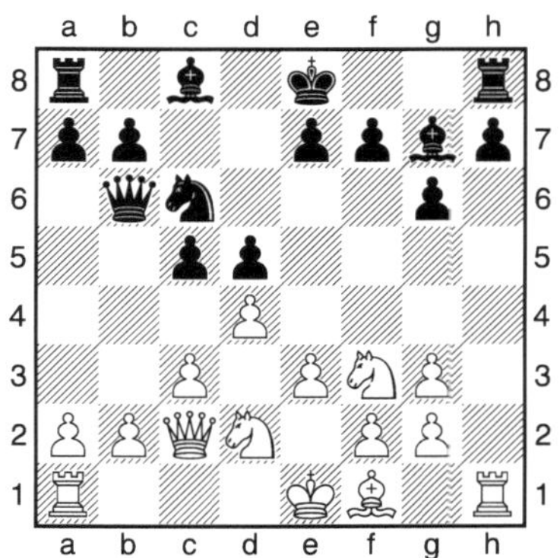

Die halboffene h-Linie ist nicht weiter tragisch für Schwarz. Er besitzt das Läuferpaar und der Lc8 geht meist nach f5. Weiß hingegen kann seinen Lf1 nicht so gut nach d3 stellen, weil Schwarz unangenehm c5-c4 antworten könnte.

1.d4 d5 2.Sf3 Sf6 3.Lf4 c5 4.c3 Sc6 5.e3 Db6! 6.Dc2! Sh5!?

2) 7.Lg5?! h6 8.Lh4 g5 9.Lg3 cxd4!

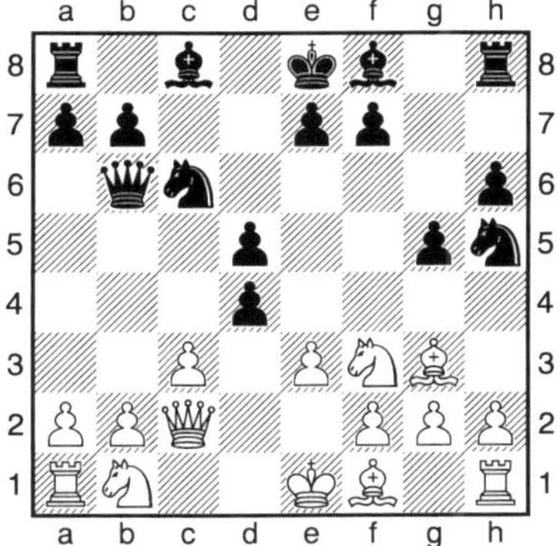

Da der Läufer auf g3 auch später noch geschlagen werden kann, ist es eine gute Idee, die Zentrumskonstellation festzulegen.

10.cxd4

Schwarz arbeitet an der Durchführung einer taktischen Idee.

10.exd4 Sxg3 11.hxg3 g4 12.Sfd2 e5!

Mit diesem aggressiven Bauernopfer wirft Schwarz seinen Entwicklungsvorsprung in die Waagschale.

13.dxe5 Ld7∓

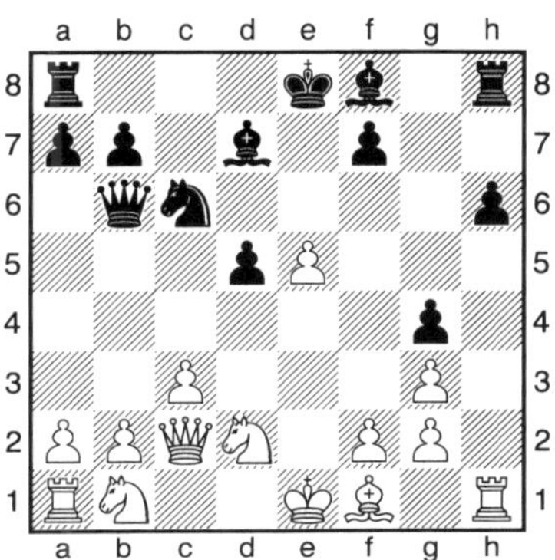

Die Idee besteht in 0-0-0 nebst Lc5. Da der Bauer e5 kaum zu halten ist, bleibt das Risiko überschaubar.

10...Lf5!

Danach hat jeder Damenzug seine Nachteile.

11.Dxf5

Nach 11.Dd2 Lxb1 12.Txb1 e5∓ sind die schwarzen Drohungen brutal.

11...Dxb2 12.Dxd5 e6 13.Db3 Lb4+ 14.Kd1∓

Das kann nicht gut für Weiß enden.

1.d4 d5 2.Sf3 Sf6 3.Lf4 c5 4.c3 Sc6 5.e3 Db6! 6.Dc2! Sh5!?

3) 7.Le5!

Das Konzept dieses pfiffigen Zuges besteht darin, den Sh5 kalt zu stellen und den Abtausch des Läufers so teuer wie möglich zu machen.

3a) 7...Sxe5 8.Sxe5

Die Drohung lautet Da4+ nebst Lb5, womit die schwarze Rochade verhindert werden soll.

8...Sf6 9.dxc5!

In allen Abspielen mit der Dame auf b6 wiederholt sich dieses Motiv. Die Dame wird nach c5 gelenkt, wodurch sie im weiteren Verlauf anfällig für weitere Belästigungen wird.

9...Dxc5 10.Da4+ Ld7 11.Sxd7 Sxd7 12.Lb5 0-0-0 13.Sd2±

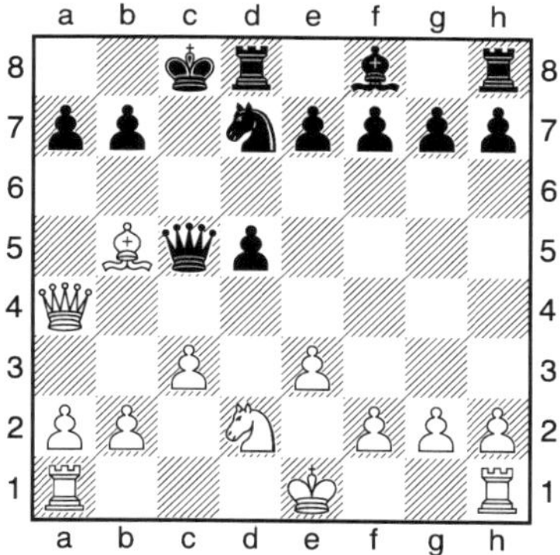

Der weiße Vorteil fußt auf dem sichereren König. Nach erfolgter kurzer Rochade muss Schwarz immer mit Attacken auf seinen König rechnen, während es ihm schwer fallen wird, einen eigenen starken Angriff zu inszenieren.

1.d4 d5 2.Sf3 Sf6 3.Lf4 c5 4.c3 Sc6 5.e3 Db6! 6.Dc2! Sh5!? 7.Le5!

3b) 7...e6

Ebenfalls eine sehr logische Reaktion.

8.Sbd2 cxd4

8...Sxe5 wird in der Regel zur Variante 7...Sxe5 führen.

Die Verhinderung von dxc5 stellt den Le5 wieder vor Probleme.

9.Lxd4! Sxd4 10.exd4

Das Läuferpaar ist verloren, aber es gibt auch gute Nachrichten. Der verbleibende Läufer wird sich sehr gut auf d3 machen und Weiß besitzt einen einfachen Angriffsplan.

10...Le7 11.g3

Ein notwendiger Tempoverlust, aber der Zug passt gut zum weißen Plan.

11...Sf6

Früher oder später notwendig.

12.Ld3 0–0

Falls Schwarz mit 12...Ld7 seinen schlechten Läufer über b5 abtauschen will, ist 13.a4 angebracht – ebenfalls mit leichtem Vorteil.

13.Se5±

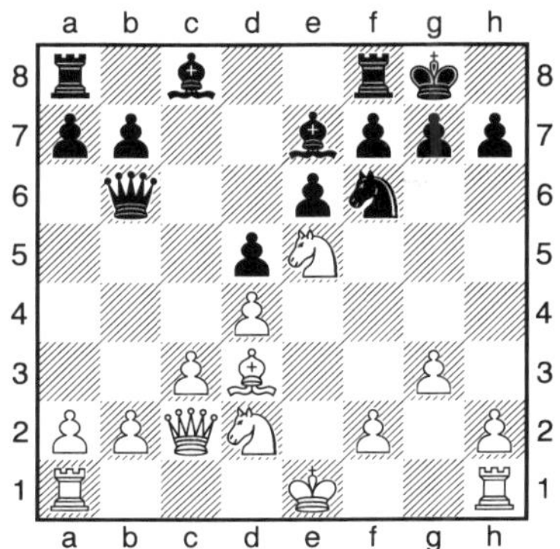

Der weiße Angriff spielt sich fast von alleine. Der Plan lautet f4, Sdf3 nebst g4–g5 und es ist nicht zu sehen, wo Schwarz aktiv werden will.

1.d4 d5 2.Sf3 Sf6 3.Lf4 c5 4.c3 Sc6 5.e3 Db6! 6.Dc2! Sh5!? 7.Le5!

3c) 7...f6

Der kritische Zug.

8.dxc5!

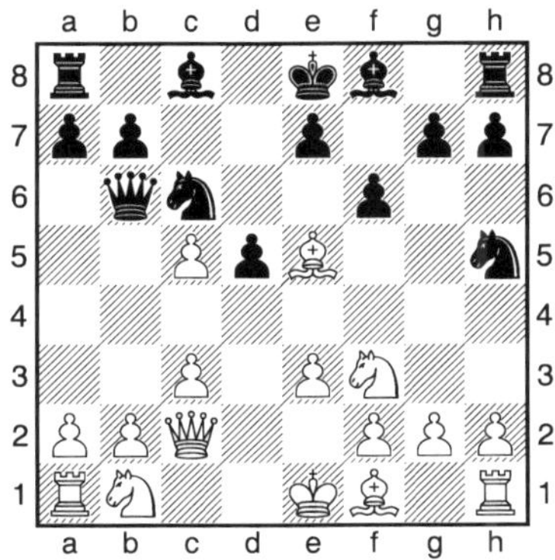

Die einzige Weise, den Läufer auf dem Brett zu halten. Es entsteht eine höchst komplizierte Lage mit taktisch geprägten Varianten.

8.Lg3? cxd4! 9.exd4

(9.cxd4 erlaubt 9...Sb4 10.Db3 Lf5 11.Sa3 e6 12.Tc1 Sxg3 13.hxg3 Kf7∓. Der König steht auf f7 sicher und das Läuferpaar sowie die aktivere Stellung geben Schwarz Vorteil.)

9...Sxg3 10.hxg3 e5∓

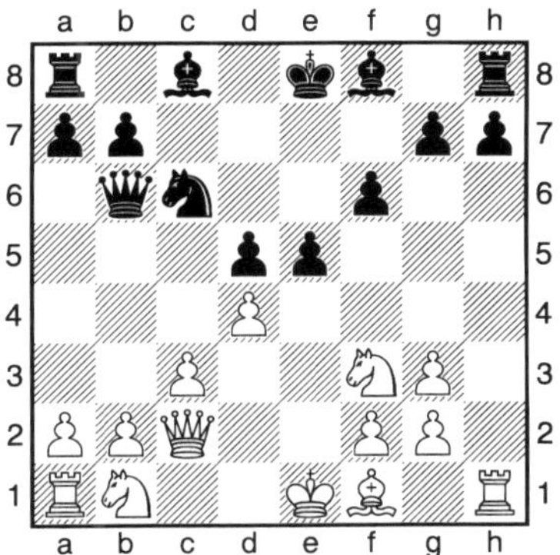

Läuferpaar und Zentrumsbeherrschung sind überzeugende Argumente für Schwarz. Taktisch ist auch alles gesichert, da es nach 11.Txh7?? Txh7 12.Dxh7 Dxb2-+ zwar noch ein Racheschach auf g6 gibt, aber der Ta1 geht trotzdem verloren.

8...Dxc5 9.Ld4 Da5

Schwarz setzt auf die Drohung e7–e5.

9...Sxd4 10.Sxd4 Sonst würde der Sh5 das Feld f4 erhalten. Es dreht sich weiterhin alles um diesen deplatzierten Springer. 10...g6 Bevor sich Schwarz auf Unklarheiten einlässt, verschafft er dem Sh5 ein Feld.

(10...e5 11.Da4+ Ld7 12.Lb5± Weiterhin muss der Nachziehende eine Lösung für seinen Springer h5 finden. 12...Lxb5? 13.Dxb5+ Dxb5 14.Sxb5+– Außer Sc7+ droht auch noch g4 mit Springerfang.)

11.Sb3 Dc6 12.c4±

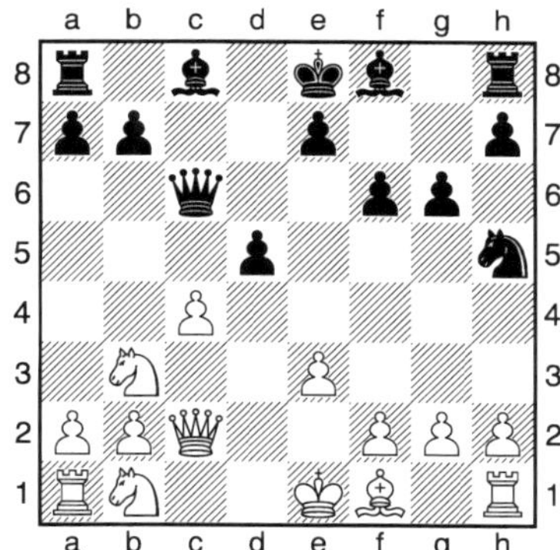

Weiß kann sich natürlicher entwickeln. Hingegen muss der Sh5 mindestens zwei Tempi investieren und selbst dann ist nicht klar, ob er auf e6, f5 oder e8 gut steht. Schwarz muss hier auf sein Läuferpaar setzen, aber Weiß kann mit seinen positionellen Vorteilen dagegenhalten.

10.b4 Dc7

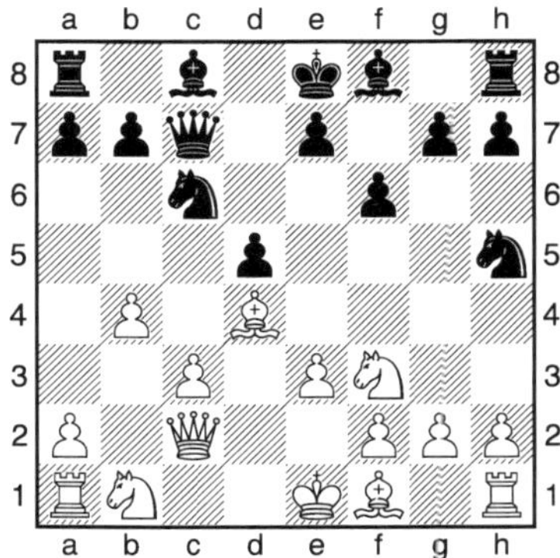

Nach der Alternative 10...Dd8 11.Lc5 b6 12.b5 hat Weiß alle Probleme seines Läufers gelöst und steht wegen seines Entwicklungsvorsprungs besser. 12...bxc5 13.bxc6±

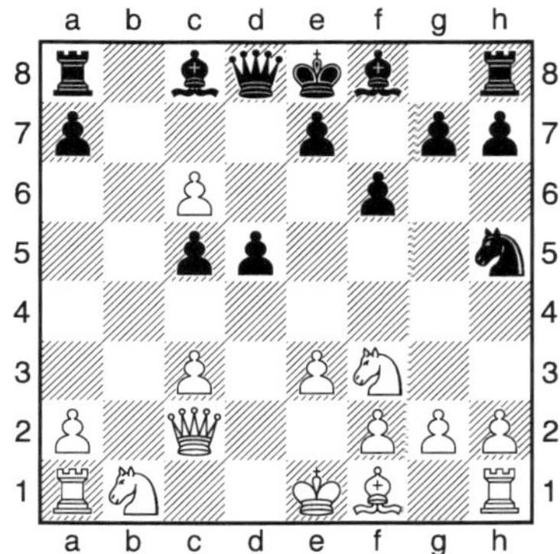

Es droht Da4, wodurch der Freibauer c6 gefährliches Potential entwickelt. Die Lage ist weiterhin sehr komplex, aber ich ziehe die weißen Chancen vor.

11.c4!

Der Läufer braucht Fluchtfelder und dafür muss auch mal ein Bauer angeboten werden.

11...e5!

Bleibt beim Thema und setzt den Läufer weiter unter Druck.

11...Sxb4? 12.Db2 e5 13.Lc3 gibt Weiß zu viel Spiel. Sollte der Springer ziehen, fällt d5. 13...Dc5 14.a3 Sc6 15.cxd5 Dxd5 16.Sbd2± Es ist ein Rätsel, wie Schwarz seine Entwicklung abschließen will.

12.cxd5

Die nächsten Züge sind erzwungen.

12...exd4 13.dxc6 Lxb4+ 14.Sbd2 dxe3 15.fxe3 Dxc6

Vermeidet eine Schwächung der eigenen Struktur.

15...bxc6 16.Ld3 g6 17.0-0≅

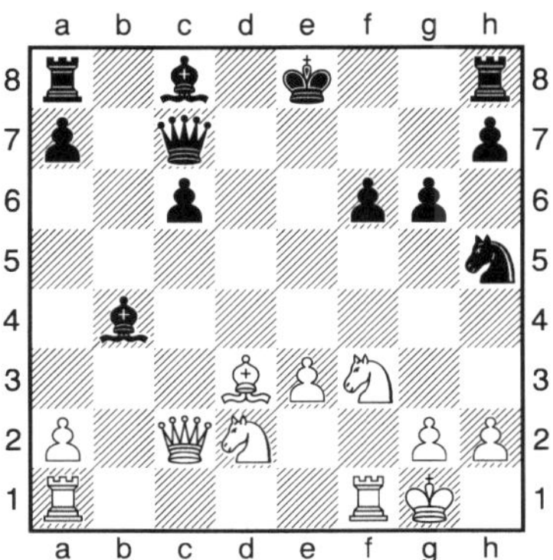

Es fehlt ein Bauer, Schwarz hat das Läuferpaar und die Bauernstellung ist ruiniert. Dennoch verfügt Weiß über Kompensation, denn er hat Entwicklungsvorsprung und kann sich in den offenen Linien stark machen. Außerdem befindet sich der Sh5 immer noch im Abseits und Schwarz kann im Moment nicht kurz rochieren wegen der Drohung Db3+

16.Db3 Lxd2+ 17.Sxd2

Die kurze Rochade ist verhindert und es droht Lb5, so dass der nächste Zug naheliegend ist.

17...Le6 18.Lc4! Lxc4

18...Dxg2? 19.Db5+ Kd8 20.Tf1 Lxc4 21.Sxc4±

19.Sxc4 0-0-0 20.0-0≅

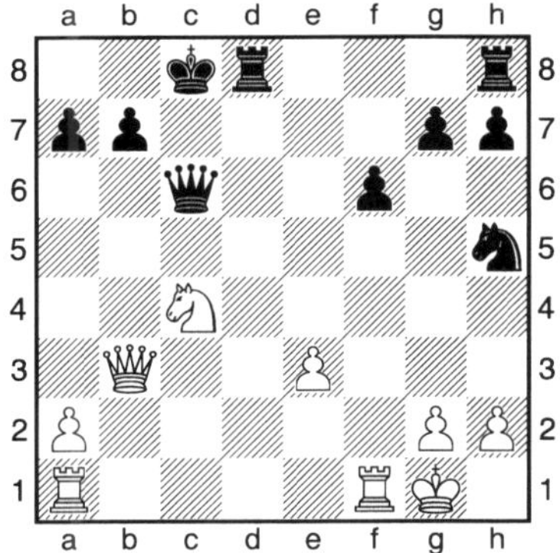

Hier hat Weiß mehr als genug Kompensation für den Bauern. Der Sh5 steht immer noch schlecht und Weiß erhält durch Tab1, Tfc1 starken Königsangriff. Dabei hilft der hervorragend platzierte Sc4.

Fazit: 6...Sh5 ist die Herausforderung für 6.Dc2. Nur mit 8.dxc5! kann Weiß auf Vorteil spielen.

Kapitel 9
1.d4 d5 2.Sf3 Sf6 3.Lf4 Lf5

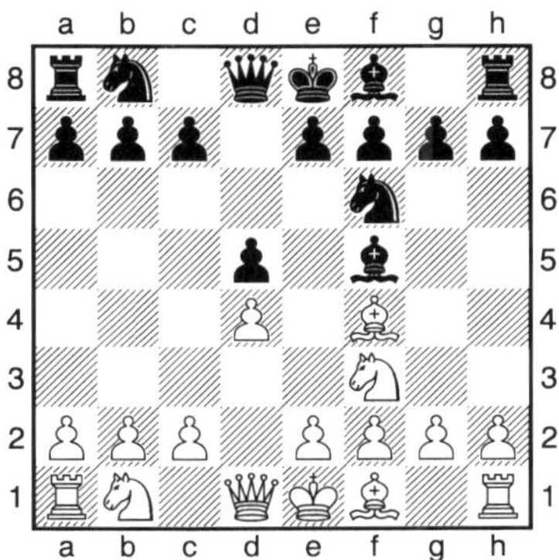

Die so genannte Symmetrie-Variante. Mit dem Einleitungszug **4.c4!** kann Weiß erfolgreich Probleme stellen. Dieser Zug war meine Empfehlung in der Erstauflage und dabei bleibt es auch. Wie im Damengambit bietet Weiß das Opfer des c-Bauern an, aber auch hier kann Schwarz den Bauern nach der eventuellen Annahme nicht lange halten.

4.e3?! ist in meinen Augen bereits ungenau, denn nach 4...e6 5.c4 Lxb1! ist es ganz egal, was Weiß macht – 6.Dxb1 Lb4+ 7.Kd1 bzw. 6.Txb1 Lb4+ 7.Ke2 – sein König wird längere Zeit in der Mitte bleiben. Und das ist mit 4.c4 zu vermeiden.

Kapitel 9.1

4...dxc4

Zunächst muss die Annahme geprüft werden.

5.e3

Diese sofortige Befragung des c-Bauern ist richtig.

1) 5...e6 6.Lxc4 Sbd7

Nach 6...c6 7.0-0± steht Weiß aktiver und besitzt mehr Raum. Im Grunde genommen hat er einen günstigen Slawen erreicht, da er sich hier die Schwächung mit a2-a4 erspart hat.

7.0-0 Le7 8.h3 0-0 9.Sc3 c6 10.Sh4 Lg6 11.Sxg6 hxg6±

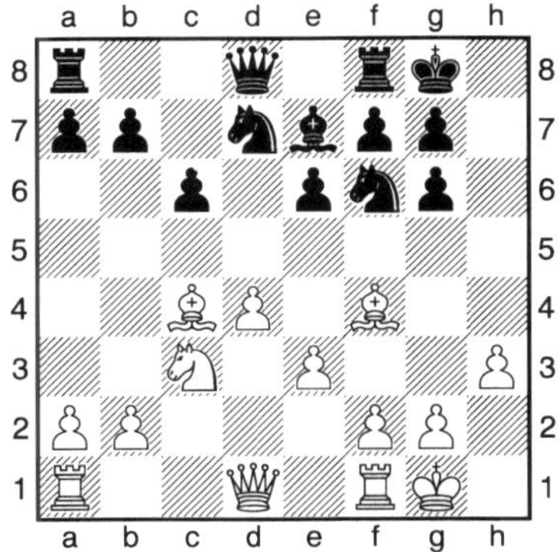

Hier ist es Weiß gelungen, das Läuferpaar zu erhalten und zusammen mit dem leichten Übergewicht im Zentrum ergibt das leichten Vorteil.

1.d4 d5 2.Sf3 Sf6 3.Lf4 Lf5 4.c4! dxc4 5.e3

2) 5...Sd5

Dies verstößt gegen die Eröffnungsregel, eine Figur nicht mehr als einmal zu ziehen. Entsprechend sollte es nach **6.Lg3 Sb4 7.Sa3 Sd3+** nicht verwundern, dass die verlorene Zeit den Erhalt des Läuferpaars nicht wettmachen kann.

8.Lxd3 Lxd3

8...cxd3 9.Db3±

9.Se5 e6 10.Sxd3!

Der einfachste Weg.

10...cxd3

10...Lxa3 11.Da4+ Sc6 12.Dxa3 cxd3 13.Dxd3± Die bessere Leichtfigur, der Raumvorteil und die halboffene c-Linie geben Weiß deutlichen Vorteil.

11.0-0±

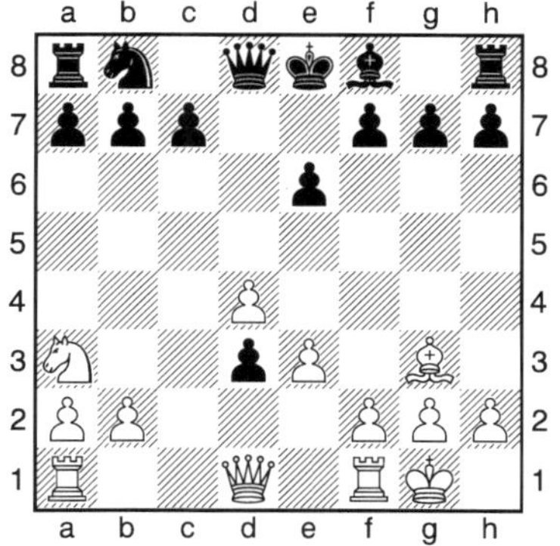

Der Bauer auf d3 läuft nicht weg und **11...Lxa3** ist wegen **12.Da4+** auch kein Problem. Wieder besteht der Preis für das Manöver Sd5-b4xd3 in Entwicklungsnachteil. Außerdem verfügt Weiß über mehr Raum und wird Druck am Damenflügel ausüben.

1.d4 d5 2.Sf3 Sf6 3.Lf4 Lf5 4.c4! dxc4 5.e3

3) 5...Ld3 Dies wurde noch nicht gespielt und es ist nach **6.Lxd3 cxd3 7.Dxd3** einfach besser für Weiß. Zwar ist der starke Läufer getauscht worden, aber dafür hat Weiß deutlichen Entwicklungsvorsprung erlangt und nebenbei droht Db5+.

1.d4 d5 2.Sf3 Sf6 3.Lf4 Lf5 4.c4! dxc4 5.e3

4) 5...b5

Nimmt die Herausforderung an.

6.a4 c6 7.axb5 cxb5 8.Sc3

8.b3? scheitert an dem starken Konter 8...e5!∓.

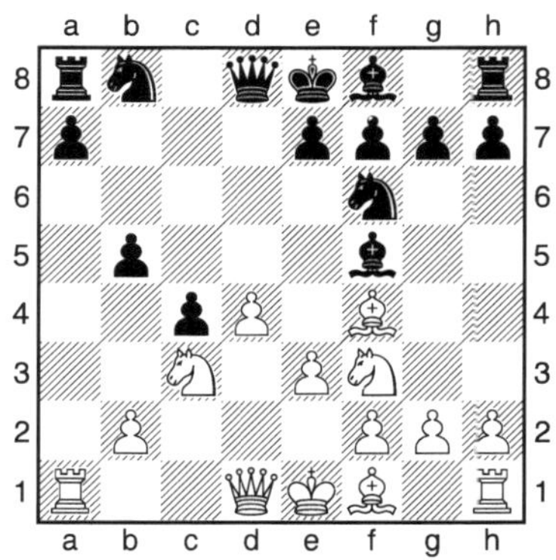

Der b-Bauer kann nun wegen Sb5 mit multiplen Drohungen nicht vorrücken, von daher bleibt nur **8...Db6.**

8...a6? 9.Sxb5+-

9.Se5!

Scheinbar steht der Springer nutzlos auf e5, aber tatsächlich wird Df3 ermöglicht und das ist erstaunlich stark.

9...Sbd7

Nach 9...e6?? 10.Df3 Sd5 11.Sxd5 exd5 12.Dxd5 kann Schwarz aufgeben, denn Weiß gewinnt zwangsläufig zu viel Material.

9...Sc6 10.Df3 Tc8 11.Lg5! Die Bedrohung des Lf5 provoziert 11...e6 und nach 12.Sxc6 Txc6 13.Lxf6 gxf6 14.Txa7± ...

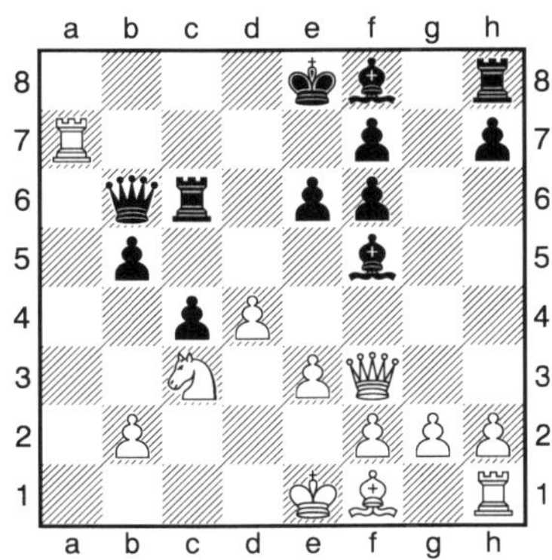

... hat Weiß sein Material mit besserer Stellung zurückerobert.

10.g4!

Die nächste Überraschung für Schwarz.

10...Sxe5

10...Lg6?? 11.Sxd7 Kxd7

(11...Sxd7 12.Sd5+-)

12.Lg2+- ist eine einzige Katastrophe für Schwarz.

10...Le6? 11.Sxd7 Lxd7

(11...Sxd7 12.Df3 Td8 13.d5 und der Läufer ist gefangen.)

12.g5+- Da der Springer wegen Sd5-c7 nicht ziehen kann, steht Weiß auf Gewinn.

11.gxf5 Sc6 12.Lg2±

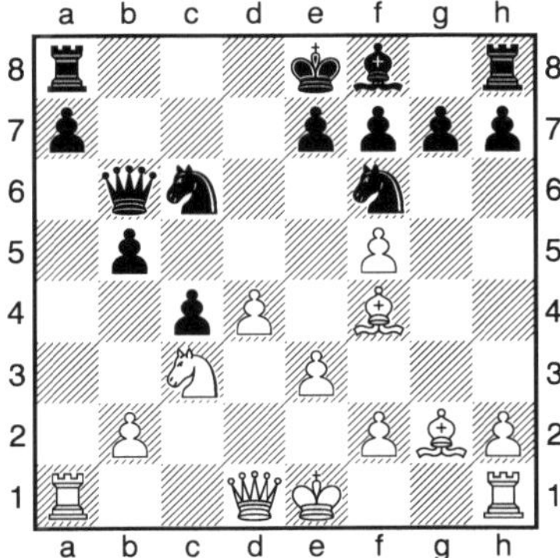

Für den Bauern hat Weiß eine sehr aktive Stellung. Wie soll Schwarz z.B. seinen Königsflügel entwickeln? Nach der kurzen Rochade bricht Weiß mit b2-b3 den Damenflügel auf und lässt dann seiner Streitmacht freien Lauf.

Fazit: Die Annahme des Bauernopfers mit 4...dxc4 führt zu sehr spannenden Stellungen, in denen Weiß aber immer über mehr als genug Kompensation verfügt.

Kapitel 9.2
4.c4! c6

1.d4 d5 2.Sf3 Sf6 3.Lf4 Lf5 4.c4! c6

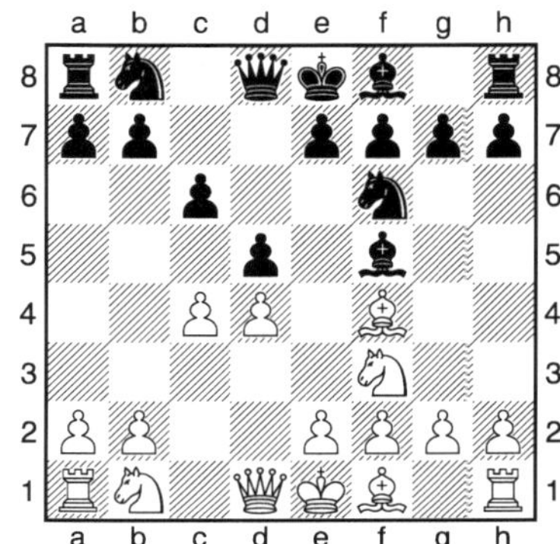

Die natürlichste schwarze Aufstellung besteht darin das Zentrum mit c6 und e6 zu stützen. Im Grunde genommen spielt Schwarz hier also ein LS mit einem Tempo weniger.

5.e3 Db6

5...e6 geht entweder in Kapitel 9.4 oder 9.5. über.

Mit 5...Lxb1?! 6.Txb1! bietet Weiß ein Bauernopfer an, und wenn Schwarz seine Spielweise rechtfertigen will, muss er es wohl annehmen.

(6.Dxb1 ist übrigens ebenfalls besser für Weiß, aber nach 6...e5 7.Sxe5 Lb4+ 8.Kd1± spielt nicht jeder gerne mit dem König in der Mitte.)

6...Da5+ 7.b4! Dxa2 8.Sd2 e6 9.Le2±

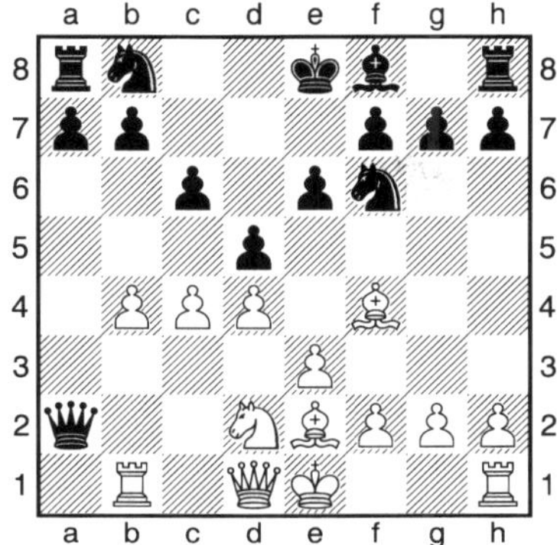

Die schwarze Dame hat wenig Felder. Zusätzlich liegt Weiß in der Entwicklung weit vorn und besitzt auch noch das Läuferpaar.

6.Db3

Spielbar dürfte auch 6.Dc1 sein, nur ist es nicht im Geiste dieser Eröffnung.

6...dxc4

Anderes führt wieder über Zugumstellungen in spätere Kapitel – z.B. 6...Dxb3 7.axb3 e6 8.c5 Sbd7 9.Sc3 siehe Kapitel 9.4.

7.Lxc4 e6 8.Sbd2

8.Sc3 ist eine mögliche Alternative.

8...Sbd7 9.0-0±

(siehe nächstes Diagramm)

Aufgrund des Entwicklungsvorsprungs und des größeren Einflusses im Zentrum ist die weiße Stellung leicht vorzuziehen.

9...a5

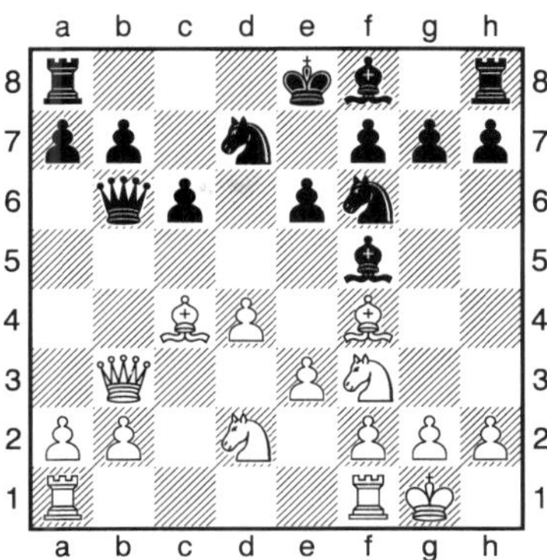

Hier gibt es sicherlich Alternativen, welche für die Beurteilung nicht wirklich wichtig sind.

10.Sh4

Sichert sich das Läuferpaar.

10...a4

10...Dxb3 11.Sxb3±

11.Dxb6 Sxb6 12.Sxf5 exf5 13.Ld3 Lb4 (Nikolac – Ostl, Deutschland 1989)

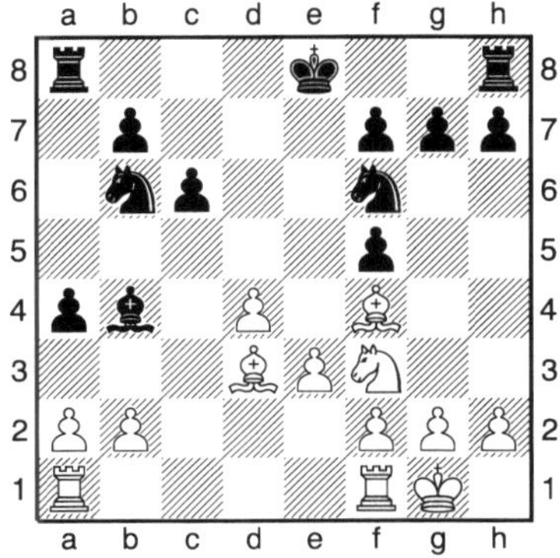

Hier kann Weiß seinen Vorteil mit dem einfachen **14.Sf3!** festigen.

14...g6 15.a3 Le7 16.b4!

Durch diese kleine Finesse sichert sich Weiß die Kontrolle am Damenflügel. In Verbindung mit dem Läuferpaar gibt ihm dies etwas Vorteil. Schwarz hat dagegen das Feld d5 für seine Springer.

> **Fazit:** Mich erinnern die Stelllungen nach 4...c6 und 4...dxc4 immer an Slawisch, aber in einer günstigeren Form für den Anziehenden, da er sich a2–a4 gespart hat. Wieder gab es hier einige Zugumstellungen zu beachten, was sich leider nicht verhindern lässt.

Kapitel 9.3
4.c4! e6

1.d4 d5 2.Sf3 Sf6 3.Lf4 Lf5 4.c4! e6

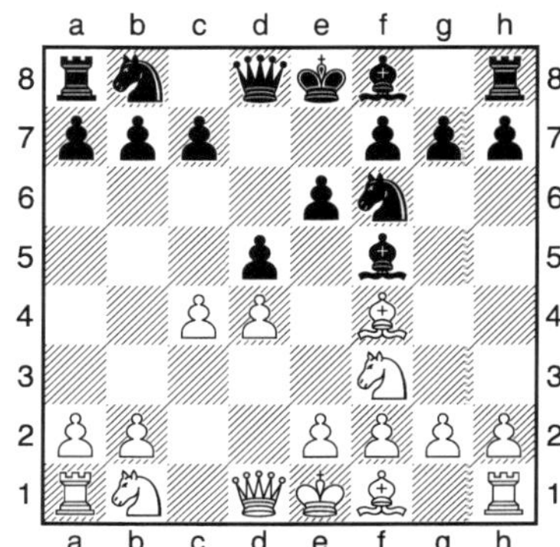

1) 5.Db3!? sieht stark aus, aber trotzdem ist es nicht mehr zu empfehlen.

5...Sc6!

Anderes ist entweder zu passiv (5...Dc8), oder schwächt langfristig (5...b6). Der aktive Springerzug hingegen bietet ein Bauernopfer an.

6.Dxb7

Wer A sagt muss auch B sagen.

6...Sb4 7.Sa3 dxc4!

Eine wichtige Verstärkung.

> 7...Tb8? ist schlecht, denn nach 8.Dxc7 Dxc7 9.Lxc7 Tc8 10.La5! dxc4 11.Tc1± verbleibt Weiß mit einem gesunden Mehrbauern.

8.Db5+ c6 9.Dxc4=

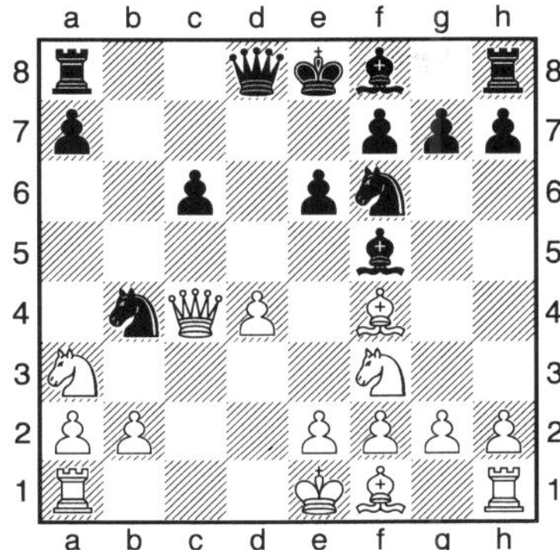

Auch hier besitzt Weiß einen Mehrbauern, aber Schwarz steht sehr aktiv und mit Le4–d5 kann er sich meistens sein Material wiederholen. Deshalb ist in meinen Augen 5.Db3 nicht mehr der richtige Zug und sollte durch 5.Sc3 ersetzt werden.

1.d4 d5 2.Sf3 Sf6 3.Lf4 Lf5 4.c4! e6

2) 5.Sc3 Ld6

5...Sc6 ist eine Variante aus dem Tschigorin–System, Kapitel 12.1.

5...dxc4 6.e3 c6 7.Lxc4 Sbd7 8. 0-0 Le7 9.h3± Es folgt De2 und Weiß wird e4 anstreben. Durch sein schönes Zentrum und den Raumvorteil besitzt er die besseren Chancen.

5...c6 6.e3 wird entweder Kapitel 9.4 nach 6...Sbd7 – oder Kapitel 9.5 nach 6...Db6.

6.Lxd6

6.Lg3 ist auch nicht schlecht.

Aber nach dem Textzug und der Folge **6...Dxd6 7.e3** spielt Weiß Db3 und die Dame auf d6 steht nicht wirklich gut.

7...c6

7...0-0 8.Db3 Db6 Oder Schwarz muss mit b6 nachhaltig die weißen Felder schwächen. 9.Dxb6 axb6 10.Sh4

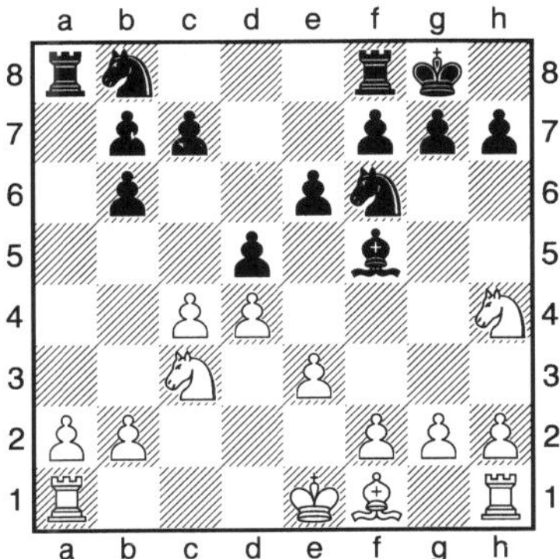

10...Lg4? Verliert einen Bauern.

(10...Lg6 11.Sxg6 hxg6 12.cxd5 Sxd5 13.Sxd5 exd5 14.Kd2!± Weiß hat die bessere Struktur und die bessere Leichtfigur. Der König auf d2 steht sehr sicher und freut sich auf jedes Endspiel.)

11.h3 Lh5 12.g4 Lg6 13.Sxg6 hxg6 14.g5 Se4 15.Sxe4 dxe4 16.Lg2±

8.Db3 b6

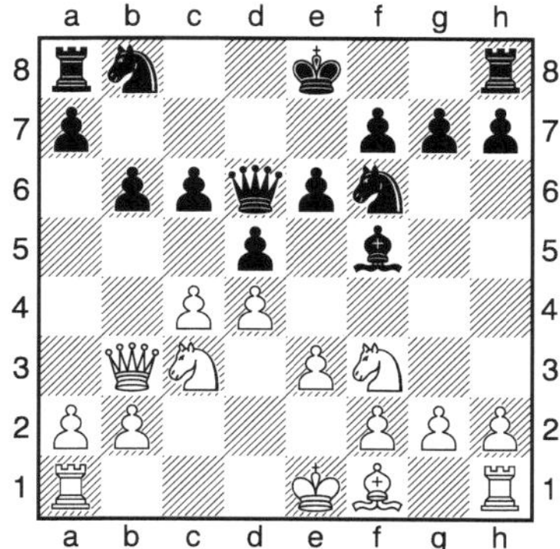

Die Schwächung des Damenflügels sieht harmlos aus, ist aber dauerhaft.

9.Sh4! Lg6

9...Le4 10.cxd5 exd5 11.Sxe4 Sxe4 12.Ld3⩲ (Muschik – Malykin, Deutschland 2009) Auch hier ziehe ich die weißen Chancen vor. Der Bauer auf c6 ist eine dauerhafte Schwäche und die nächsten weißen Züge sind einfach zu finden: Sf3, Tc1, 0-0, Dc2. Es muss nicht diese Reihenfolge sein, aber sie passen gut in die Stellung.

10.Sxg6 hxg6 11.cxd5 exd5

11...cxd5? erlaubt 12.Da4+ Sbd7 13.Tc1± und die weißen Figuren überfallen den schwarzen Damenflügel. Die nachhaltige Schwächung der hellen Felder wird hier drastisch bestraft.

12.g3⩲

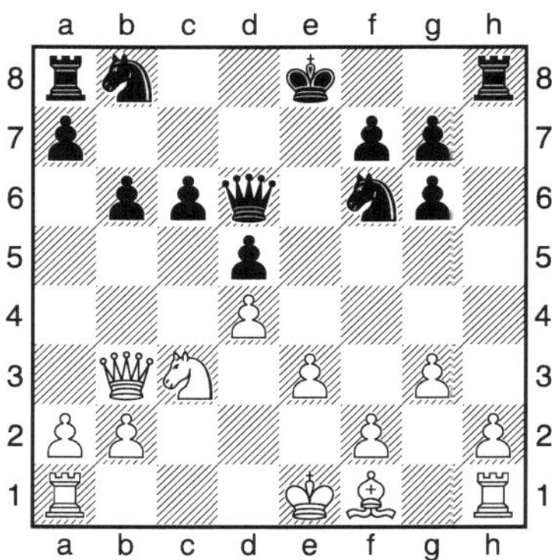

Der Lf1 ist eine sehr gute Figur. Weiß zieht als nächstes Lg2 nebst 0–0 und bringt seine Türme in Stellung, um den Hebel e3–e4 anzustreben.

Fazit: 5.Db3 ist inzwischen obsolet und wird durch 5.Sc3 ersetzt. Zum richtigen Zeitpunkt folgt Db3 und Schwarz muss dann ein Zugeständnis am Damenflügel machen.

Kapitel 9.4
4.c4! Hauptvariante mit 6...Sbd7

1.d4 d5 2.Sf3 Sf6 3.Lf4 Lf5 4.c4 c6 5.e3 e6 6.Sc3 Sbd7

6...Ld6 7.Lxd6 Dxd6 8.Db3 führt zu Kapitel 9.3.

7.Db3 Db6

7...Dc8 ist spielbar aber sehr passiv. Nach dem einfachen 8.Tc1± kann Weiß zufrieden sein.

8.c5! Dxb3 9.axb3⩲

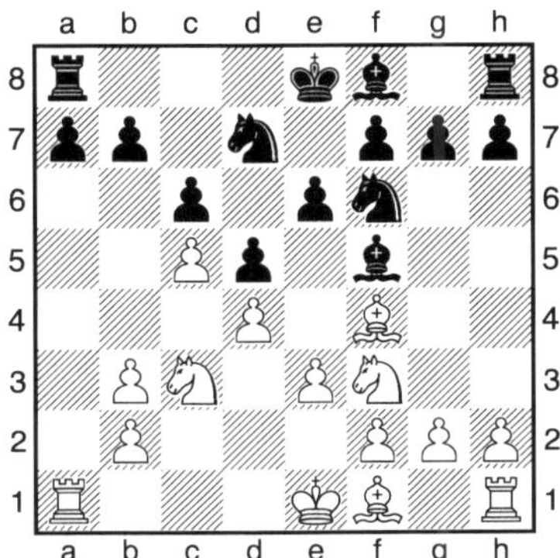

Mit dieser Position punktet Weiß überdurchschnittlich gut. Er verfügt im Grunde genommen nur über einen einzigen Plan, aber der ist dafür sehr wirkungsvoll: b3–b4 gefolgt von Sd2–b3–a5. Damit wird die Schwachstelle auf b7 angegriffen, die nur schwer gedeckt werden kann. Für Schwarz gibt es zwei Gegenspielideen – nämlich entweder den Versuch, mit Sh5 den Lf4 zu tauschen oder aber e6–e5 durchzusetzen. Hier jedoch zunächst ein vollständiger Überblick:

1) 9...b5? 10.Ta6 Sb8 11.Lxb8 Txb8 12.b4+–

2) 9...Le7 10.h3 0-0 11.b4 a6 12.Sd2 Tfe8 13.Sb3 Ld8

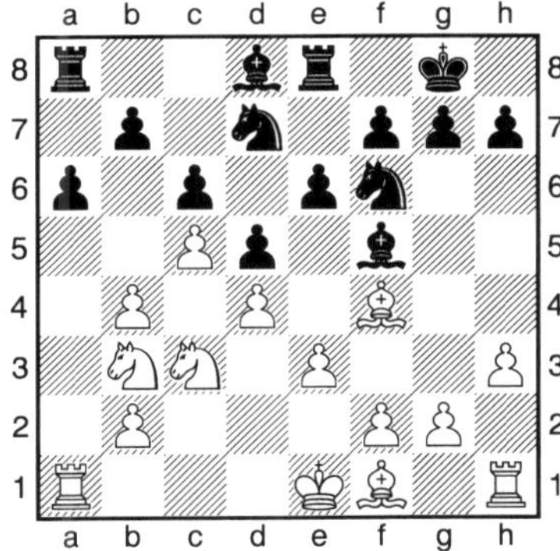

Dies unterbricht die Verbindung der Türme.

14.b5! e5 15.dxe5 Sxe5±

Schwarz kann Materialverlust nicht vermeiden. (Wirthensohn – Saesseli, Schweiz 2002)

1.d4 d5 2.Sf3 Sf6 3.Lf4 Lf5 4.c4 c6 5.e3 e6 6.Sc3 Sbd7 7.Db3 Db6 8.c5! Dxb3 9.axb3

3) 9...Sh5!?

Das ist natürlich immer wieder ein Thema im LS. Weiß muss nun sehr kreativ vorgehen.

10.Lc7!

Das ist inzwischen keine Neuerung mehr. Der Turm soll nach c8 gelockt werden und danach will Weiß die Figurenaufstellung am Königsflügel (Lf5, Sh5) ausnutzen.

10...Tc8

Falls Schwarz darauf verzichtet, kommt Weiß zu h3, wodurch ein Fluchtfeld für den Läufer und zusätzlich die Drohung g4 entsteht.

11.Le5!

3a) 11...f6?

Genau wie zu 10...Tc8, sollte Schwarz auch hierzu verlockt werden.

12.Ld6!

Durch 11...f6 hat sich Schwarz das Feld für den Sh5 verbaut.

12...Lxd6 13.cxd6 a6 14.h3

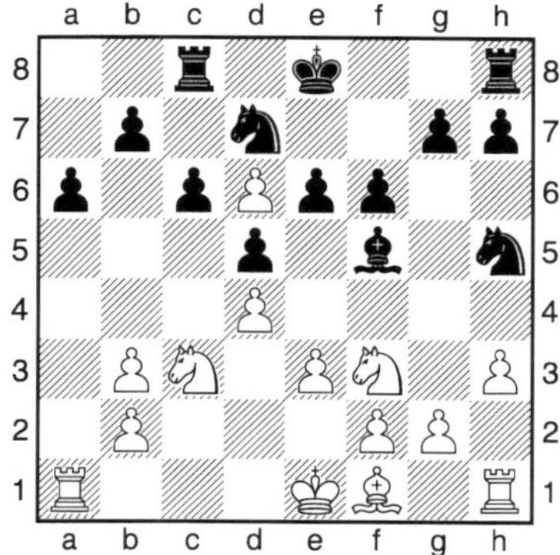

Nun ist guter Rat bereits teuer. Der einsame Bauer auf d6 ist zwar potentiell schwach, aber im Moment muss Schwarz ganz andere Probleme lösen.

14...Le4

Nach 14...g5 15.g4 Le4 16.Sxe4 dxe4 17.Sd2 Sg7 18.Sxe4 h5 19.f3+- muss man schon zweimal schauen, um zu sehen, dass Weiß noch all seine Bauern besitzt. Er verfügt somit über einen klaren Mehrbauern bei besserer Stellung.

15.Sd2 g6 16.Sdxe4 dxe4 17.Sxe4+-

Auch diese Stellung ist wahrscheinlich schon gewonnen für Weiß.

1.d4 d5 2.Sf3 Sf6 3.Lf4 Lf5 4.c4 c6 5.e3 e6 6.Sc3 Sbd7 7.Db3 Db6 8.c5! Dxb3 9.axb3 Sh5!? 10.Lc7! Tc8 11.Le5!

3b) 11...Sxe5?! 12.Sxe5

Hier zeigt sich eine Pointe von 10.Lc7: es hängt a7 und es droht g4.

12...a6

An dieser Stelle kann Weiß auf viele Arten klaren Vorteil erlangen. Sehr effektvoll ist z.B. **13.Lxa6 bxa6 14.Txa6±**

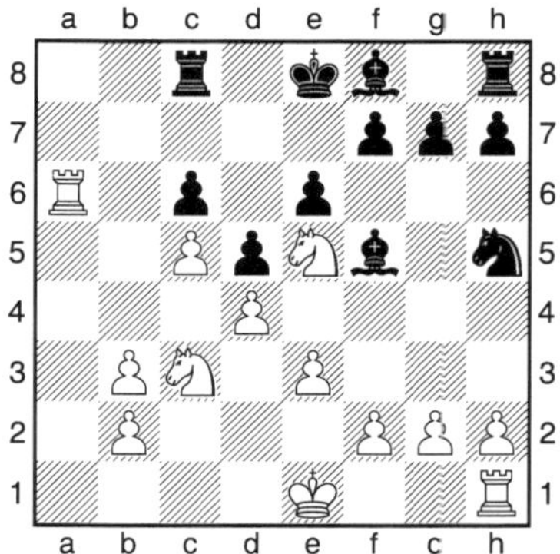

Nun wird auch der c-Bauer fallen. Diese Art des Figurenopfers gibt es hier häufiger und sie ist absolut typisch. Die Damenflügelbauern von Weiß sind danach wie eine Naturgewalt und können kaum noch gestoppt werden.

1.d4 d5 2.Sf3 Sf6 3.Lf4 Lf5 4.c4 c6 5.e3 e6 6.Sc3 Sbd7 7.Db3 Db6 8.c5! Dxb3 9.axb3 Sh5!? 10.Lc7! Tc8 11.Le5!

3c) 11...a6

Das ist wohl erzwungen.

12.h3 Shf6

Nach 12...Sxe5? 13.dxe5± ist die Drohung g4 fast schon entscheidend.

12...Lc2? 13.Lh2! Lxb3? 14.Ld3 Es droht Sd2. 14...Lc4 15.Lxc4 dxc4 16.Sd2+- Der Bauer c4 fällt und Weiß steht danach positionell auf Gewinn. Schwarz kann sich gegen Ta3-b3 und eventuell Sc4-a5 nicht mehr wehren.

13.Lh2⩲

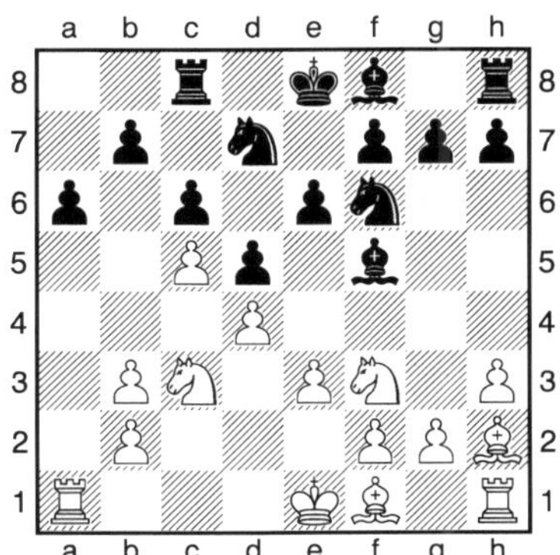

Im Gegensatz zur Hauptvariante steht der Läufer hier auf h2 anstatt auf f4, dafür ist der b-Bauer noch auf b3. Trotz des kleinen Zeitverlustes kann Weiß die Stellung ähnlich behandeln, also b4 nebst Sd2-b3-a5 usw.

1.d4 d5 2.Sf3 Sf6 3.Lf4 Lf5 4.c4 c6 5.e3 e6 6.Sc3 Sbd7 7.Db3 Db6 8.c5! Dxb3 9.axb3

4) 9...a6

Der Turm möchte ziehen, weshalb der a-Bauer erst gedeckt werden muss.

10.b4

Die Drohung b5 wird durch den ungedeckten Ta8 möglich.

10...Tc8

Schwarz ist es gelungen, b4-b5 zu vereiteln, aber dafür wurde sein gesamter Damenflügel festgelegt und der b-Bauer ist rückständig. Diesen als Schwäche anzusehen, fällt zunächst schwer, weil nicht erkennbar ist, wie Weiß ihn angreifen soll. Allerdings gibt es den eingangs skizzierten Plan, demgemäß der Sf3 nach a5 überführt werden soll.

Nach 10...0-0-0?? dürfte Weiß übrigens glänzen: 11.Txa6! bxa6 12.Lxa6#

11.h3

Es ist wichtig, immer auf Sh5 zu achten.

4a) 11...h6

Alles ist bereit für den eingangs erwähnten Plan.

12.Sd2!

Die Schablone wäre 12.Le2 und 0-0, aber das würde im Vorteilssinne nichts bringen. Durch das stabile Zentrum ist die folgende zeitliche Investition möglich und gerechtfertigt.

12...Le7 13.Sb3 Ld8 14.Ld6!

So holt Weiß das Maximum aus der Stellung, obwohl auch sofortiges 14.Sa5 für Vorteil ausreicht.

14...Le7

14...Se4 15.Sxe4 Lxe4 16.f3 Lg6 17.Sa5 Lxa5 18.bxa5! Nimmt man mit dem Turm, wird Schwarz aller Probleme ledig. 18...Kd8 19.Ta4 Ta8 20.Tb4 Kc8+-

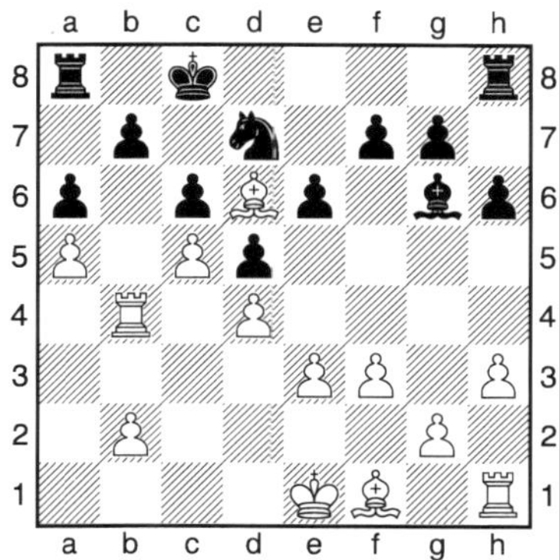

Schwarz ist es gelungen, keinen Bauern zu verlieren, aber um seine Stellung ist er dennoch nicht zu beneiden. Es ist nicht zu sehen, wie er seinen Turm auf a8 jemals ins Spiel bringen wird.

15.Lh2 Ld8 16.Sa5

Der skizzierte Plan wird vollendet. Mit dem Lh2 ist die Version sogar noch eine Spur besser als mit dem Läufer auf f4, was für die Praxis aber nicht weiter wichtig ist.

16...Lxa5 17.bxa5!

Der arme b-Bauer ist auf Lebenszeit fixiert. Weiß wird in aller Ruhe seinen Turm in die b-Linie stellen.

17...0-0 18.Ta4 Ta8 19.Tb4 Ta7±

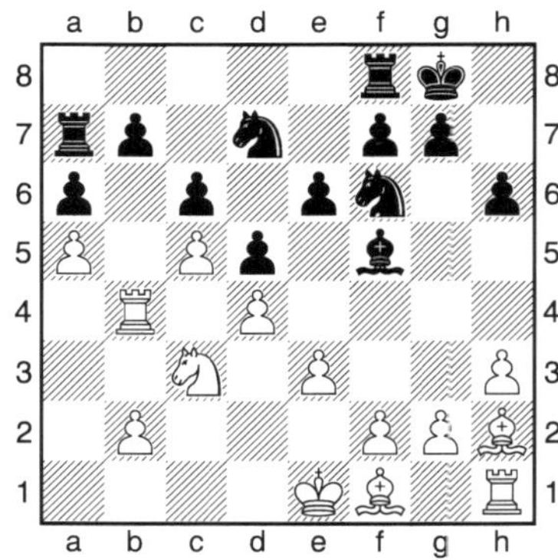

Ein trauriges Feld für einen Turm.

1.d4 d5 2.Sf3 Sf6 3.Lf4 Lf5 4.c4 c6 5.e3 e6 6.Sc3 Sbd7 7.Db3 Db6 8.c5! Dxb3 9.axb3 a6 10.b4 Tc8 11.h3

4b) 11...Le7 12.Sd2

Es gibt keinen Grund mehr zu warten.

12...0-0

Mit 12...Ld8 plant Schwarz, den Springer a5 zu tauschen, oder manchmal auch, den Lf4 mit Lc7 zu entschärfen. 13.Ld6 Lc7?!

(13...Se4 14.Sdxe4 Lxe4, Hoang – Romanko, Rijeka 2010. Hier sieht 15.Sxe4 dxe4 16.g4⩲ einfach und gut aus.)

14.Lxc7 Txc7

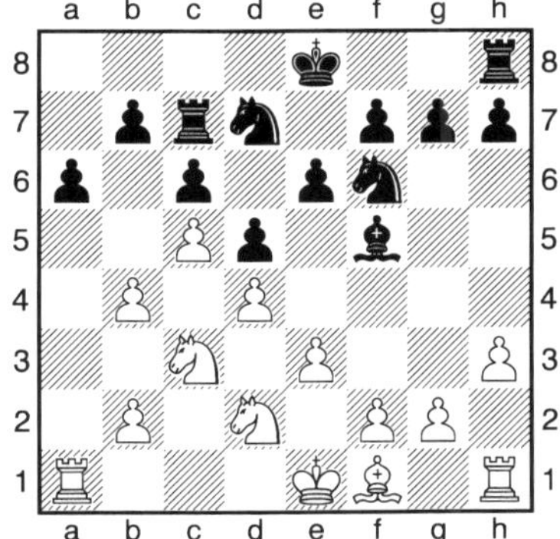

Die weiße Aktion sieht wie ein Fehler aus, da Schwarz nach dem Läufertausch für die kurze Rochade bereit steht. Mit dem Textzug wurde aber kurzfristig die Grundreihe geschwächt und dies reicht bereits. 15.b5! 0-0

(15...cxb5? 16.Sxb5 axb5 17.Ta8+ +–; 15...Sb8 16.bxa6 bxa6 17.Ta2±; Kovacevic – Arzimendi, Mislata 1995 – Der a-Bauer ist eine Reisenschwäche. Weiß vollendet einfach seine Entwicklung und verdoppelt dann die Türme in der a-Linie. Im richtigen Moment verleibt er sich den Bauern ein, ohne jegliches Gegenspiel zu gestatten.)

16.bxa6 bxa6 17.Txa6 Tb8 18.Ta2 Nun besitzt Schwarz weder nach 18...e5 19.g4 Le6 20.b3± noch nach 18...Tcb7 19.g4 Lg6 20.b3 e5 21.f4 exf4 22.exf4 Te8+ 23.Kf2 Se4+ 24.Scxe4 Lxe4 25.Tg1± Kompensation für den Bauern.

13.g4 Lg6 14.Sb3 Ta8 15.Sa5 Ta7

Auch hier ein klares Zeichen dafür, dass etwas schief gelaufen ist.

16.f3 Tc8 17.Kd2

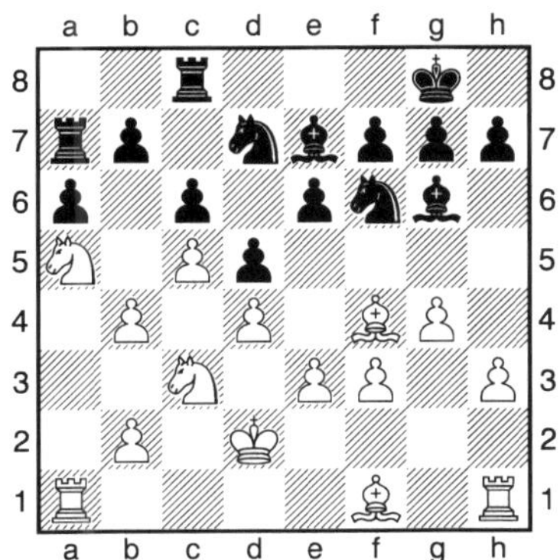

Allmählich drohen taktische Schläge.

17...b6?

17...Te8± ist noch die zäheste Verteidigung, auch wenn Schwarz danach ohne echte Perspektive dasteht.

17...Kf8? 18.Sxb7! Txb7 19.Lxa6 Tbb8 20.Lxc8 Txc8 21.Ta7 Ke8 22.Tha1+–

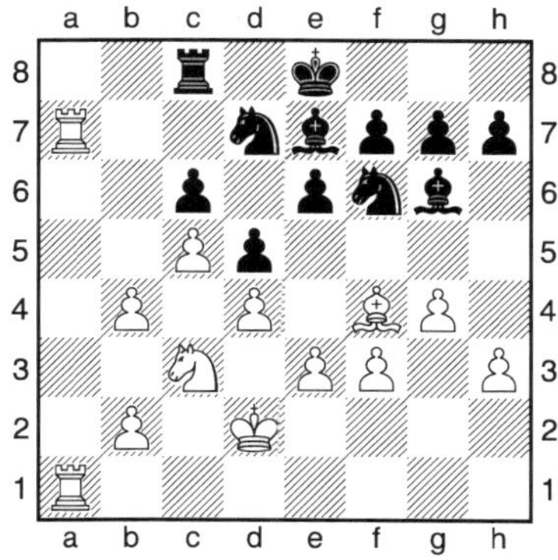

Die gesamte schwarze Armee kann nur tatenlos zuschauen. Weiß lässt Ta8 nebst Turmtausch folgen und danach rollen die Bauern am Damenflügel wieder unaufhaltsam vor.

18.Lxa6!! Txa6 19.Sxc6 Txc6

19...Txa1 20.Sxe7+ Kf8 21.Sxg6+ +−

20.Txa6 Tc8 21.Tha1 bxc5 22.Ta8 Tf8 23.bxc5+− (Kovacevic – Byrne, Wijk aan Zee 1980)

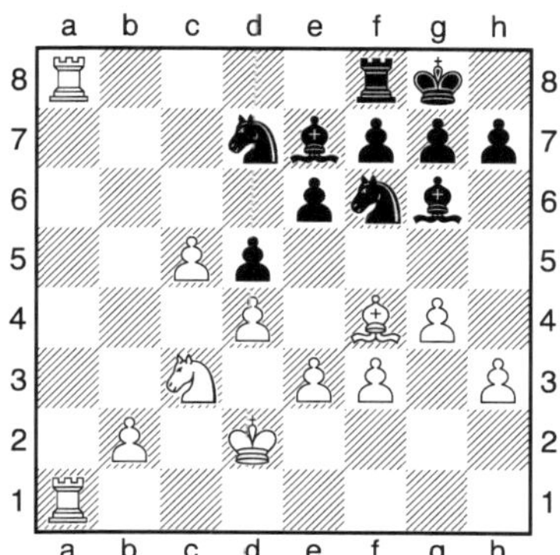

Diese Stellung ist ebenfalls gewonnen, da das Freibauernpaar einfach zu stark ist.

Fazit: Die Stellung nach 9.axb3 ist eine Traumstellung für Weiß. Sein Plan am Damenflügel ist kristallklar und selbst das Figurenopfer auf a6 ist Heutzutage nichts besonderes mehr. Einzig 9...♘h5 muss trickreich begegnet werden.

Kapitel 9.5
4.c4! Hauptvariante mit 6...Db6

1.d4 d5 2.Sf3 Sf6 3.Lf4 Lf5 4.c4! c6 5.e3 e6 6.Sc3

1) 6...Db6

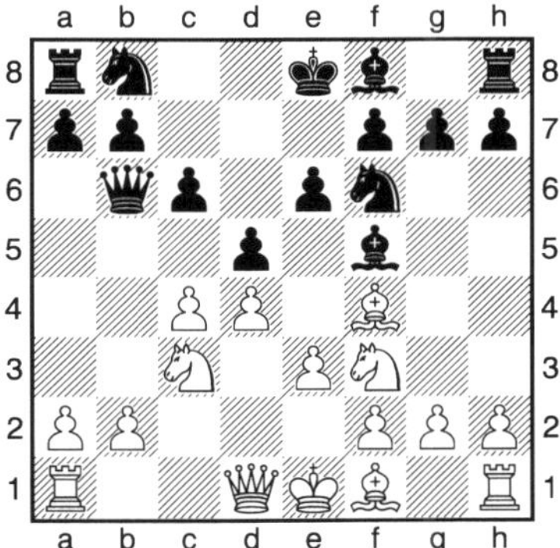

7.Db3 dxc4

Alles andere hat keine selbstständige Bedeutung.

7...Sa6 ist kreativ, aber mit dem eiskalten 8.c5 Dxb3 9.axb3 Sb4 10.Ta4! Sd3+ 11.Lxd3 Lxd3 12.Kd2! wird dem Aufbau der Zahn gezogen. Weiß plant meist Tha1, und falls Schwarz mit a7–a6 reagiert, folgt Ta4–b4 und der Bauer auf a7 ist nicht mehr ordentlich zu decken. Weiß besitzt bedeutenden Vorteil.

7...Sbd7 8.c5 und 7...Dxb3 8.axb3 Sbd7 9.c5 – siehe Kapitel 9.4.

8.Lxc4 Sbd7 9.0-0 Dxb3 10.Lxb3 Le7 11.Tfe1±

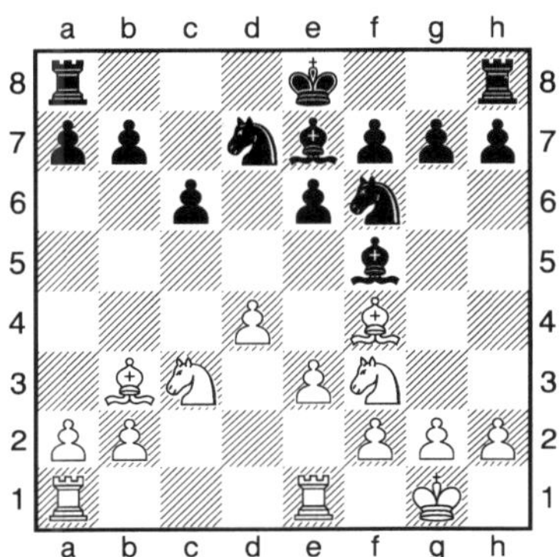

Weiß wird e4 durchsetzen und steht dann dank des Raumvorteils und der Zentrumskontrolle besser.

1.d4 d5 2.Sf3 Sf6 3.Lf4 Lf5 4.c4! c6 5.e3 e6 6.Sc3

2) 6...Le7?! ist in meinen Augen eine Ungenauigkeit wegen **7.Db3 Db6 8.c5 Dxb3 9.axb3 Sbd7 10.b4±** und Schwarz kann b4–b5 nicht verhindern.

1.d4 d5 2.Sf3 Sf6 3.Lf4 Lf5 4.c4! c6 5.e3 e6 6.Sc3

3) 6...h6?!

Eher ein Zeitverlust als nützlich.

7.Db3 Dc8

7...Db6?! 8.c5 Dxb3 9.axb3 Und hier konnte Schwarz nach 9...h6 (statt 9...Sbd7 im Vergleich zu Kapitel 9.4) b4–b5 nicht mehr aufhalten.

8.Tc1 Le7 9.Se5!

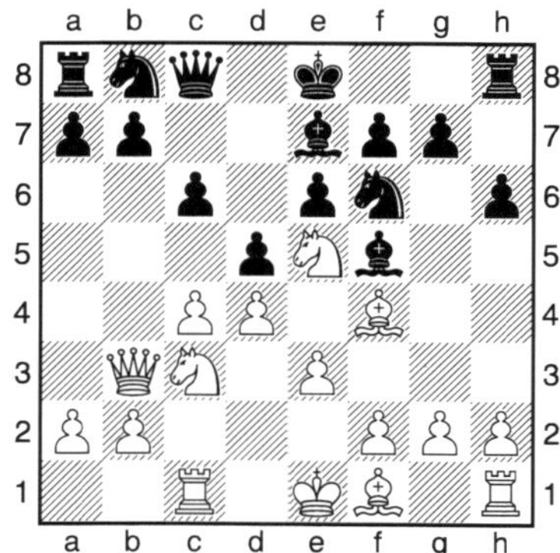

Zur Verhinderung von 9...Sh5.

9...Sbd7

Schlecht ist 9...Sh5?, denn der Springer ist zu wichtig für die Verteidigung von d5. 10.cxd5 cxd5

(10...exd5?? 11.Sxd5+−)

11.Lb5+ Sc6

(11...Kf8 12.g4 Sxf4 13.gxf5 Sh5 14.fxe6 Dxe6 15.Sxd5+− Im Moment ist es nur ein Bauer, aber der weiße Angriff ist nicht mehr zu parieren.)

12.g4 Sxf4 13.exf4+−

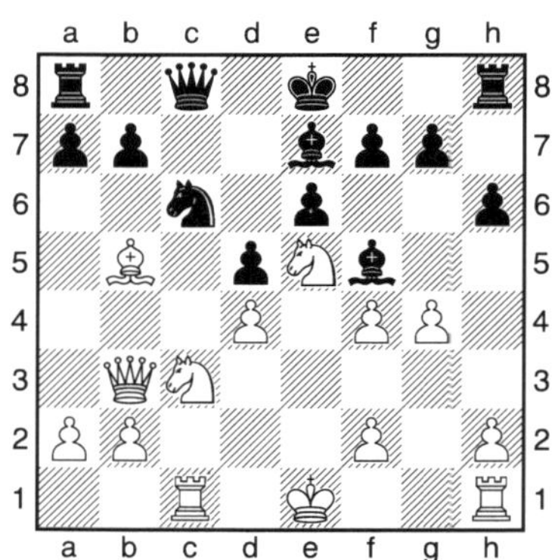

Die schwarze Stellung fliegt auseinander.

10.Le2 Sxe5 11.Lxe5 0-0 12.cxd5 Sxd5 13.0-0 Sxc3 14.Dxc3 a5 15.a3 Td8 16.Lf3± (Crouch – Houska, Britische Liga 2001/02)

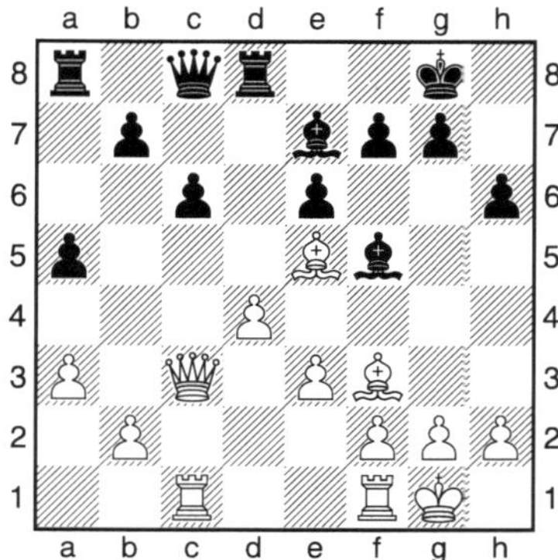

Die weißen Figuren stehen aktiver und besonders die Dame auf c8 wird weitere Zeit verlieren. Die Zugfolge war nach 9...Sbd7 nicht forciert, denn Weiß hätte z.B. auch gut 14.bxc3 zie–

hen können. Der Vorteil ist aber auch dann aus den bekannten Gründen stets gegeben.

1.d4 d5 2.Sf3 Sf6 3.Lf4 Lf5 4.c4! c6 5.e3 e6 6.Sc3

4) 6...Ld6

Für einen LS–Spieler ist es nun der erste Impuls, den Läufer nach g3 zu stellen, aber hier ist es besser, die schwarze Dame nach d6 zu zwingen.

7.Lxd6! Dxd6 8.Db3 Dies führt wieder zu Kapitel 9.3.

1.d4 d5 2.Sf3 Sf6 3.Lf4 Lf5 4.c4! c6 5.e3 e6 6.Sc3

5) 6...Lb4?!

Wird relativ häufig gespielt, aber Weiß das Läuferpaar freiwillig zu schenken – das kann es nicht sein.

7.Db3 Da5 8.a3 Lxc3+ 9.bxc3±

Fazit: Wie schon in Kapitel 9.2 spielt Weiß einen verbesserten Slawen. Der Nachziehende steht zwar sehr solide, aber dafür passiv.

Kapitel 10
1.d4 d5 2.Sf3 Sf6 3.Lf4 g6

1.d4 d5 2.Sf3 Sf6 3.Lf4 g6

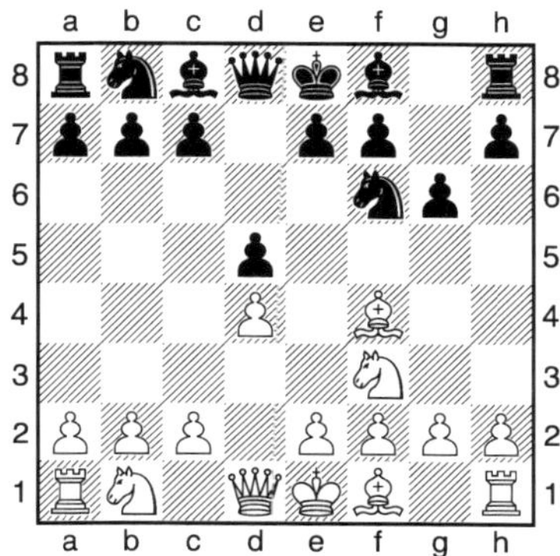

Wird nicht häufig gezogen, ist aber sehr solide und könnte sich zu einem Geheimtipp entwickeln.

Kapitel 10.1
3...g6 Grünfeld Nebenvarianten

4.e3 Lg7

Wenn Schwarz einen Grünfeld– oder speziell einen Königsindischen Aufbau wählt, strebt er häufig die Durchsetzung von e7–e5 an. Von daher ist folgende Merkregel nützlich.

Merkregel: Gegen Aufbauten mit g7–g6 gehört der Lf1 nach e2. Wenn Weiß den Läufer dagegen „aktiv“ nach d3 stellt, gibt es später häufiger Gabelmotive mit e5–e4.

5.Le2!

5.Sc3 ist ein anderer Zweig der Theorie, passt aber nicht zum LS.

5...0-0

Nach 5...Sh5!? fordert Weiß mit 6.Le5! einen gewissen Preis für den Läufertausch. 6...f6

(6...Sf6 7.c4±)

7.Lg3 Sxg3 8.hxg3±

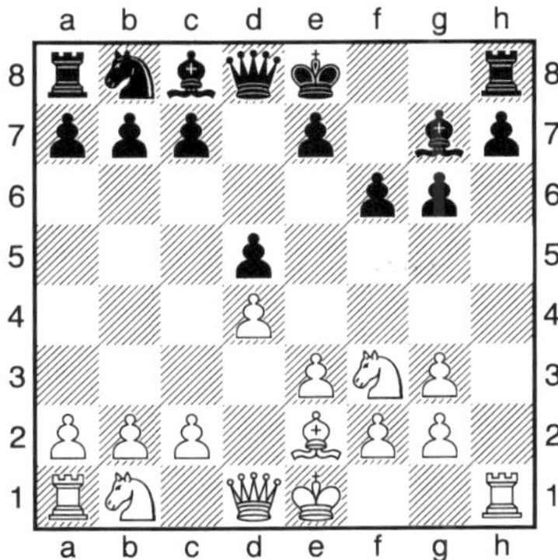

Die halboffene h-Linie und der provozierte Zug f6 sind mehr als genug Kompensation für das Läuferpaar.

6.0-0

1) 6...Sh5 7.Le5!

Wie auch nach 5...Sh5 fordert Weiß einen positionellen Preis.

7...f6 8.Lg3 Sxg3 9.hxg3 e5 10.c4

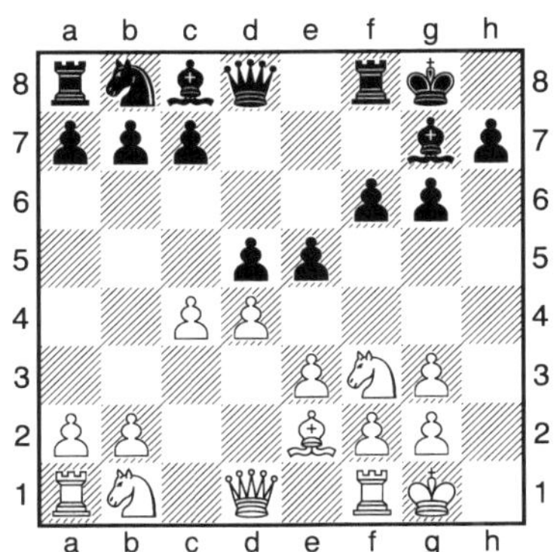

10...exd4!

Nur damit kann Schwarz auf Ausgleich hoffen.

10...e4?! 11.Sfd2 c6?! (Burmakin – Djuric, Calvi 2014) 12.cxd5! cxd5 13.Db3± Weiß gewinnt zwangsläufig einen Bauern, da es gegen die Drohung Sxe4 nebst Sc3xd5 kein Mittel mehr gibt.

11.Sxd4 c5 12.Sb3 d4 13.exd4 cxd4 14.Lf3 f5 15.Ld5+ Kh8 16.Dd2±

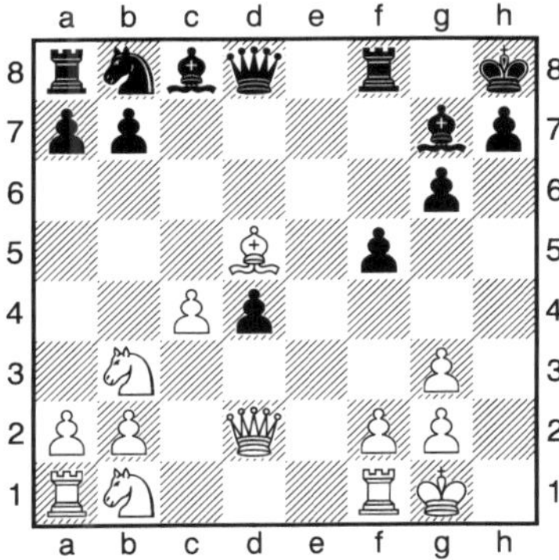

Die letzten Züge waren nicht unbedingt forciert, aber so ungefähr könnte sich die Partie entwickeln. Als Gegengewicht für das schwarze Läuferpaar hat Weiß die bessere Struktur. Auch hat der weißfeldrige Läufer ein starkes Feld auf d5 erhalten. Der Sb1 kommt über a3 ins Spiel und der Bauer d4 dürfte dann bald fallen.

1.d4 d5 2.Sf3 Sf6 3.Lf4 g6 4.e3 Lg7 5.Le2! 0-0 6.0-0

2) 6...b6

Bereitet c7–c5 vor, ist aber ein wenig zu langsam.

7.c4! Lb7

7...dxc4 8.Lxc4 Lb7 9.Dc2!

(Entwickelt die Dame und beinhaltet die kleine taktische Gemeinheit 9...Sbd7? 10.Lxc7! Dxc7?? 11.Lxf7+.)

Besser ist 9...Lxf3 10.gxf3 Dieser Doppelbauer ist ebenfalls kein Problem für Weiß. 10...e6 11.Sc3 Sh5 12.Lg3 Sxg3 13.hxg3±

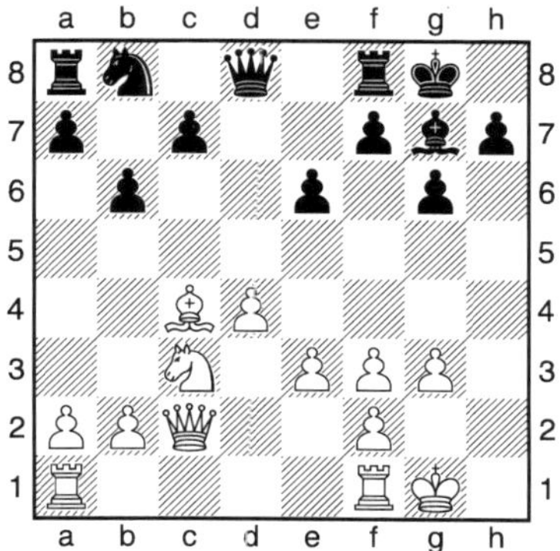

Hier kann Weiß mit f4 die Kontrolle über e5 festigen. Der Lc4 wird häufig via e2 nach f3 überführt und besetzt dann eine sehr starke Diagonale.

8.Sc3 Sbd7 9.cxd5!

Klärt die Lage im Zentrum.

9...Sxd5 10.Sxd5 Lxd5 11.Dc2 c5 12.e4 Lb7 13.d5± (Jovanic - Zelic, Zadar 2011)

Weiß hat mehr Raum und der Lb7 steht schlecht.

1.d4 d5 2.Sf3 Sf6 3.Lf4 g6 4.e3 Lg7 5.Le2! 0-0 6.0-0

3) 6...c6

Verzichtet auf das typische Gegenspiel im Grünfeld-Inder mit c7-c5.

7.h3

Verhindert in aller Ruhe Sh5 und Lg4.

7...Sbd7 8.Sbd2 Te8 9.c4±

1.d4 d5 2.Sf3 Sf6 3.Lf4 g6 4.e3 Lg7 5.Le2! 0-0 6.0-0

4) 6...Lg4?!

Gibt das Läuferpaar etwas zu leichtfertig auf.

7.h3 Lxf3 8.Lxf3 c6 9.Sd2 Sbd7 10.c4±

Das Läuferpaar ist aktiv und garantiert daher einen kleinen aber dauerhaften Vorteil.

1.d4 d5 2.Sf3 Sf6 3.Lf4 g6 4.e3 Lg7 5.Le2! 0-0 6.0-0

5) 6...c5

Das dürfte jeder eingefleischte Grünfeld-Spieler ziehen wollen.

7.c3 cxd4

Hebt die Spannung im Zentrum auf, verhindert dafür aber dxc5.

7...b6 8.h3 Lb7 9.Sbd2 Sc6 10.Se5 – siehe Kapitel 10.2

7...Sh5?! Mit 7.c3 stellte Weiß u.U. die Drohung dxc5 auf, und der Textzug provoziert geradezu deren Ausführung. 8.Lxb8! Txb8 9.dxc5 e5 10.b4± Schwarz hat keine ausreichende Kompensation für den Bauern.

8.exd4

Merkregel: Auf c5xd4 antwortet Weiß zumeist mit e3xd4.

8...Sc6 9.Sbd2

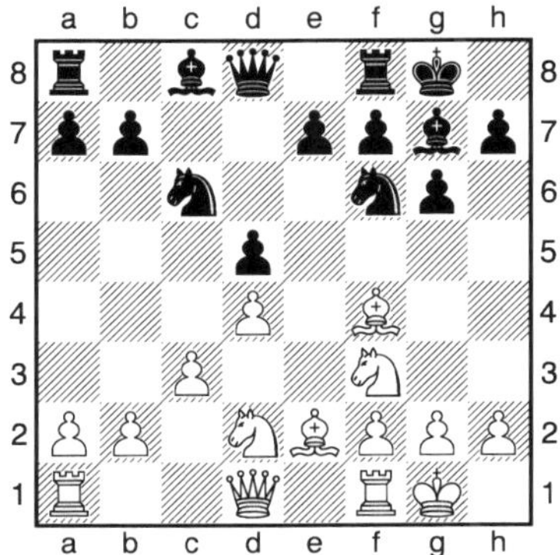

Diese Position hat eine gewisse Ähnlichkeit mit der Abtauschvariante aus dem CaroKann, siehe Kapitel 14. Auch hier muss Schwarz das Problem mit seinem Lc8 lösen.

9...Sh5

9...Lf5 10.Te1 Tc8 11.Db3

(Nach 11.Se5? erzwingt 11...Sxd4! sofortiges Remis – 12.cxd4 Lc2 13.Dc1 Lf5=.)

11...Dd7 12.h3±

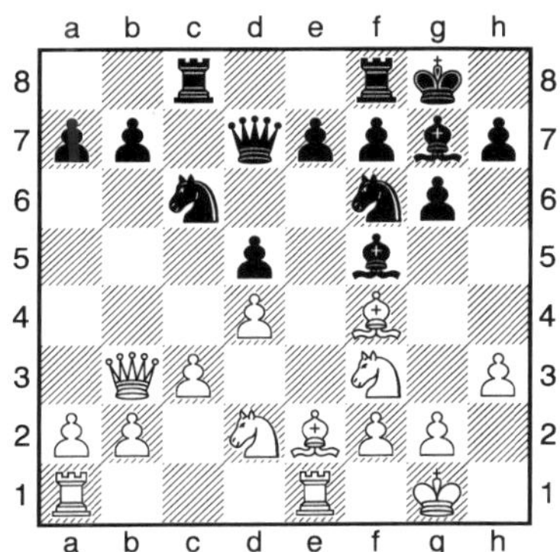

Schwarz steht solide, doch Weiß hat von 7...exd4 mehr profitiert. Sollte Schwarz e7–e6 ziehen, muss er sehr auf seinen Lf5 aufpassen.

10.Le3

Ohne einen Bauern auf e3 kann der Läufertausch bequem vermieden werden.

5a) 10...f5

Sehr verlockend, aber positionell sehr riskant.

11.Sb3 f4 12.Ld2 Kh8 13.Sc5 Dd6 14.Sd3

Positionell ist Schwarz ein zu hohes Risiko eingegangen.

14...Lf5 15.Te1 Lxd3 16.Lxd3±

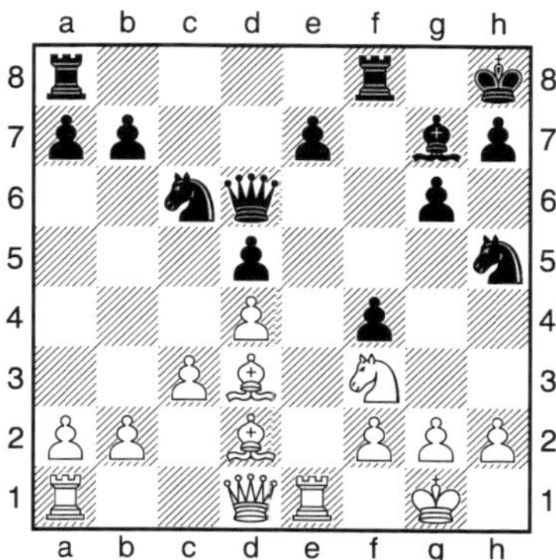

16...Tae8? (Sydor – Maciejewski, Lodz 1980)

16...e5 hilft auch nicht, denn nach 17.dxe5 Sxe5 18.Sxe5 Lxe5 19.Df3± ist die schwarze Initiative vorbei und es bleibt ihm eine ruinöse Bauernstruktur.

17.Sg5!

Es folgt bereits ein Schlussakkord.

17...e5 18.Sxh7! Kxh7 19.Dxh5+ Lh6 20.dxe5 Sxe5 21.Dh3

Offener schwarzer König, Mehrbauer, bessere Struktur – also eine klare Gewinnstellung.

1.d4 d5 2.Sf3 Sf6 3.Lf4 g6 4.e3 Lg7 5.Le2! 0-0 6.0-0 c5 7.c3 cxd4 8.exd4 Sc6 9.Sbd2 Sh5 10.Le3

5b) 10...Dd6 11.Te1 f5 12.Sb3 f4 13.Ld2 Kh8 (Turov – Burmakin, Moskau 1994)

14.Sc5? e5∓; besser **14.Sc1!** mit der Idee **15.Sd3** nebst Übergang in die Variante 10...f5.

1.d4 d5 2.Sf3 Sf6 3.Lf4 g6 4.e3 Lg7 5.Le2! 0-0 6.0-0 c5 7.c3 cxd4 8.exd4 Sc6 9.Sbd2 Sh5 10.Le3

5c) 10...Dc7 11.Te1 Lg4

11...f5 12.Sb3 e6 (Andrianov – Damjanovic, Tel Aviv 1991)

12...f4 13.Ld2±

(Weiß kann wieder bei seinem Plan bleiben: Sc5–d3 mit Kontrolle über e5.)

13.Sc5 Auch hier gibt es keinen Grund, vom bekannten Plan abzuweichen. 13...Sf6 14.Sd3 Se4 15.Lf4± Schwarz hat einen schlechten Stonewall zu verwalten.

12.Sb3 Sf4 13.Lb5!?

Stellt die Drohung Lxc6 nebst Lxf4 und Txe7 auf.

13...Sh5

13...a6 fordert die weiße Idee heraus. 14.Lxc6 bxc6 15.Lxf4 Dxf4 16.Txe7 Für den Minusbauern hat Schwarz keine ausreichende Kompensation. Sein Läuferpaar ist nicht besonders stark, denn speziell der Lg7 wird durch die weißen Bauern b2, c3, d4 sicher entschärft.

14.h3 Ld7 15.Dc1 (15.Sc5±) **15...Tfe8 16.Lh6 Lh8 17.Lf1±** (Keres – Bronstein, Tiflis 1959)

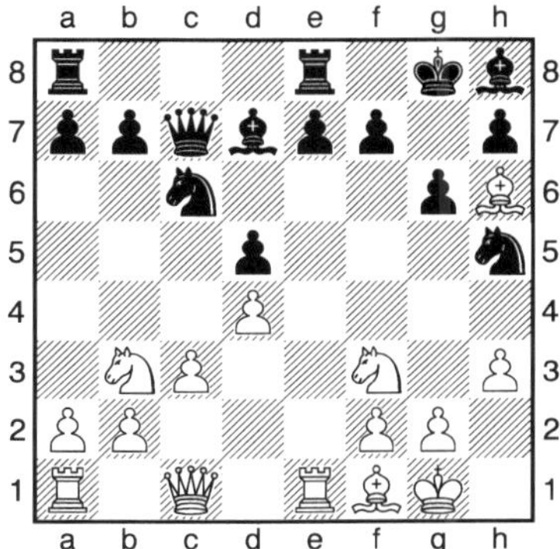

Weiß hat sehr angenehmes Spiel.

Fazit: Die Nebenvarianten in der Grünfeld-Formation sind relativ aussichtsreich für Weiß – hauptsächlich, weil Schwarz Probleme mit der Entwicklung des weißfeldrigen Läufers hat. Hinzu kommt, dass der verlockende Vorstoß f5-f4 positionell zu riskant für Schwarz ist.

Kapitel 10.2
3...g6 Grünfeld
Hauptvariante

1.d4 d5 2.Sf3 Sf6 3.Lf4 g6 4.e3 Lg7 5.Le2 0-0 6.0-0 c5 7.c3 Sc6 8.Sbd2

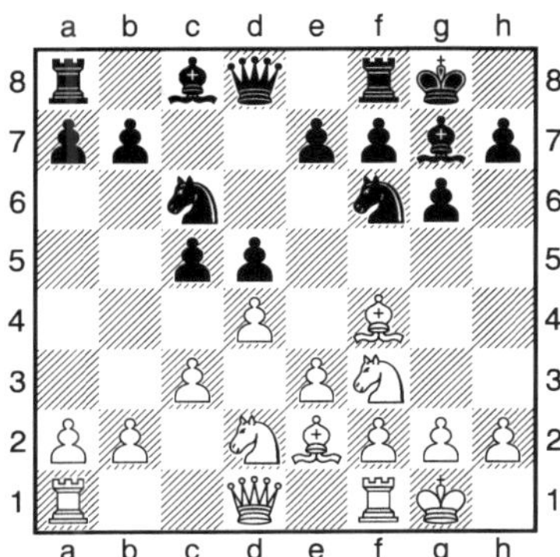

1) 8...Db6 9.Db3 c4 10.Dxb6 axb6 11.Se5 b5 12.a3

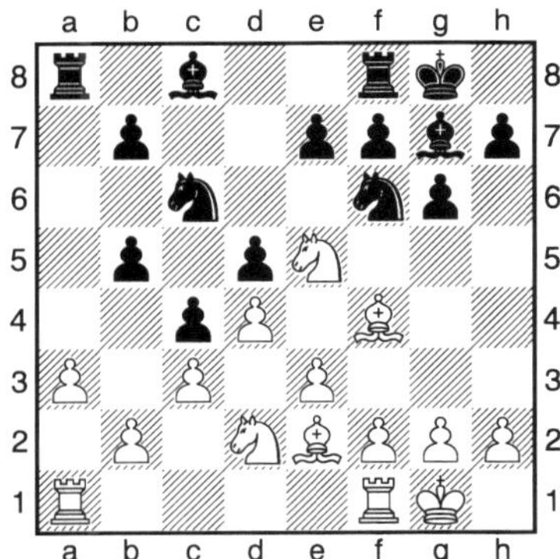

Hier hat Weiß nicht viel, aber er besitzt immerhin einen klaren Plan. Mit h3, Tfe1 und je nachdem, was so passiert, kann er die Durchsetzung von e3-e4 vorbereiten. Objektiv betrachtet steht Weiß wahrscheinlich nicht besser, aber seine Stellung lässt sich einfacher spielen.

1.d4 d5 2.Sf3 Sf6 3.Lf4 g6 4.e3 Lg7 5.Le2 0-0 6.0-0 c5 7.c3 Sc6 8.Sbd2

2) 8...Sd7?!

Beugt Se5 vor und bereitet selber e7–e5 vor. Die Durchsetzung von e5 ist aber kein Heilmittel an sich, wie die nachfolgenden Varianten belegen.

9.Db3 e5?!

9...c4 10.Da3 b5 11.b3 Alles so, wie der LS-Spieler es kennt. Hebel mit b3 und e4 sind immer ein wichtiges Motiv, so auch hier. Weiß steht etwas besser, da Schwarz noch Zeit mit dem Sd7 verlieren wird und Weiß das Zentrum gut unter Druck setzen kann.

10.dxe5 Sdxe5 11.Sxe5 Sxe5 (Anastasian – Sobolewski, Leningrad 1990)

Hier sollte **12.Sf3!** geschehen. Die schwarzen Schwächen befinden sich klarerweise auf d5 und b7.

12...c4

12...De7?! 13.Sxe5 Lxe5 14.Lxe5 Dxe5 15.Lf3± Der Bauer d5 hängt und Weiß kann den Druck mittels Tfd1 noch verstärken. Schwarz wird den Bauern verlieren oder einen hohen positionellen Preis (c5–c4) entrichten müssen.

13.Da3 Sxf3+ 14.Lxf3 Te8 15.Tad1 Lf8 16.Da4⩲

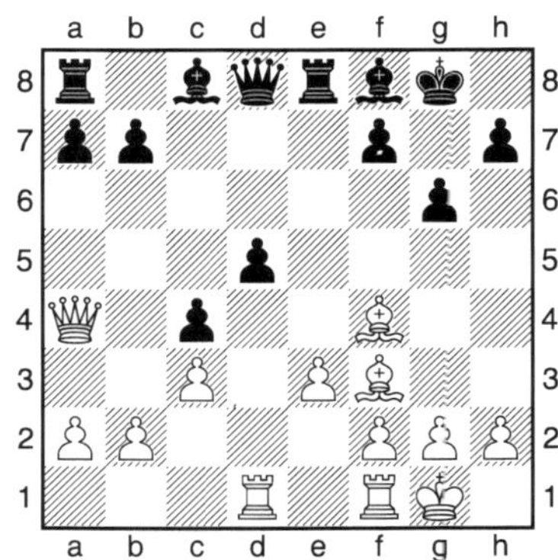

Der rückständige d–Bauer ist ein dauerhaftes Problem.

1.d4 d5 2.Sf3 Sf6 3.Lf4 g6 4.e3 Lg7 5.Le2 0-0 6.0-0 c5 7.c3 Sc6 8.Sbd2

3) 8...Sh5

Das ist an dieser Stelle ein cleverer Versuch, da die normale Antwort nicht gut funktioniert.

3a) 9.Lg5?! h6 10.Lh4 g5 11.Se1 cxd4!

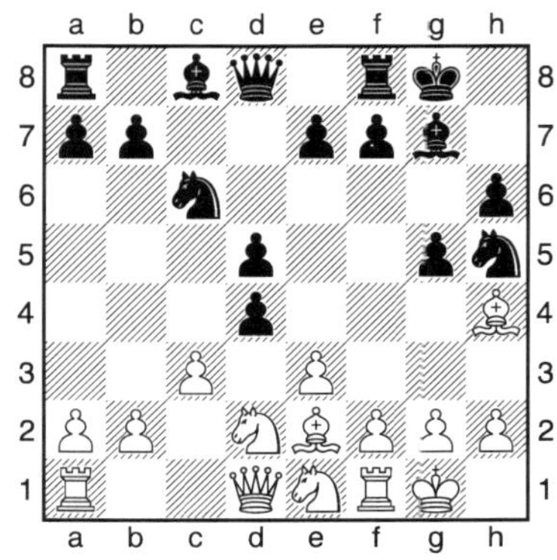

Auf diesen Zwischenzug hat Weiß keine gute Antwort.

12.exd4

12.cxd4 Sf4! 13.exf4 gxh4 14.Sdf3 Db6∓

12...Sf4 13.Lg3 Sxe2+! 14.Dxe2 Lf5∓

Schwarz steht mit seinem Läuferpaar bereits angenehmer.

1.d4 d5 2.Sf3 Sf6 3.Lf4 g6 4.e3 Lg7 5.Le2 0-0 6.0-0 c5 7.c3 Sc6 8.Sbd2 Sh5

3b) 9.dxc5!

Manchmal ist Gier durchaus angebracht.

9...Sxf4

Nach 9...e5?! 10.Lg5 Dc7 11.e4 d4 12.cxd4 exd4 13.Se1± kann Schwarz für seinen Bauern nichts vorweisen.

10.exf4 d4!

Die einzige Rechtfertigung für 8...Sh5.

11.cxd4 Sxd4 12.Sc4

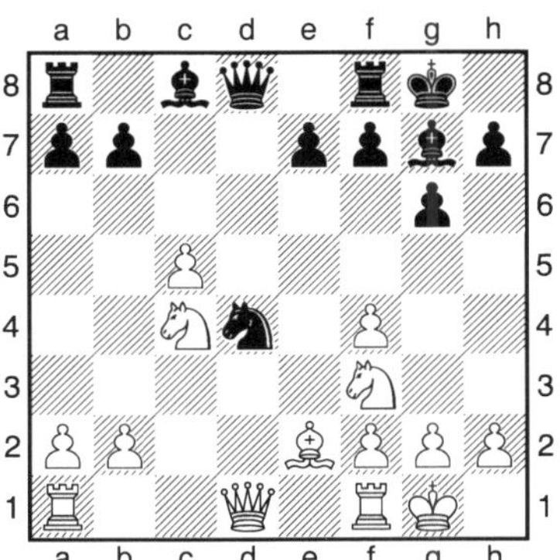

Die aktivste Antwort.

12...Sxe2+!

Nach 12...Sxf3+ 13.Lxf3 Dc7 erhält Schwarz sein Material zurück, aber Weiß ist es dafür gelungen, seinen Läufer nach f3 zu stellen. 14.Tc1 Dxc5

(Nach 14...Dxf4 15.b4± ist die Bauernmajorität bereits recht weit vorgerückt und gestattet zusammen mit dem Lf3 gefährliche Initiative.)

15.b3± Weiß übt starken Druck am Damenflügel aus, wodurch das gegnerische Läuferpaar mehr als ausreichend kompensiert wird.

13.Dxe2 Dc7 (Arnold – Spiriev, Ungarn 1989)

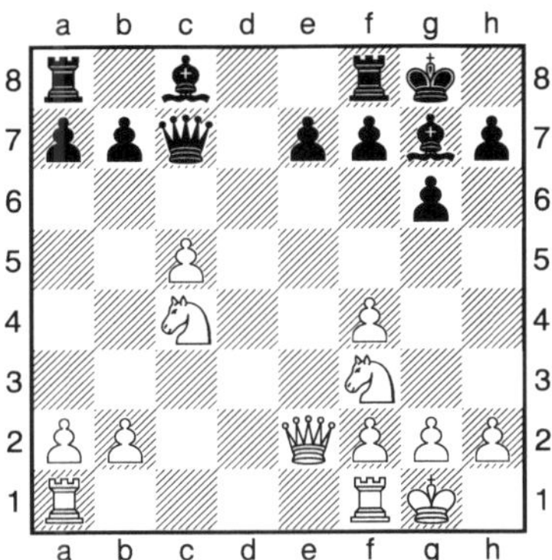

Hier kann Weiß einiges probieren, aber das schwarze Läuferpaar und die weißen Springer halten sich ungefähr die Waage. Mir gefällt am besten **14.De3**

b6! 15.Tac1 15...Dxc5 16.Dxc5 bxc5 17.b3

Weiß hat neben dem Stützpunkt auf e5 für seine Springer eine Bauernschwäche auf c5, gegen die er spielen kann. Zwar ist sein Vorteil eher im Minimalbereich, aber er kann risikolos auf Gewinn spielen.

1.d4 d5 2.Sf3 Sf6 3.Lf4 g6 4.e3 Lg7 5.Le2 0-0 6.0-0 c5 7.c3 Sc6 8.Sbd2

4) 8...b6

Ein extrem solider Aufbau für Schwarz.

9.h3 Lb7 10.Se5

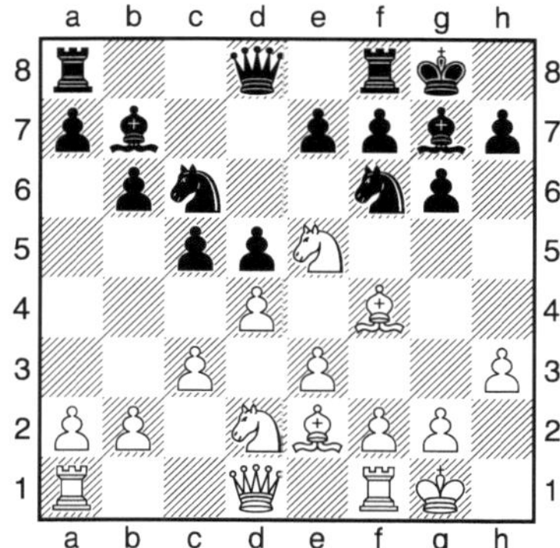

10...Sd7?!

Auf diesen Zug sollte Weiß hoffen.

10...Sxe5! ist die richtige Antwort. 11.Lxe5 Sd7 12.Lxg7 Kxg7= Schwarz ist es gelungen, seine Probleme ohne Zugeständnisse zu lösen. Dies bedeutet jedoch nicht, dass die Stellung remis ist.

Weiß kann hier zwischen verschiedenen Plänen wählen. Der einfachste ist es wahrscheinlich, mit 13.f4 in eine Stonewall-Struktur zu wechseln. Häufig kann Weiß danach mit g4 und f5 am Königsflügel loslegen. Er sollte dabei aber das Risiko nicht übertreiben.

11.Sxd7!

Nun kann Schwarz Bauernverlust nur mit ganz harten Bandagen verhindern.

11...Dxd7 12.dxc5! e5

12...bxc5? 13.Se4! Die Pointe! 13...e5 14.Lg5± Df5? Droht nicht wirklich etwas. 15.g4! Dxe4 16.f3+– Die Dame ist gefangen.

13.Lg5 h6

13...bxc5? 14.Se4!±

14.Lh4 g5

14...bxc5 Hier funktioniert dieser Zug so gerade eben. 15.Se4! g5 16.Sxc5 De7 17.Sxb7 gxh4 18.La6 Sb8 Schwarz gewinnt seinen Bauern zurück. 19.De2 Sxa6 20.Dxa6 Tab8 21.Sa5 Txb2 22.Sb3

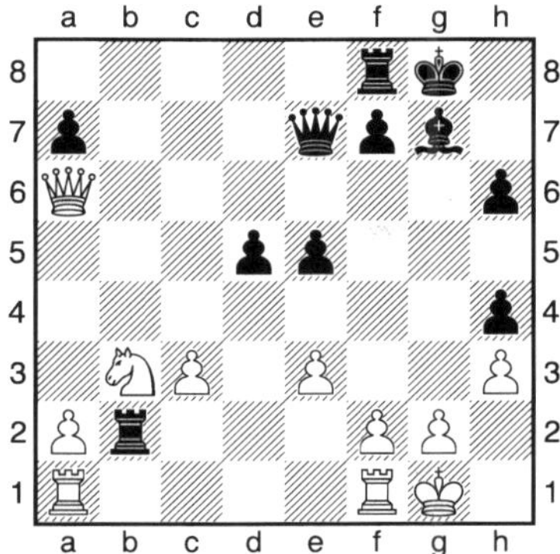

Die forcierte Variante ist zu Ende und das Endspiel ist sehr spannend. Weiß steht strukturell besser, dafür besitzt Schwarz aktive Figuren. 22...Td8 (Bekemann – Maetzig, email 2010) 23.Tad1 Aufgrund der Struktur steht Weiß einen Hauch besser, aber Schwarz hat gute Chancen, die Stellung zu halten.

15.Lg3 bxc5 16.e4 Tad8?

16...d4 17.Sc4± Der schwarze Königsflügel hat von den Zügen h6 und g5 nicht profitiert, aber der Raumvorteil kompensiert die positionellen Schwächen zumindest ein wenig, so dass sich der Nachteil in Grenzen hält.

17.Sb3 dxe4 18.Dxd7 Txd7 (Zhai – Ivana Maria, Pune 2014)

19.Tfd1!

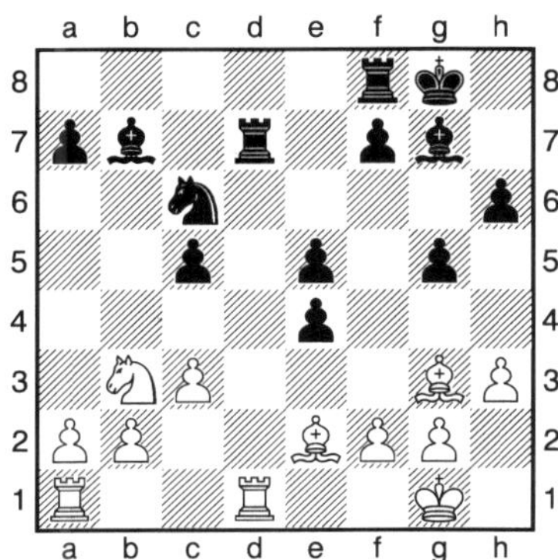

Erst danach nimmt Weiß auf c5 und hat deutlichen Positionsvorteil.

Fazit: Der Grünfeld-Aufbau gibt Schwarz sehr gute Ausgleichschancen. Aber auch hier kann Weiß meistens ohne hohes Risiko weiterhin auf den vollen Punkt spielen.

Kapitel 10.3
3...g6 Schlechter-System

1.d4 d5 2.Sf3 Sf6 3.Lf4 g6 4.e3 Lg7 5.Le2 0-0 6.0-0 c6

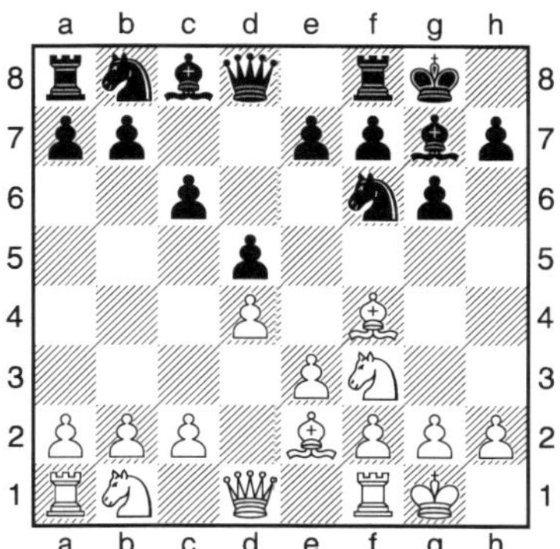

Der sogenannte Schlechter-Aufbau ist noch eine Spur solider als Grünfeld mit c7-c5, dafür aber auch passiver. Der geübte LS-Spieler sollte hier gemäß der bereits mehrfach erwähnten Merkregel sofort die richtige Fortsetzung finden.

7.c4!

7.h3!? ist eine brauchbare Alternative, gestattet aber 7...Db6, worauf Weiß mit 8.Dc1 reagieren müsste. Auch hier sollte der Anziehende mit c2-c4-c5 gute Chancen auf Vorteil haben, aber wegen der Antwort 8...c5! ist direkt 7.c4 wohl vorzuziehen.

7...Sbd7

Hier ist nun Vorsicht geboten, denn mit dem Springerzug nach d7 hat Schwarz die Drohung Sh5 aufgestellt.

Auch nach 7...dxc4 8.Lxc4 Sbd7 droht Sh5. 9.h3 Sb6 10.Lb3± Schwarz besitzt eine solide Stellung, aber Weiß hat mehr Raum und mehr Einfluss im Zentrum. 10...Sbd5 11.Le5 a5 12.Sbd2 Db6? 13.e4 Sb4 14.a3 Sa6 15.Dc2± (Müller K. - Tomczak, Deutschland 2014)

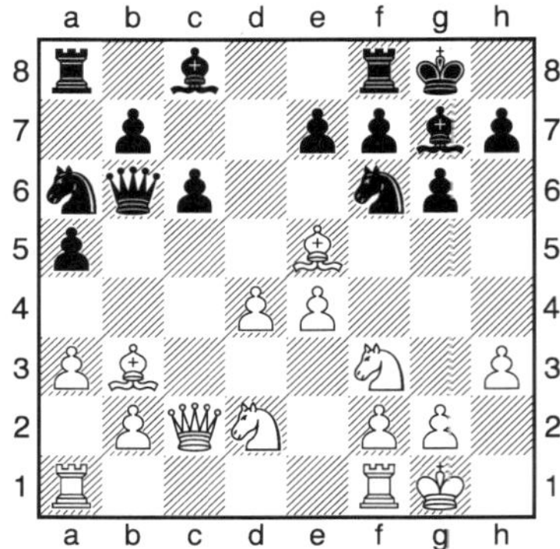

Die Partie wurde zwar später Remis, aber der weiße Vorteil ist überdeutlich. Weiß beherrscht das Zentrum und seine Figuren sind sehr aktiv. Schwarz hingegen steht einfach passiv und besitzt keinerlei Gegenspiel.

Nicht überzeugend ist 7...Sh5?! 8.Le5 f6?!

(8...Lxe5 9.Sxe5±)

9.Lxb8 Txb8 10.cxd5 cxd5 11.Se1! f5 12.Lxh5 gxh5 13.Dxh5± mit gesundem Mehrbauern.

8.cxd5!

Da der Damenspringer nicht mehr nach c6 kann, nimmt Weiß auf d5.

Nach 8.Sc3?! gewinnt Schwarz mit 8...dxc4! wertvolle Zeit und andere Züge machen weniger Sinn. 9.Lxc4 Sh5! Hier kann Weiß den Läufertausch nicht gut verhindern und nach 10.Lg5 h6 11.Lh4 g5 12.Lg3 Sxg3 13.hxg3 e6 14.De2 De7= ist die Stellung halbwegs ausgeglichen. (Koziak - Le Roux, Guingamp 2012)

8...Sxd5

Für die Struktur nach 8...cxd5?! ist der Sd7 deplatziert, denn hier gehört er nach c6. Weiß kann mit normalen Zügen die Initiative am Damenflügel übernehmen und Schwarz fehlt es an Gegenspiel. 9.h3 Db6 10.Db3± Nach dem Damentausch wäre das Feld c7 sehr anfällig. Der Unterschied zwischen dem Lf4 und dem Lg7 ist recht deutlich.

9.Lg3 Te8 10.Sc3!

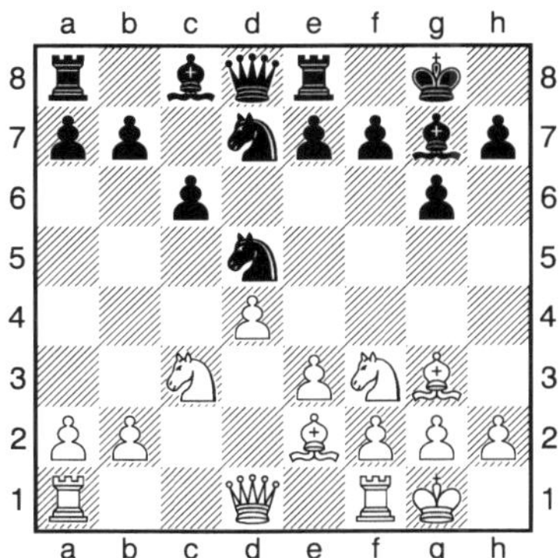

Dies gefällt mir besser als sofortiges 10.e4, was in Bartha - Makk, Ungarn 2012 geschah.

10...Sxc3

Nach 10...S7f6 11.Sxd5 Sxd5 12.Se5± ergeben Raumvorteil, bessere Zentrumskontrolle und aktivere Figuren ein solides Plus. Im richtigen Moment kann Weiß über ein weiteres Vorgehen im Zentrum mit e3-e4 nachdenken, eventuell sogar nach der Vorbereitung mit f2-f3.

11.bxc3±

Das weiße Zentrum ist sehr stabil. Er wird seine Dame meist nach b3 stellen und dadurch b7 unter Druck setzen. Der Lg3 sieht unscheinbar aus, aber er bestreicht viele wichtige Felder. Schwarz hat es hier schwer, Gegenspiel zu bekommen.

Fazit: Das Schlechter-System hat allgemein einen passiven Ruf und so verhält es sich auch hier.

Kapitel 11
1.d4 d5 2.Sf3 c6

1.d4 d5 2.Sf3 c6

Wer so spielt, hofft wohl auf 3.c4 mit Übergang ins Slawische Damengambit. Wegen der sehr vielen Übergänge und Zugumstellungen ist genaue Variantenkenntnis sehr wichtig.

3.Lf4

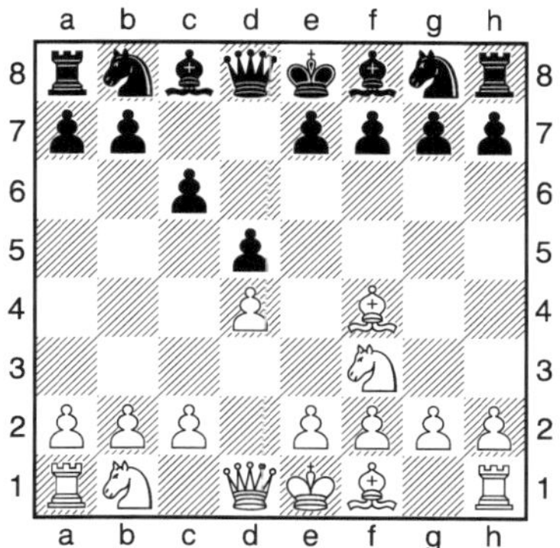

Hier sind auch Übergänge in Kapitel 9 möglich.

Kapitel 11.1

3...Lg4 4.Se5!?

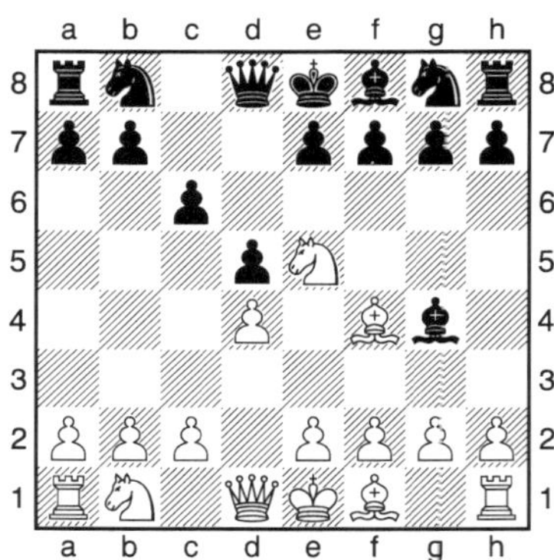

Unter Tempogewinn gelangt der Springer nach e5 und somit ist dies die ehrgeizigste Fortsetzung.

1) 4...Lh5?

Dies hält zwar zunächst den Bauern e3 gefesselt, aber **5.g4!** sieht vielversprechend aus, denn Weiß erzwingt Raumgewinn am Königsflügel und bald auch ein positionelles Zugeständnis.

5...Lg6 6.h4

1a) 6...f6

Über 6...h6? sollte man wohl nicht ernsthaft nachdenken.

7.Sxg6 hxg6 8.Dd3 g5 9.Dg6+ Kd7 10.Lg3±

Es ist klar, das Schwarz mit dem Kd7 nicht gut stehen kann.

1.d4 d5 2.Sf3 c6 3.Lf4Lg4 4.Se5!? Lh5? 5.g4! Lg6 6.h4

1b) 6...Db6 ist etwas zu optimistisch.

7.Sc3 Dxb2 8.Sxg6!

Das ist präziser als Th3.

8...hxg6

8...Dxc3+? 9.Ld2

9.Th3+−

Schwarz hat nicht *eine* Figur entwickelt und die Dame auf b2 befindet sich in keiner tollen Lage.

1.d4 d5 2.Sf3 c6 3.Lf4 Lg4 4.Se5!?

2) 4...Lf5

Hier steht der Läufer besser als auf h5.

5.g4!?

Es gibt auch ruhigere Möglichkeiten wie z.B. 5.e3, aber mit dem Textzug will Weiß 3...Lg4 bestrafen.

5...Le6!?

Sieht künstlich aus, aber so schlecht ist es nicht.

Nach 5...Lg6 6.h4 e6 7.Lg2± steht Weiß besser, da die Drohung h5 nur unter positionellen Zugeständnissen verhindert werden kann.

5...Lc8 ist vielleicht am besten. Nach 6.e3 Sd7 gefällt mir 7.Sd3±.

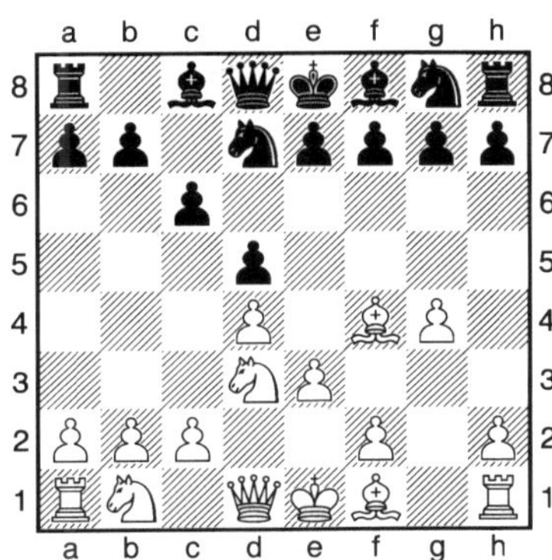

Der Springertausch hätte nur Schwarz begünstigt und auf d3 bewacht der Springer ebenfalls wichtige Felder. Folgender Plan kommt für Weiß ernsthaft in Frage: Sc3, Dd2, f3, 0-0-0 mit Angriff am Königsflügel.

6.e3 Sd7

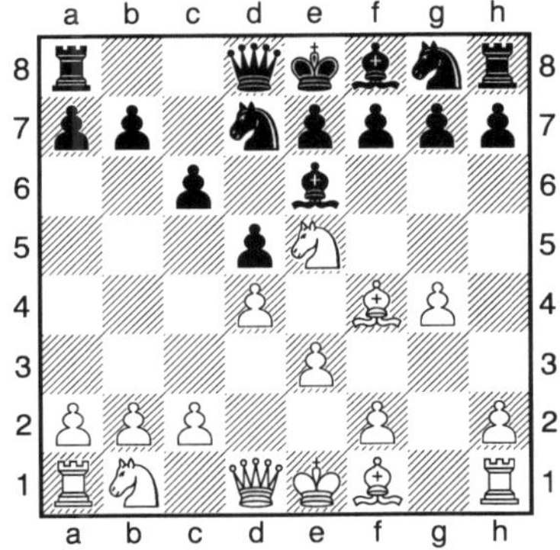

7.Sd3!

Weiß besitzt mehr Raum und behält deshalb die Figuren auf dem Brett. Außerdem unterstreicht dies die schlechte Stellung des Le6. Der Anziehende hat die besseren Chancen, aber die Stellung ist sehr originell.

7...Sgf6 8.f3±

Wie schon bei 5...Lc8 kann Weiß die lange Rochade planen.

> **Fazit:** Wieder stellt sich der frühe Läuferzug gegen das LS als problematisch für Schwarz heraus.

Kapitel 11.2
2...c6 3.Lf4 Db6 ohne Sf6

1.d4 d5 2.Sf3 c6 3.Lf4 Db6

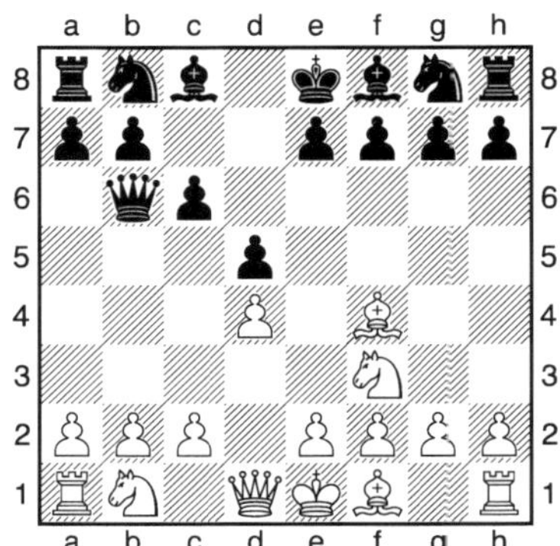

4.Dc1

Dies ist die traditionelle Hauptvariante. 4.b3 ist zwar spielbar aber nicht empfehlenswert. In der Folge dreht sich alles um die Frage, welche Dame besser bzw. schlechter steht. Weiß wird sehr bald c2–c4–c5 folgen lassen und den Kampf am Damenflügel suchen. In diesem Abspiel verzichtet Schwarz zunächst auf die Entwicklung des *S*g8.

1) 4...Lg4 5.Se5

Wieder eine Variante, in der Weiß den Läufer g4 zum Rückzug auffordert.

> **Merkregel:** Auf Lc8–g4 ist meistens die Reaktion Se5 richtig.

5...Lf5 6.e3

1a) 6...f6?!

So ein Zug wird später häufig bereut.

7.Sf3

Wie soll Schwarz nun seinen Königsflügel behandeln?

7...g5 8.Lg3 Sd7 9.c4 e6 10.Sc3 h5 11.h3 Sh6 12.Sd2 h4 13.Lh2 Kf7 (Kovacevic - P. Nikolic, Sarajevo 1983)

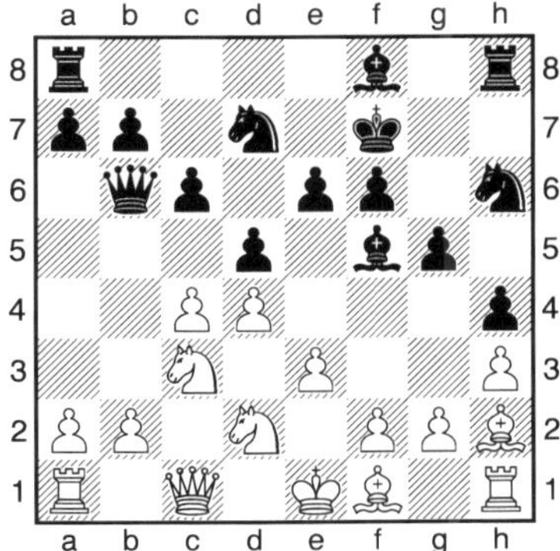

Die schwarze Aufstellung überzeugt nicht wirklich, aber die Frage lautet, wie Weiß den positionell riskanten schwarzen Aufbau ausnutzen kann? Ein Weg könnte in dem logischen Vorstoß **14.e4!** liegen, mit dem Weiß die Stellung öffnen will.

14...dxe4 15.c5 Dd8 16.Scxe4±

Weiß kann noch rochieren und der Lf1 wird stark nach c4 gelangen. Die zahlreichen Schwächen (e6, d6, Kf7) werden Schwarz noch vor viele Schwierigkeiten stellen.

1.d4 d5 2.Sf3 c6 3.Lf4 Db6 4.Dc1 Lg4 5.Se5 Lf5 6.e3

1b) 6...Sd7 7.Sxd7 Lxd7 8.c4 Sf6 9.Sc3 g6 10.Le5!?

Gut wäre auch 10.h3 oder 10.Le2.

10...dxc4 11.Lxc4 Lg7 12.0-0 0-0 13.Sa4 Dd8 14.Sc5± (Stohl - Schirow, Schnellpartie, Dresden 1999)

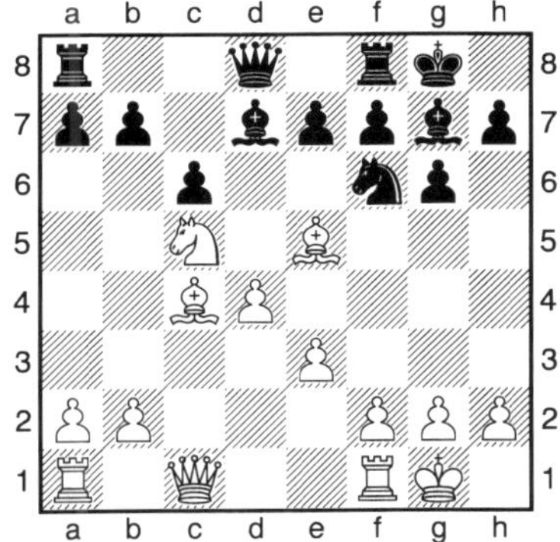

Schwarz bleibt auf passive Verteidigung eingeschränkt, weil die weißen Figuren sehr dominante Positionen eingenommen haben.

1.d4 d5 2.Sf3 c6 3.Lf4 Db6 4.Dc1

2) 4...Lf5 5.e3 e6

Hier gibt es in der Folge eine Feinheit zu beachten.

6.c4

2a) 6...dxc4 gestattet dem Lf1, ohne Zeitverlust auf c4 zu schlagen.

Nach 6...Sf6 7.Sc3 Sbd7 8.c5 ergibt sich die Hauptvariante aus Kapitel 11.5.

7.Lxc4 Sf6 8.Sc3 Le7

Der Ausfall 8...Sh5 sollte auch hier beachtet werden. 9.Le5 Sd7 10.h3! Wieder löst Weiß mit taktischen Mitteln die Probleme des Le5. 10...Sxe5??

(besser 10...Shf6 11.Lh2±)

11.dxe5+− Gegen die Gabel g4 gibt es nichts mehr zu erfinden.

9.0-0 0-0± (Akselrod − Chigvintsev, Nowosibirsk 2014)

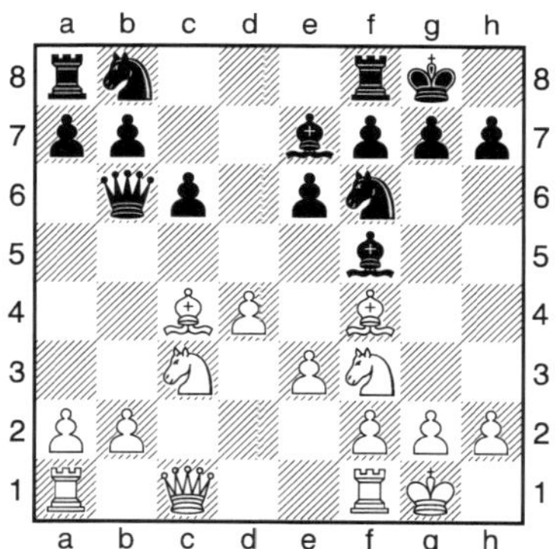

Es lohnt sich, diese Stellung ein wenig genauer zu betrachten, da sie große Ähnlichkeit zu Slawisch zeigt. Die Bauernstruktur ist bis auf den Zug a2−a4 identisch, nur die Figuren stehen etwas anders. Bei Weiß steht die Dame auf c1 anstatt noch auf d1, wass ein kleiner Nachteil sein dürfte. Dafür befindet sich der Läufer bereits auf f4 und das Feld b4 ist nicht geschwächt. Längerfristig strebt Weiß die Durchsetzung von e4 und die Eroberung des Läuferpaars an.

1.d4 d5 2.Sf3 c6 3.Lf4 Db6 4.Dc1 Lf5 5.e3 e6 6.c4

2b) 6...Lxb1?!

Schwarz möchte die weißen Streitkräfte etwas durcheinanderbringen, aber der Preis dafür ist zu hoch.

7.Txb1 Lb4+

Nach dem nutzlosen Schach 7...Da5+? 8.Sd2 würde 8...Dxa2?? 9.Ta1 zum sofortigen Verlust führen.

8.Sd2

Weiß besitzt das Läuferpaar und die bessere Entwicklung.

8...Dd8 9.c5 a6 10.Ld3 Sd7 11.0-0 La5

Sonst muss mit Sb3 und a3 gerechnet werden.

12.Lg3!

Vermeidet den Läufertausch.

12...Lc7 13.f4 f5 14.b4 Sdf6 15.a4 Se4 16.Sxe4 dxe4 17.Lc4± (Eliet − Marcelin, Belgien 2003)

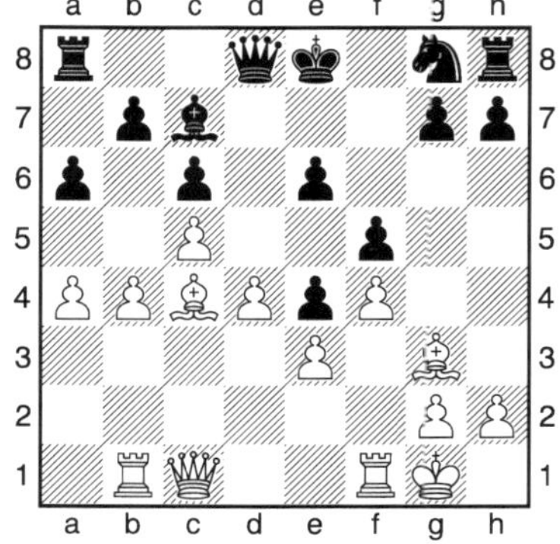

Weiß steht an beiden Flügeln besser.

Fazit: Zwar sieht 4.Dc1 nicht aktiv aus, aber immerhin stehen beide Damen seltsam und genau darum geht es in der Folge. Auch hier sind starke Ähnlichkeiten zum Slawen festzustellen, das bringt der schwarze Aufbau mit ...c6,...e6 halt so mit sich. Es bleibt auch hier beim Urteil: Bessere Version eines Slawen für Weiß.

Kapitel 11.3
2...c6 3.Lf4 Lf5 ohne Sf6

1.d4 d5 2.Sf3 c6 3.Lf4 Lf5 4.e3 e6 5.c4!

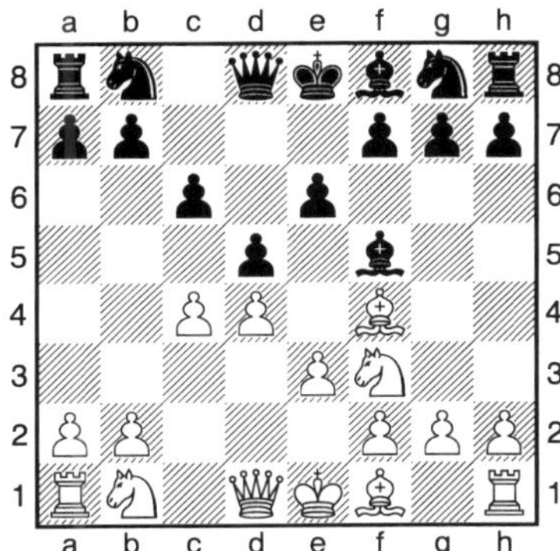

Schwarz unterlässt hier zunächst die Springerentwicklung nach f6 und kann somit seinen Lf8 einen Zug früher ins Geschehen schicken. 5.c4 ist aggressiver als 5.Le2 und verdient daher den Vorzug.

1) Nach **5...Db6 6.Dc1** muss Schwarz wohl oder übel in bereits bekannte Gefilde aus Kapitel 11.2 überleiten.

2) 5...Ld6 6.Lxd6 Dxd6 7.Db3

Egal wie Schwarz b7 deckt, es wird einen Preis haben.

7...b6±

Weiß zieht Sc3, Tc1 und steht wegen der langfristigen Schwächung der weißen Felder immer etwas besser. Selbstverständlich handelt es sich um einen Vorteil, der nicht sofort den Sieg bringt, sondern der gehegt und gepflegt werden möchte.

Nach 7...Dc7 8.Sc3± steht die schwarze Dame nicht so gut. Weiß stellt den Turm nach c1 und in Kürze wird es die Drohung cxd5 nebst Sxd5 geben.

1.d4 d5 2.Sf3 c6 3.Lf4 Lf5 4.e3 e6 5.c4!

3) 5...Lxb1 6.Txb1! Da5+

Gier ist selten ein guter Ratgeber.

Hier ist 6...Lb4+ harmlos, denn ohne Sf6 kann Schwarz 7.Sd2 nicht mit Se4 beantworten. 7...Sf6 8.a3 Ld6 (Kovalenko - Kupreichik, Izhevsk 2011) Hier gefällt mir am besten 9.Lxd6 Dxd6 10.Ld3 Sbd7 11.0-0±.

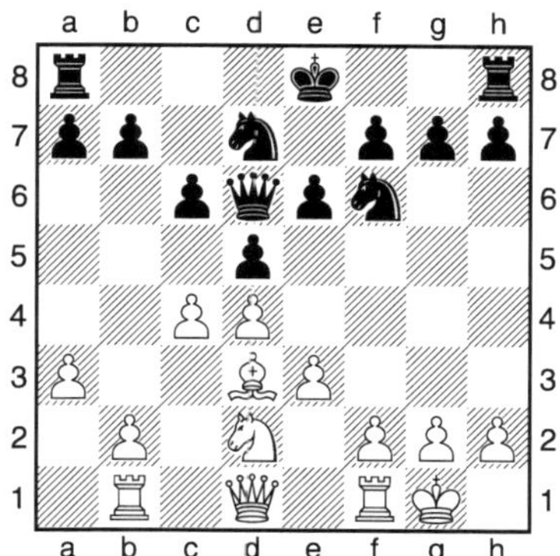

Weiß erzielt mit c5 und b4 weiteren wertvollen Raumgewinn und sein Läufer d3 ist einem gegnerischen Springer vorzuziehen.

7.Sd2! Dxa2?

Das ist ebenso konsequent wie inkorrekt.

7...Sf6 8.Ld3 Dxa2 9.0-0± Der Entwicklungsvorsprung und das Spiel gegen die exponierte Dame bieten hervorragende Kompensation für den Bauern.

8.Ta1!

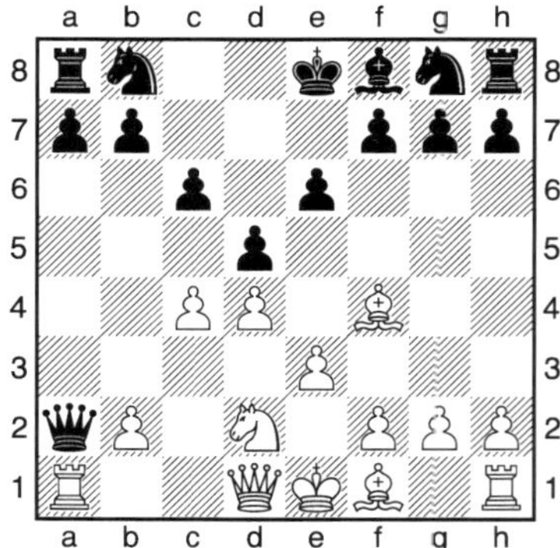

Gibt noch einen Bauern, um die b-Linie zu öffnen.

8...Dxb2 9.Tb1 Da3 10.Txb7 Sd7 11.cxd5 cxd5?

11...exd5+− ist ebenfalls unschön, denn Weiß zieht einfach Le2 und 0-0 mit einer fabelhaften Stellung.

12.Lb5 Sgf6 13.0-0+−

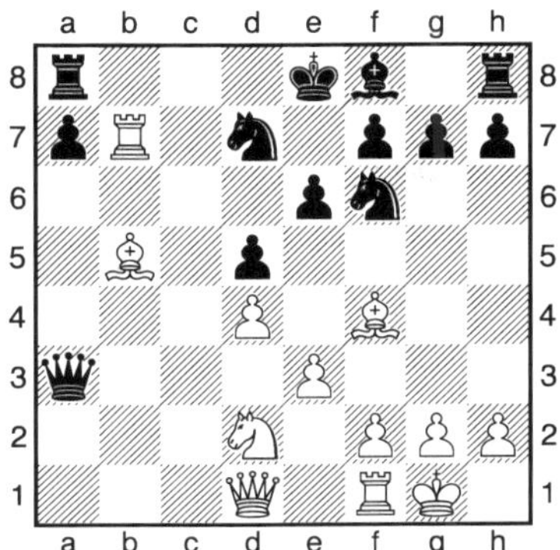

Die Drohungen gegen den gefesselten Springer sind nicht mehr lange zu parieren.

> **Fazit:** Sich gierig den Bauern auf a2 zu schnappen ist ein klarer Fehler und wird entsprechend bestraft.

Kapitel 11.4
2.c6 3.Lf4 Sf6 4.e3 Lg4

1.d4 d5 2.Sf3 c6 3.Lf4 Sf6 4.e3

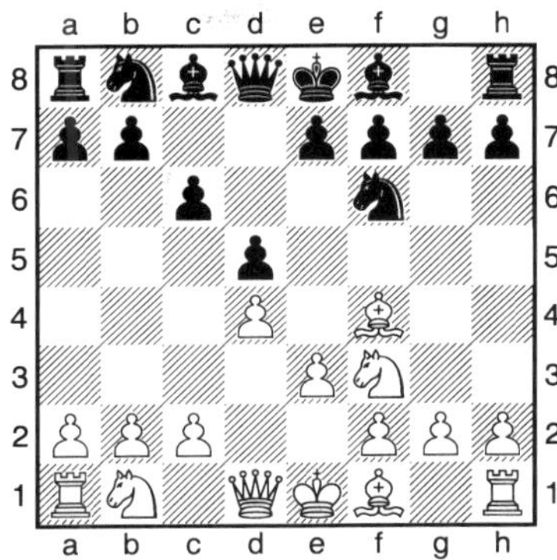

1) 4...e6 führt zu Stellungen die nicht unbedingt typisch für das LS sind, sondern eher zum Damengambit gehören. Nach **5.c4!** kann Weiß sich ganz natürlich mit Sc3, Le2, 0-0 usw. aufbauen.

2) 4...Sh5 5.Le5!

Das ist viel einfacher und entsprechend besser als die alte Empfehlung 5.Lg5.

5...Sd7 6.c4 Sxe5 7.dxe5±

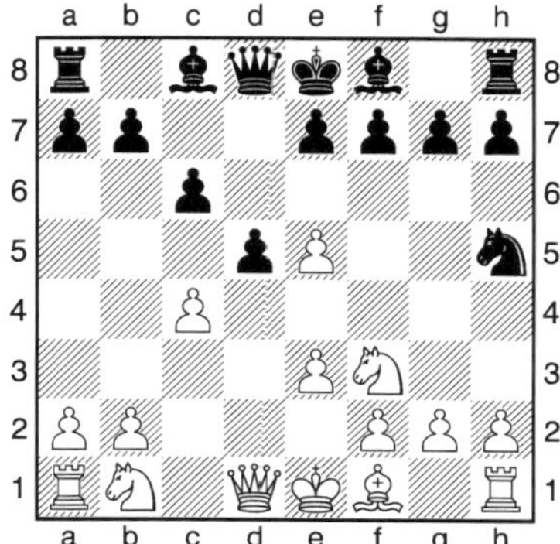

Das Läuferpaar ist weg und Weiß hat einen Doppelbauern. Steht er deswegen nicht einfach schlecht? Nein, denn der Doppelbauer auf e5 stört Schwarz enorm und gefährdet unter anderem den Sh5. Dieser wird sich wohl oder übel irgendwann nach g7 zurückziehen müssen, aber auch da hat er keine guten Anschlussfelder mehr.

7...g6 8.Sc3 dxc4?

Die natürliche Entwicklung mit ...Lg7 bleibt Schwarz verwehrt, da er den Sh5 verlieren würde, aber besser war selbstredend 8...e6 9.Le2±.

9.Dxd8+ Kxd8 10.Sg5! Ke8 11.Lxc4 e6 12.0-0-0±

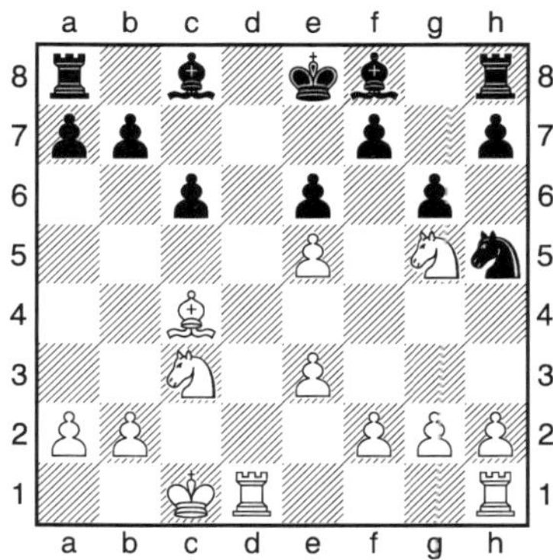

Die schwarzen Felder d6 und f6 sind langfristig geschwächt und der Sh5 ist ebenfalls außer Spiel. Der Sg5 gelangt über e4 auf eines seiner Traumfelder und das gegnerische Läuferpaar wird lange Zeit inaktiv bleiben.

1.d4 d5 2.Sf3 c6 3.Lf4 Sf6 4.e3

3) 4...Lg4

Im gesamten LS ist diese Fesselung als absolut harmlos anzusehen. Häufig kann Weiß z.B. die Dame frei bewegen und einen Abtausch mit gxf3 in Kauf nehmen, da der entstehende Doppelbauer nicht so wichtig ist, wie das Läuferpaar.

5.c4 Db6

Keine eigenständige Bedeutung hat hier 5...e6, wenn Schwarz nach 6.Db3 mit 6...Db6 in die Hauptvariante überleitet. Denn nach 6...Dc8 7.Se5 Lf5 8.Sc3 Sbd7 9.Le2± steht die Dame passiv (Kamsky – Aronian, Nizza 2009).

5...Lxf3 6.gxf3 Denn die Dame wird am Damenflügel gebraucht. 6...e6 7.Db3 Da5+ 8.Sc3 Lb4 (Meduna – Hort, Deutschland 1990) 9.Tc1 (Dies gefällt besser als Medunas Wahl 9.a3.) 9...0-0 10.a3 Lxc3+ 11.Dxc3 Dxc3+ 12.bxc3±

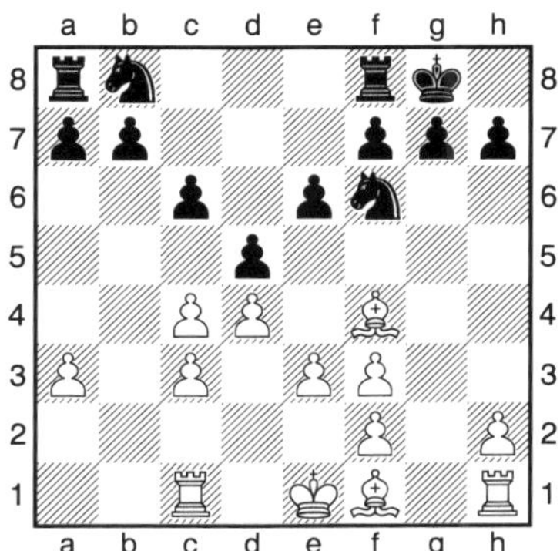

Das Läuferpaar kompensiert locker die leicht geschwächte Bauernstruktur. Abgesehen davon ist diese gar nicht so schwach, wie manch einer denken wird. Der a-Bauer kann nicht angegriffen werden und die halboffene b-Linie eignet sich gut zum Druckaufbau.

6.Db3 e6

Auch nach 6...Dxb3 7.axb3± wird Weiß zu c5 nebst b4–b5 kommen.

7.c5

Schwarz kann dem Damentausch nicht entgehen.

7...Dxb3

7...Da5+? 8.Sc3 b6 9.Se5 Lf5 (Kovacevic – Böhm, Wijk aan Zee 1980) 10.0-0-0! Die Dame steht sehr schlecht auf a5 und Weiß baut einfach die Drohung e4 nebst Ld2 und Abzug des Sc3 auf. Er steht bereits auf Gewinn.

8.axb3 Sbd7

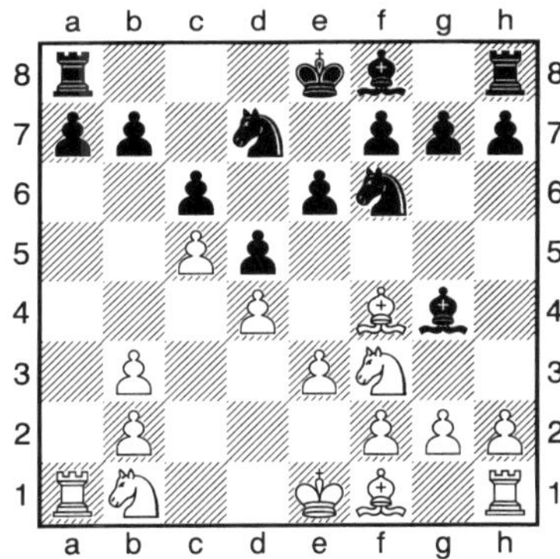

9.b4!

Der weiße Vorteil liegt am Damenflügel und Weiß muss schnell vorgehen.

Die frühere Empfehlung ist zu langsam: 9.h3?! Lxf3 10.gxf3 Sh5 11.Lh2 e5! und Schwarz übernimmt die Initiative.

9...Sh5!

Im vorigen Zug konnte Weiß nicht gut h3 ziehen, deshalb erhält Schwarz die Chance, den Läufer abzutauschen.

10.Lg3 Sxg3 11.hxg3 Le7

Auch mit 11...a6 lässt sich 12.b5 nicht verhindern. 12...Lxf3 13.gxf3 cxb5 14.Lxb5± Der schwarze Damenflügel wird sich nicht mehr lange halten können. Weiß wird meistens mit b4, Sc3 usw. fortsetzen und zum zweiten Mal b5 durchsetzen.

12.b5

Weiter konsequent gespielt.

12...e5

12...0-0 13.Ld3 h6 14.b4 Lf6 15.Sh2! Lh5 16.f4± Das schwarze Gegenspiel mit e6–e5 ist verhindert und am Damenflügel kann Weiß agieren, wie er möchte.

13.Sc3!

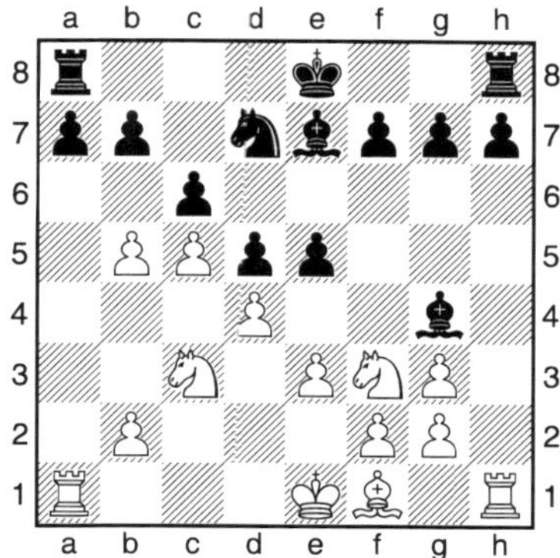

Das ist der aktivste Posten für den Springer, denn von hier aus unterstützt er b4–b5. Weiß muss wissen, was er tut, da er seinen König in der Mitte lässt. Die Stellung kann schnell sehr taktisch werden.

13...0-0 14.b4 Lxf3

Stützt c5 und bereitet zum richtigen Zeitpunkt bxc6 nebst b5 vor.

14...Lf6 15.bxc6 bxc6 16.dxe5 Sxe5 17.Sd4±

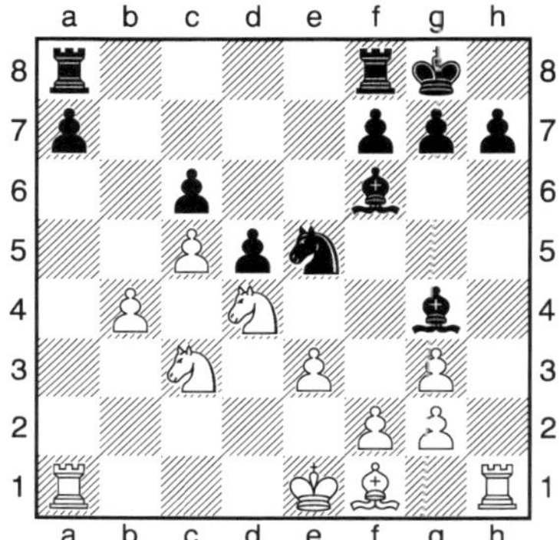

Die weißen Figuren unterstützen sehr harmonisch den Durchbruch b5. Mittels f3 und Kf2 kann Weiß kritische Felder im Zentrum entschärfen und den König sicher postieren.

15.gxf3 exd4 16.exd4 Lf6 17.Ld3!

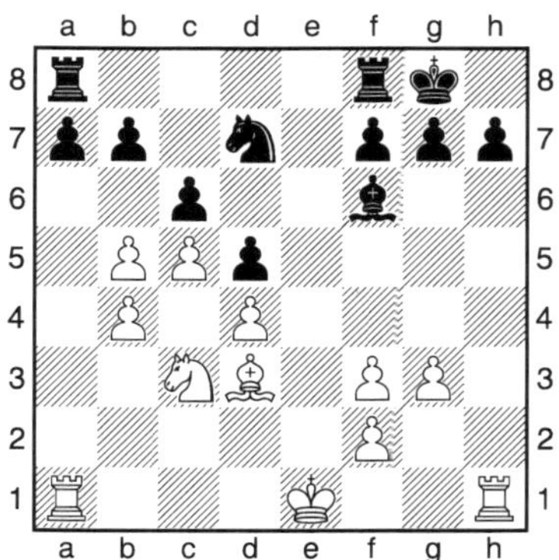

Genau rechtzeitig.

17...Lxd4

17...Tfe8+ 18.Kd2 Lxd4 19.Lxh7+ Kf8 20.Lf5

Es droht Th8 nebst Te1+ und es hängt zudem der Sd7, weshalb die Folge erzwungen ist.

20...Ke7 21.Tae1+ Se5 (Das ist tatsächlich besser als 21...Ke8.) 22.f4 Kf6 (Die Pointe von 21...Se5.) 23.fxe5+ Kxf5 24.g4+ Ke6 (Nehmen auf g4 würde den h-Turm nach g7 lassen.) 25.f4±

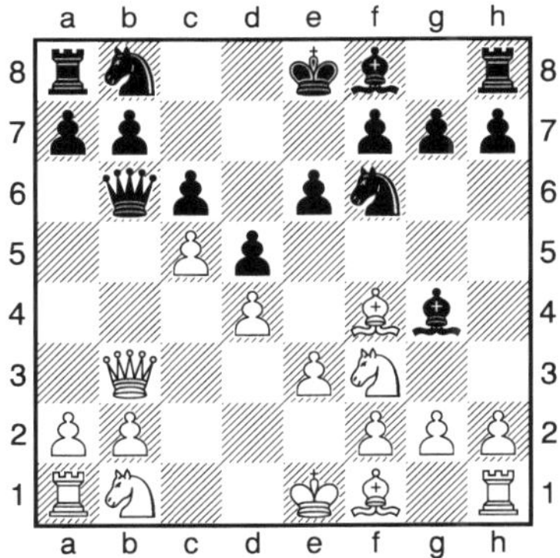

Die abenteuerliche Variante ist zu Ende und Weiß konnte sich einen leichten Vorteil sichern. Der Ld4 muss höllisch aufpassen, nicht durch Se2 verloren zu gehen. Und überhaupt hat er keine gute Fluchtmöglichkeit.

18.Lxh7+ Kh8 19.Tc1

Die Drohung lautet Lf5+.

19...Sf6

Nach 19...Lxc3+ 20.Txc3 Sf6 21.Ld3+ Kg8 22.bxc6 bxc6 23.Kd2± ist der Läufer besser als der Springer und der König auf d2 steht fürs Endspiel optimal. Wenn Schwarz auf a5 verzichtet, wird Weiß seine Türme auf die a-Linie stellen. Ansonsten folgt b5 und der c-Freibauer ist deutlich gefährlicher.

20.Ld3+ Kg8 21.Se2! Le5 22.bxc6 bxc6 23.f4 Lc7 24.Sd4±

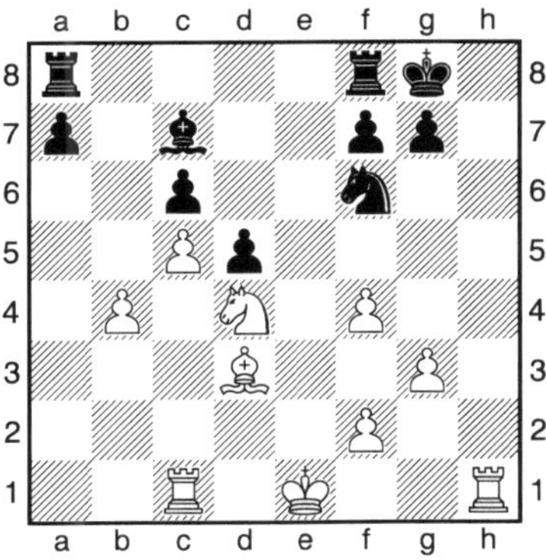

Der Läufer wurde verdrängt und der Springer hat sein Traumfeld erreicht. Mit Kf1-g2 kann sich der König ein ruhiges Plätzchen sichern. Da Bauer c6 nicht zu halten ist, hat Weiß eine tendenzielle Gewinnstellung erreicht.

Fazit: Immerhin entsteht diesmal durch den Läuferzug 4...¥g4 eine Fesselung, dennoch ist auch hier der Zug harmlos. Weiß kann sich in der Regel eine überzeugende Initiative am Damenflügel sichern.

Kapitel 11.5
2...c6 3.Lf4 Sf6 4.e3 Db6

1.d4 d5 2.Sf3 c6 3.Lf4 Sf6 4.e3 Db6

4...Lf5 5.c4! Db6 An dieser Stelle hat Weiß die Wahl: 6.Db3 ergibt Abspiele aus Kapitel 9, je nachdem wie Schwarz reagiert. Und 6.Dc1 wird zur hier folgenden Hauptvariante.

Auch 5...e6 hat keine eigenständige Bedeutung und wird meistens zu Kapitel 9.4 überleiten - z.B. 6.Sc3 Sbd7 7.Db3 Db6 8.c5.

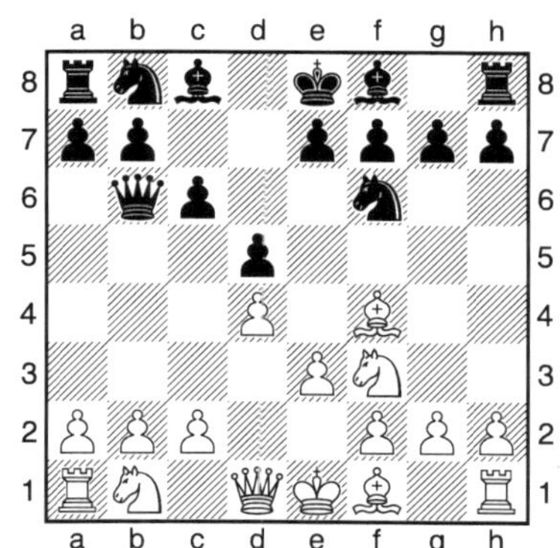

5.Dc1

1) 5...Sh5

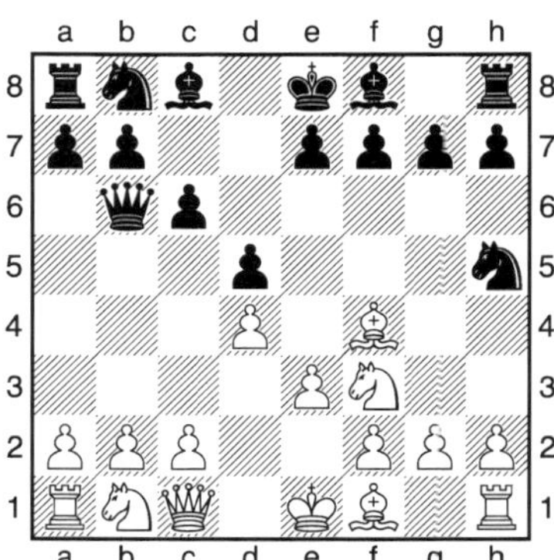

6.Le5!

Dies sieht unlogisch aus, aber bald wird klar, warum der Zug gut ist.

1a) Wenn Schwarz hier nämlich **6...f6?!** antwortet, so nimmt er seinem Springer h5 das Rückzugsfeld. Nach **7.Lxb8 Txb8 8.c4±** (Danielian - Stefanova, Heraklion 2007) ist der schwarze Königsflügel ein einziges Problem und wird seinen Besitzer wahrscheinlich die gesamte Partie über begleiten.

1.d4 d5 2.Sf3 c6 3.Lf4 Sf6 4.e3 Db6 5.Dc1 Sh5 6.Le5!

1b) Und nach **6...Sd7** ist **7.h3** die einfachste Lösung. Wegen der Drohung Lh2 muss Schwarz auf e5 nehmen. Und nach **7...Sxe5 8.dxe5±** steht Weiß wegen der schlechten Lage des Sh5 besser.

1.d4 d5 2.Sf3 c6 3.Lf4 Sf6 4.e3 Db6 5.Dc1

2) 5...Lf5 6.c4!

Früher habe ich hier 5.Le2 empfohlen. Neue Analysen haben jedoch gezeigt, dass die vermeintliche Ausgleichsvariante für Schwarz nicht ganz funktioniert. Von daher gibt es keinen Grund mehr, auf sofortiges c4 zu verzichten.

2a) 6...Sa6 7.a3 Sh5

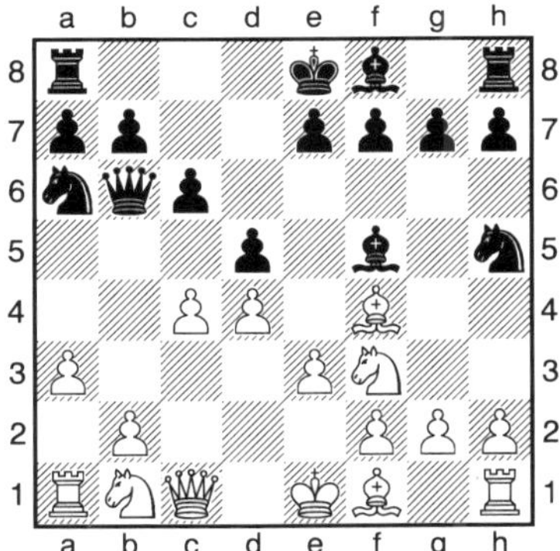

Das war der Grund, weshalb ich in der ersten Auflage noch 5.Le2 empfohlen habe. Aber nach **8.Le5! f6 9.Lg3 Sxg3 10.hxg3** ist bereits klar, dass Schwarz wieder einen recht hohen Preis für das Läuferpaar entrichten musste. Der Bauer auf f6 stört sehr und die halboffene h-Linie ist ebenfalls nützlich für Weiß. Hinzu kommt, dass der Springer auf a6 auch nicht besonders gut steht.

10...g5 11.Sc3 e6 (Prié – Boudre, Montpellier 2007)

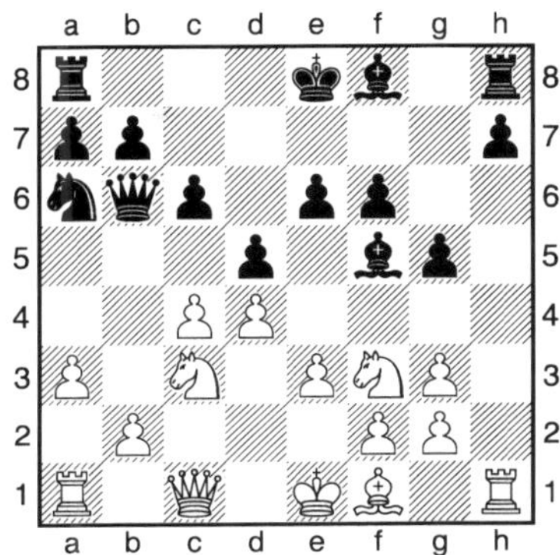

Hier gefällt am besten **12.Dd2**, denn früher oder später muss die Dame weg von c1 und Weiß bleibt so flexibel wie möglich.

12...h5

12...Dd8 13.Ld3 Lxd3 14.Dxd3 Dd7 15.b4± Weiß übt Druck an beiden Flügeln aus.

13.c5 Dd8 14.Lxa6 bxa6 15.De2±

Zahlreiche Schwächen (a6, c6, h5) und ein dauerhaft unsicherer König werden dem Nachziehenden noch manche Sorge bereiten.

1.d4 d5 2.Sf3 c6 3.Lf4 Sf6 4.e3 Db6 5.Dc1 Lf5 6.c4!

2b) 6...e6 7.Sc3 Sbd7 8.c5 Dd8

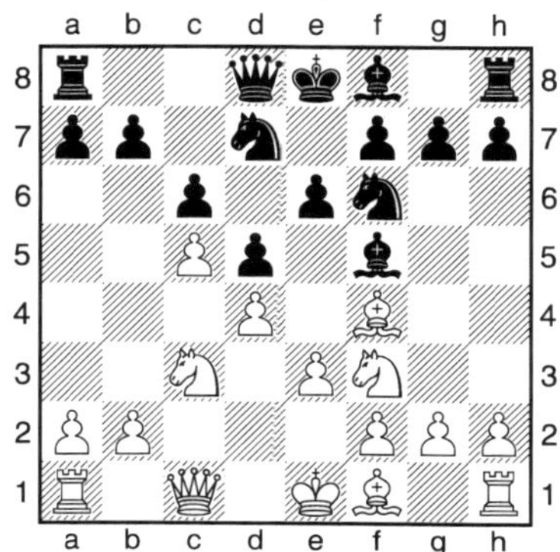

9.h3!

Dies entkräftet eventuelles Sh5.

9...Se4!

Die Mittelspielpläne sind für beide Seiten offensichtlich. Weiß wird versuchen, am Damenflügel mit b4–b5 vorzugehen, während Schwarz mittels Le7–f6 nebst Te8 den Gegenstoß e5 vorbereitet.

Übrigens führt 9...Le7 10.b4 0-0 11.Le2 Se4 zur Hauptvariante.

10.b4

Mit 10.Sxe4?! unterstützt Weiß nur den gegnerischen Plan. 10...Lxe4 11.Sd2 Lf5 12.Dc3 e5!= 13.Lxe5 Sxe5 14.dxe5 De7 ist gut für Schwarz.

10...Le7 11.Le2 0-0 12.0-0 Lf6 13.Td1!

Die Gegenüberstellung von Dame und Turm erschwert etwas den Durchbruch e6–e5.

13...Te8 14.Db2!

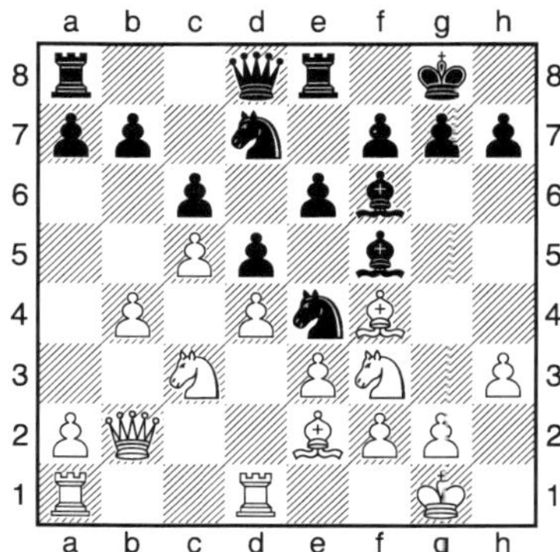

Richtet sich erneut gegen e6–e5, unterstützt aber zugleich den eigenen Vorstoß b5.

14...e5

Es sieht nicht so aus, als ob der mysteriöse Damenzug diesen Vorstoß verhindert, aber nach **15.Sxe5** wird die weiße Idee klar.

15...Lxe5

15...Sxe5? 16.Sxe4 Lxe4 17.dxe5± verbietet sich nämlich, so dass Weiß sich das Läuferpaar gesichert hat.

16.dxe5 De7

16...Sxc3 17.Dxc3 De7 18.a4 Sxe5 19.b5± Initiative am Damenflügel und das Läuferpaar sind ausreichend für einen stabilen Vorteil.

17.Sxe4 Lxe4 18.a4 Sxe5 19.b5

Verhält sich ähnlich wie nach 16...Sxc3.

19...Sg6

Nach 19...f6 20.Dd4!± hat Weiß Initiative am Damenflügel.

20.Lg3±

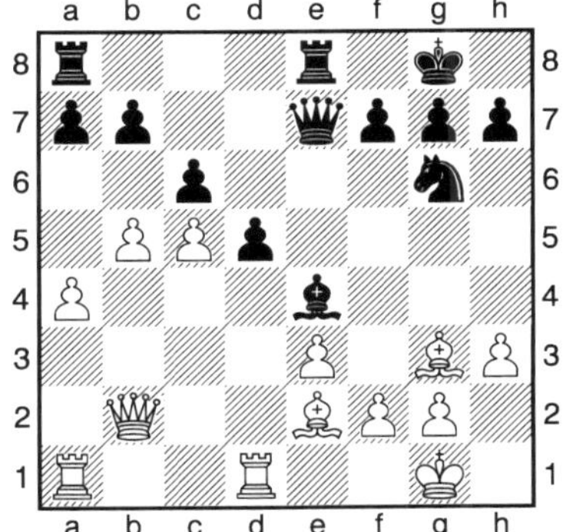

Das weiße Läuferpaar ist sehr mächtig, besonders der Lg3 macht eine gute Figur. Im Hinblick auf die weit vorgerückten Bauern am Damenflügel besitzt Weiß starke Initiative.

20...Dxc5? 21.Tdc1 De7 22.bxc6 bxc6 23.Txc6±

Fazit: Mit c4–c5 wird die schwarze Dame von b6 vertrieben und es zeigt sich, das die weiße Dame gar nicht so unflexible auf c1 steht. Weiß muss in der Folge auf den einzigen schwarzen Plan (...e5) achten und sichert sich letztlich, Dank seiner Initiative am Damenflügel, die besseren Chancen.

Kapitel 12
1.d4 d5 2.Sf3 Sc6 3.Lf4 Tschigorin

1.d4 d5 2.Sf3 Sc6 3.Lf4

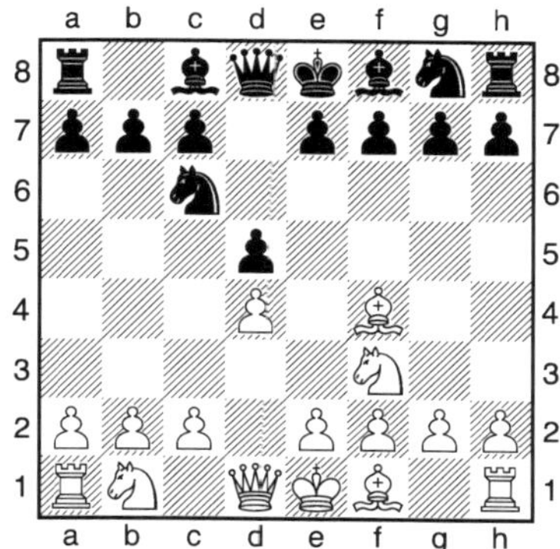

2...Sc6 ist sehr verpflichtend, verstellt doch der Springer den c-Bauern. Gerade gegen das LS ist ein Aufbau à la Tschigorin ziemlich harmlos. Mit dem Textzug lehnt Weiß die Einladung zum echten Tschigorin-System mit 3.c4 dankend ab.

Stattdessen verstärkt 3.Lf4 wie immer im LS die Kontrolle über e5 und in der Folge soll nachgewiesen werden, dass der Sc6 mehr Probleme als Lösungen mit sich bringt. Viele Varianten enden mit weißem Vorteil - eben weil der Sc6 nicht gut steht.

Kapitel 12.1

3...Lg4

Möglich ist auch 3...Sf6 und 3...Lf5, aber beides passt nicht zur Strategie des Tschhigorin-Systems. Lieber entwickelt man sich aktiv, was zunächst auch sehr gut aussieht.

3...Sf6 4.e3 Sh5 (4...Lf5 oder 4...Lg4 ergibt Zugumstellungen zum Text.) 5.Lg5 h6 6.Lh4 g5 7.Sfd2 Sg7 8.Lg3 Sf5 9.c4 Sxg3 10.hxg3 Lg7 11.cxd5 Dxd5 12.Sc3 Dd8 13.Lb5+- (Yedidia - Curdo, USA 1997)

4.e3 e6 5.c4!

Tschigorin-Spieler frustiert es häufig, gegen Lf4 zu spielen, denn sie bekommen nicht ihr gewünschtes aktives Spiel.

1) 5...dxc4 6.Lxc4

Kann der Läufer ohne Tempoverlust nach c4 gelangen, so ist das immer von Vorteil.

6...Ld6 7.Lg3 Sf6

7...a6 8.Sc3 Sf6 (Malakhatko - Swic, Polanica Zdroj 2001) 9.Lh4

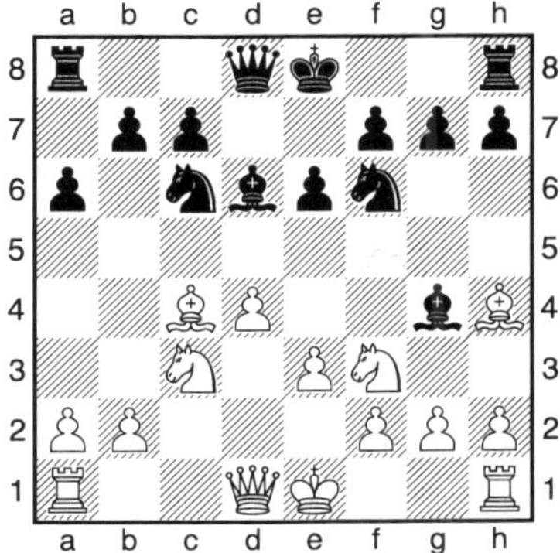

Auch hier krankt die schwarze Stellung am Sc6. Weiß kann wieder einfach am Damenflügel seine Initiative mit Tc1 nebst a3–b4 ausbauen, aber seine Stellung ist so flexibel, dass er auch über andere Pläne nachdenken kann. Der Läuferzug bereitet die kurze Rochade vor, ohne danach Lxg3 zu gestatten, was als Motiv immer wieder auftauchen wird.

8.Sc3 0-0

8...Lxg3 9.hxg3± Wie im LS üblich, ist die Öffnung der h–Linie günstig für Weiß und der Doppelbauer kein Problem.

9.Lh4!

Weiß will kurz rochieren, ohne dann Lxg3 zuzulassen.

9...Le7 10.h3 Lh5 11.0-0

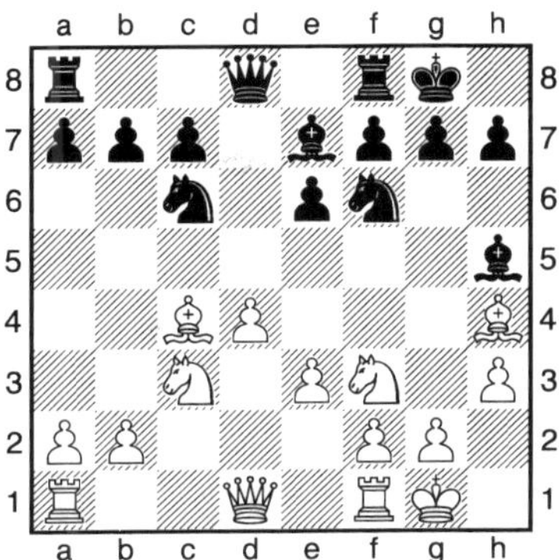

Es bleibt dabei. Wieder einmal beruht der weiße Vorteil auf dem Sc6 und auf der besseren Zentrumskontrolle.

In Lie – Jones, Pula 2007, geschah übrigens radikal 11.g4 Lg6 12.Lxf6 Lxf6 13.h4. Das ist sicherlich auch gut spielbar ist, aber mir gefällt das ruhige 11.0-0 besser.

1.d4 d5 2.Sf3 Sc6 3.Lf4 Lg4 4.e3 e6 5.c4!

2) 5...Ld6

Eine populäre Fortsetzung.

6.Lg3 Sf6

Auf 6...Sge7 kann Weiß die Stellung vergleichbar behandeln.

7.Sc3 0-0 8.cxd5 exd5

8...Sxd5 9.Le2 Sxc3 10.bxc3 Df6 11.Tb1 b6 (Martinovic – Degraeve, Sremic Krsko 1998) 12.0-0 Ein stabiles Zentrum, dauerhaft geschwächte helle Felder am Damenflügel – was will man mehr?

9.Le2 Te8 10.Lh4!±

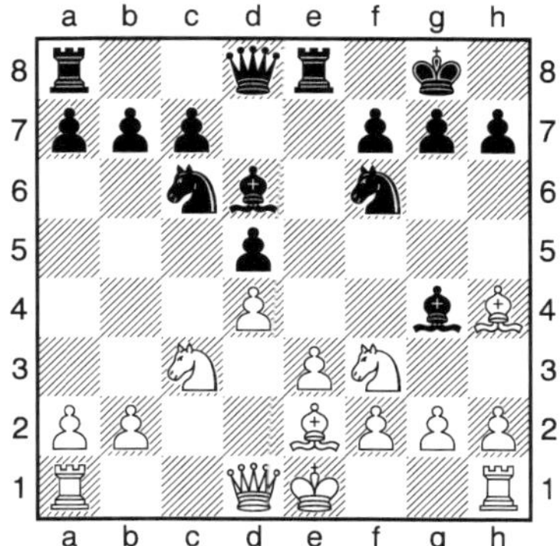

Dieses Ausweich-Motiv ist wohl schon in Fleisch und Blut übergegangen. Wieder wird die kurze Rochade vorbereitet und Lxg3 danach vermieden.

1.d4 d5 2.Sf3 Sc6 3.Lf4 Lg4 4.e3 e6 5.c4!

3) 5...Lb4+

Ganz im Geiste des Tschigorin-Systems.

6.Sc3 Sge7

Damit verfolgt Schwarz einen anderen Plan. Er will mit Sg6 und e5 fortsetzen. Allerdings ist dies etwas langsam. 6...Sf6 führt zur Hauptvariante.

7.h3! Lh5

7...Lxf3 würde Weiß wieder nur das Läuferpaar geben.

8.Tc1 0-0 9.a3 Lxc3+

9...Ld6 10.Lxd6 Dxd6 11.cxd5 exd5 12.Le2± Wieder einmal hat Schwarz zu wenig Spielanteile. 12...a6 13.0-0 f5 14.Dd2± Und auf 14...f4 folgt 15.e4.

10.Txc3 dxc4 11.Lxc4!

11.Txc4? gestattet unnötigerweise gefährliches Gegenspiel. 11...Sd5! 12.Lh2 f5 13.Le2 f4 Schwarz hat bequem ausgeglichen (O'Hare - Gibney, ICCF email 2005).

11...Sd5 12.Lxd5! exd5

12...Dxd5 So wurde noch nie gespielt. 13.Tc5 Lxf3 14.Dxf3 Da2

(Nach 14...Dxf3 15.gxf3± geht der weiße König nach e2 und der Lf4 ist dem Sc6 haushoch überlegen.)

15.0-0! Dxb2 16.a4!

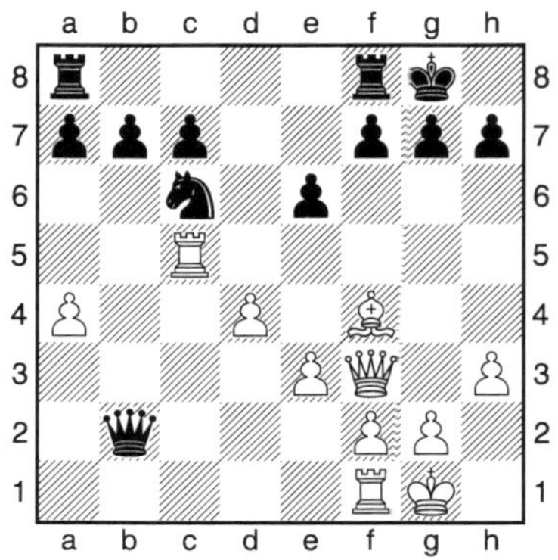

Es hängt der Bauer auf c7, zusätzlich droht Tb5 und die Db2 wirkt sehr exponiert. Die weiße Kompensation steht außer Frage.

13.Tc5 Te8 14.0-0 Dd7 15.g4! Lg6 16.Sh4±

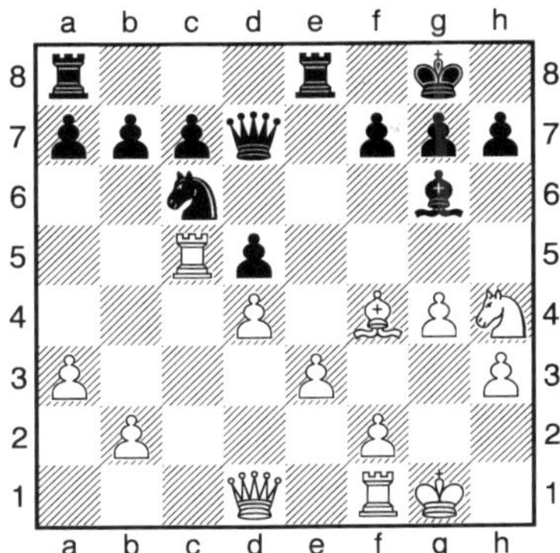

Es sieht riskant aus, zur Eliminierung des Lg6 seinen König so zu entblößen, aber der Gigant auf f4 erlaubt so einiges. Sobald Schwarz mit dem schlechten Sc6 verbleibt, muss er mit deutlichem Nachteil leben.

1.d4 d5 2.Sf3 Sc6 3.Lf4 Lg4 4.e3 e6 5.c4!

4) 5...Sf6 6.Sc3 Lb4

Das moderne 6...a6 wird mit 7.h3 Lh5 8.Tc1 beantwortet. Der Lf1 sollte wieder einmal nicht ziehen, bevor das Schicksal des c4-Bauern geklärt ist. Um Fortschritte zu machen, muss Schwarz seinen Königsflügel entwickeln.

8...Le7 9.a3 h6 10.cxd5

Macht auch hier Sinn. Sobald die nützlichen Züge ausgeschöpft sind, kann man die Lage auf d5 klären und sich zu Ende entwickeln.

10...Sxd5 11.Sxd5 exd5 12.Le2±

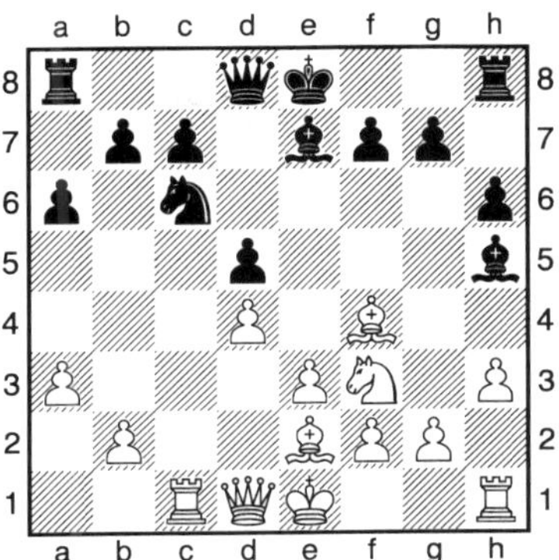

Auch hier kann Weiß wieder risikolos auf Gewinn spielen.

7.Tc1

Wie üblich im Damengambit, so geht es auch hier um das Läufertempo. Mit dem Textzug wird der Springer gestützt und die spätere Kontrolle über die wichtige c-Linie sichergestellt.

4a) 7...Se4!?

Das ist sehr gewagt.

8.h3 Lh5

Nach 8...Lxf3 9.Dxf3 De7 10.cxd5 exd5 11.Dd1 Dh4 12.Tc2 0-0 13.Ld3 Tae8 14.0-0± hat Weiß deutlichen Vorteil. Bauer d5 hängt, das Läuferpaar ist sehr stark und weiterhin ist da dieser Springer auf c6.

9.Ld3 0-0 10.cxd5 exd5

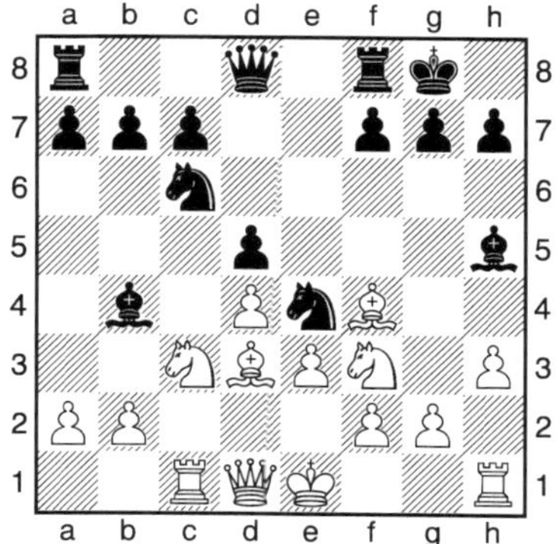

11.Dc2! Sf6

Denn 11...Lxf3 12.gxf3 Sg5? 13.h4! Sxf3+ 14.Kf1+− ist nicht zu fürchten.

13.a3 Lxc3+ 14.bxc3±

Das Läuferpaar, die geöffnete g-Linie und die gute Zentrumskontrolle ergeben stabilen Vorteil. Der weiße König kann ruhig auf e1 bleiben, denn dort ist er nicht zu gefährden.

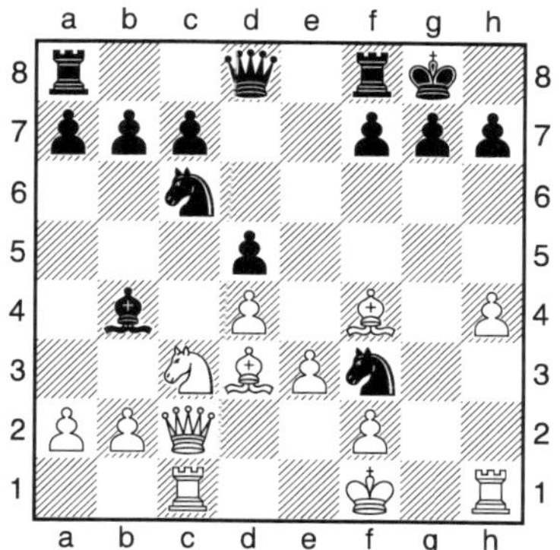

Es ist zwar ein wenig paradox, aber obwohl der weiße König sein Rochaderecht verloren hat, befindet sich nur sein Kollege auf g8 in Lebensgefahr. Die weiße Initiative ist wahrscheinlich schon entscheidend.

1.d4 d5 2.Sf3 Sc6 3.Lf4 Lg4 4.e3 e6 5.c4! Sf6 6.Sc3 Lb4 7.Tc1

4b) 7...dxc4 ist nun harmlos.

8.Lxc4 Sd5 9.Lg3 0-0 10.0-0 Sxc3 11.bxc3 Ld6 (Cebalo – Kovacevic, Bled 1998)

12.Ld3

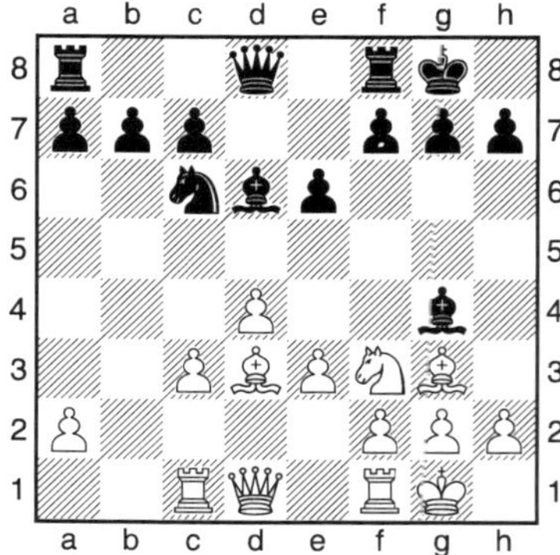

Weiß hat viele Möglichkeiten, z.B. Tb1 oder auch Dc2 mit Angriff gegen h7. Sein starkes Zentrum und der schlechte Sc6 sichern ihm Vorteil.

1.d4 d5 2.Sf3 Sc6 3.Lf4 Lg4 4.e3 e6 5.c4! Sf6 6.Sc3 Lb4 7.Tc1

4c) 7...0-0 8.h3!?

Zwingt den Läufer zur Klärung.

8...Lxf3

8...Lh5 9.a3! Lxc3+

(9...Ld6 10.Lxd6 Dxd6 11.cxd5 Auch hier ist die Festlegung der Struktur angebracht, nachdem alle sinnvollen Zügen ausgeführt wurden. 11...exd5 12.Le2± Die Gründe für den weißen Vorteil sind im Tschigorin-System eigentlich immer gleich: nämlich Sc6, Sc6 und nochmals Sc6!)

10.Txc3 De7

(10...Se7 11.Le2 c6 12.0-0 Se4 13.Tc2±)

11.Le2 dxc4 12.Txc4 Sd5 13.Lh2 f5 14.0-0± (Cebalo – Gruskonvnjak, Portoroz 2004)

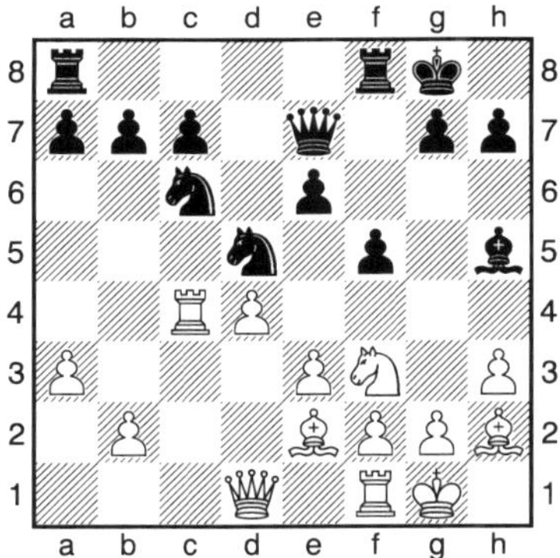

Positionell sieht die schwarze Stellung bereits sehr verdächtig aus.

9.Dxf3 De7

9...Lxc3+ 10.bxc3 De7 11.Ld3

(Das ist besser, als mit 11.cxd5 Sxd5 den gegnerischen Springer zu aktivieren.)

11...e5 Die einzige Chance auf Gegenspiel.

(11...dxc4 12.Lxc4 e5 13.Lg5±)

12.cxd5 Sxd4 13.cxd4 exf4 14.Dxf4 Da3 15.Ke2 Schwarz kann sein Material zurückholen, aber nach 15...Dxa2+ 16.Tc2 Dxd5 17.Txc7± hat Weiß dennoch Vorteil.

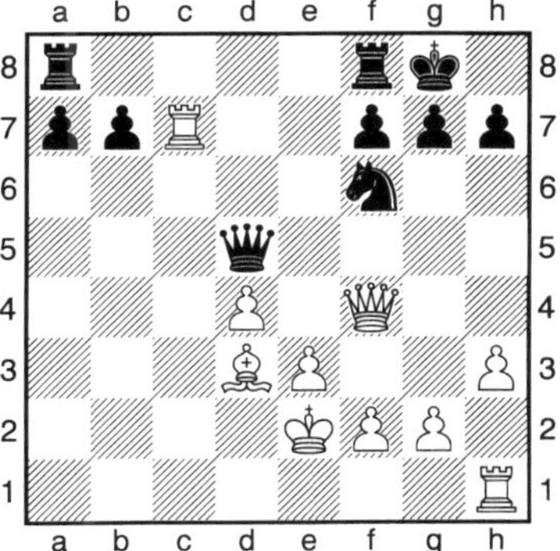

Der Plan sieht Df3 vor, um Damentausch anzubieten, und auf Da2+ kann bequem Tc2 geschehen. Mit Thc1 wird die letzte Schwerfigur aktiviert und Weiß kann gut gegen den schwarzen Damenflügel arbeiten. Für jedes Endspiel steht der Ke2 bereits ideal, und da sich die schwarzen Bauern a7 und b7 noch auf ihren Startfeldern befinden, geht von ihnen auch keine Gefahr aus. Der Ld3 ist dem Sf6 ebenfalls vorzuziehen, weswegen Weiß alles in allem deutlich besser steht.

10.Lg5

Schwarz plante 10...e5 und auf 10.Ld3 hätte er bereits Ausgleich. Weiß muss dafür aber ein zweites Mal mit seinem Läufer ziehen. Schwarz versucht, die Stellung zu verwickeln, ansonsten wird er einfach schlechter stehen.

10.Ld3? e5! 11.dxe5 Sxe5 12.Lxe5 Dxe5=

10...Lxc3+ 11.Txc3

11.bxc3? Da3 12.Tc2 Se4-+

11...Db4

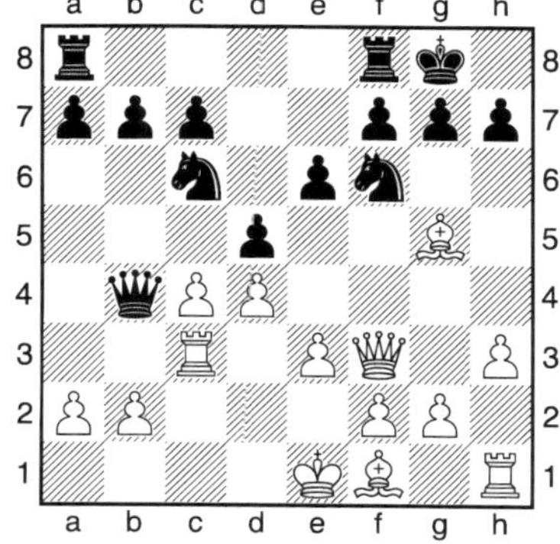

Sieht sehr stark aus.

12.Lxf6 Dxb2 13.Tb3!

Erzwingt den Übergang in ein besseres Endspiel.

13...Dc1+ 14.Dd1 Dxd1+ 15.Kxd1 dxc4 16.Txb7 gxf6

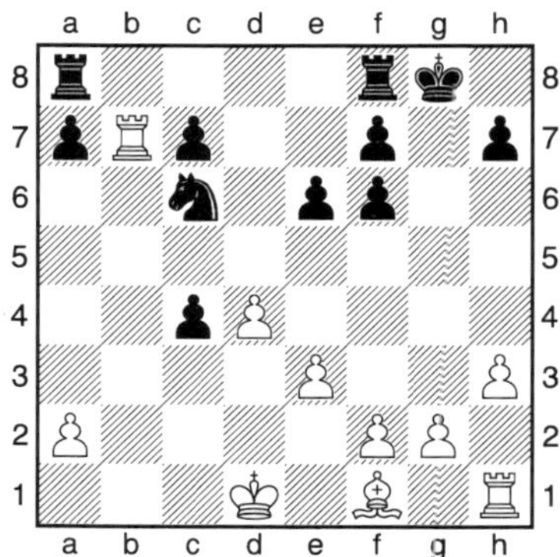

Der weiße Vorteil hat drei Gründe: die Bauernstruktur, die bessere Leichtfigur und der zentralisierte König.

17.Kc2!

Schließt alle Einbruchsfelder. Nach 17.Kd2?! konnte Schwarz sich in Kramnik – Ivantschuk, Linares 1998, noch halten.

17...Tab8 18.Txb8 Txb8 19.Lxc4 Kf8 20.Kc3 Ke7 21.Td1±

Weiß kontrolliert alles und plant e4 nebst d5 mit Ausbau seines Vorteils.

Fazit: Chigorin ist gerade gegen das LS harmlos und meist krankt die schwarze Stellung am schlecht stehenden ...Sc6!

Kapitel 12.2
2...Sc6 3.Lf4 Lf5

1.d4 d5 2.Sf3 Sc6 3.Lf4 Lf5 4.c4!

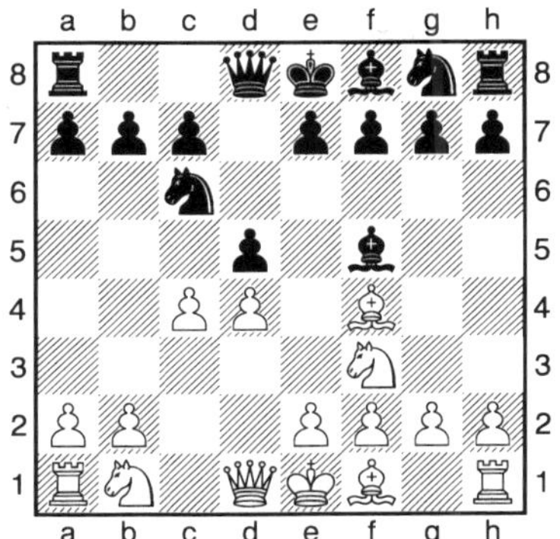

Dies erinnert stark an 4.c4 aus Kapitel 9.

Nach 4.e3 e6! ist 5.c4? schlecht wegen 5...Sb4! 6.Sa3 c6 7.Le2 dxc4 8.Lxc4 Sd5∓.

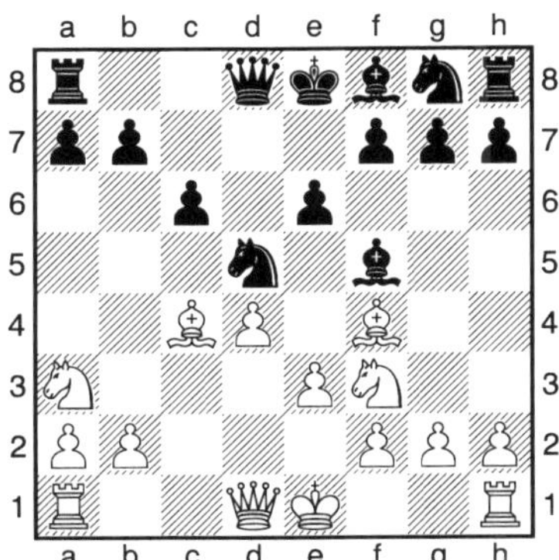

Gegen die zahlreichen Drohungen (Sxf4, Lxa3, Lb4+) hat Weiß keine befriedigende Verteidigung.

4...e6

4...dxc4? gibt das Zentrum kampflos auf. 5.Sc3 Sf6 6.d5 Sa5 7.Da4+ c6 8.b4 b5 9.Dxa5 Dxa5 10.bxa5 Sxd5 11.Ld2±

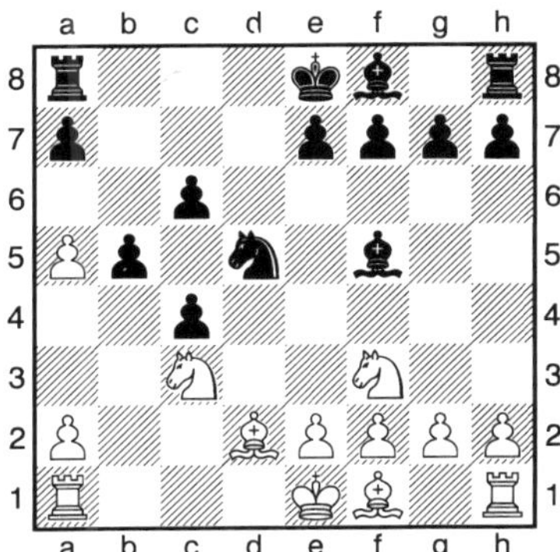

Die zwei Bauern für die Figur sind keine ausreichende Kompensation. Natürlich ist die Stellung komplex, aber objektiv betrachtet ist der weiße Vorteil deutlich.

5.cxd5

Legt die Struktur fest und ist die einfachste Wahl.

5...exd5 6.Sc3 Sf6

6...Ld6 7.Lxd6 Dxd6 8.e3 Sf6 9.Le2 0-0 10.0-0± Auch hier steht der Sc6 weiterhin schlecht und Weiß kann am Damenflügel mit Zügen wie Tc1 nebst a3 und b4 Fortschritte erzielen.

6...Lb4 7.e3 Sge7 8.Le2 0-0 9.Tc1

Der Lb4 macht nicht viel Sinn. Sollte er auf c3 tauschen, hat Weiß einfach das Läuferpaar. Somit ist 6...Lb4 als fragwürdig ausgewiesen.

9...Ld6 10.Lxd6 Dxd6 11.0-0± (Danielian – Dergatschova Daus, Dresden 2007)

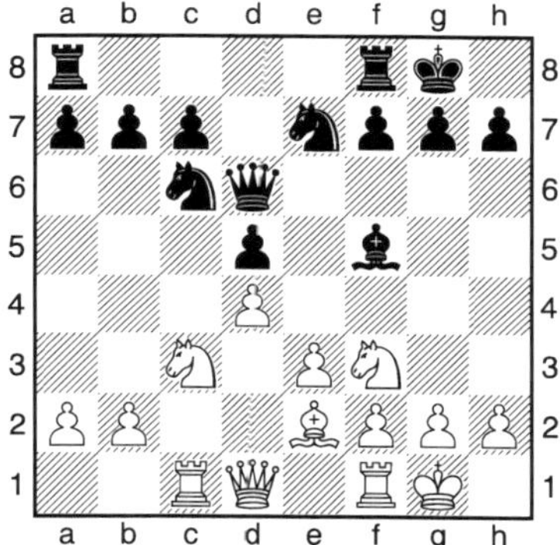

Im Gegensatz zu 6...Ld6 hat Weiß quasi ein Tempo gewonnen. Der einzige Unterschied ist, dass Schwarz seinen Springer nach e7 statt f6 gestellt hat.

7.e3 a6

Dies wird recht häufig gezogen, wahrscheinlich um Lb5 auszuschalten. Zu 7...Ld6 oder 7...Lb4 siehe Anmerkung zum sechsten Zug.

Fazit: Lf5 zusammen mit dem Springer auf c6 kann nicht überzeugen. Weiß kommt mit einfachen Zügen zu gesundem Vorteil.

8.Le2 Le7 9.0-0 0-0 10.Tc1±

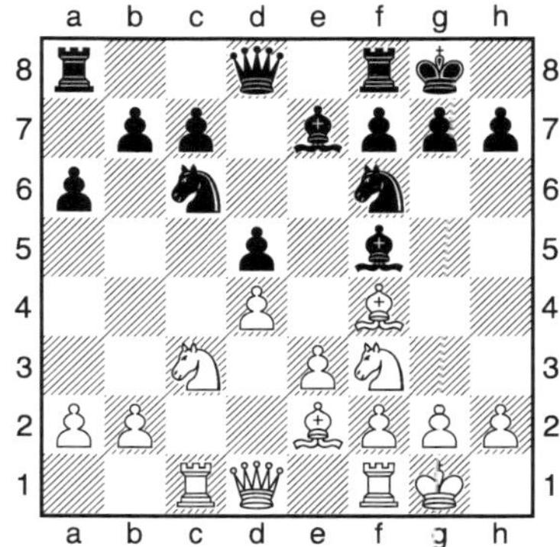

Weiß hat ganz normale Züge gemacht und steht etwas besser. Die schwarzen Figuren sind zwar entwickelt, stehen aber wirkungslos.

10...Sh5 11.Le5! Sxe5? 12.dxe5+–

Die Konstellation Lf5, Sh5 ist auch hier wieder sehr ungünstig.

12...g6 13.Sd4 Sg7 14.Sxf5 Sxf5 15.Dxd5+–

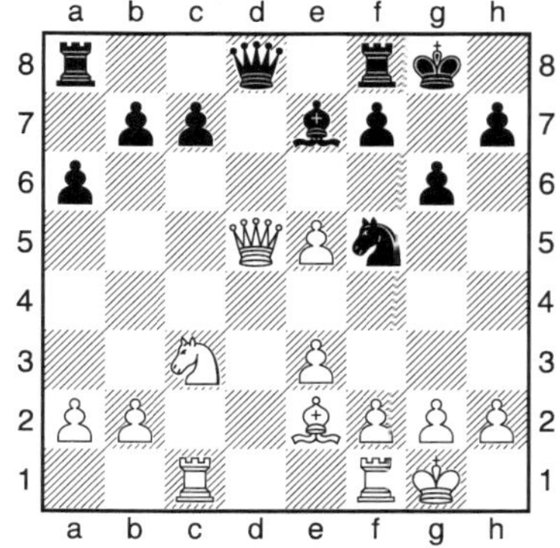

Weiß besitzt Weiß einen gesunden Mehrbauern.

Kapitel 13
Stonewall-Versuch

1.d4 d5 2.Sf3 e6 3.Lf4 f5

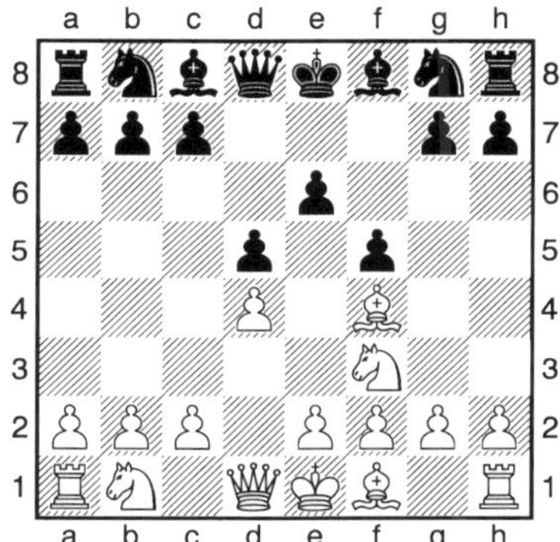

Auch Stonewall-Aufbauten sollte Schwarz gegen das LS lieber nicht anwenden. Eine kleine Übersicht demonstriert die weißen Chancen.

Kapitel 13.1
Stonewall mit Ld6

1.d4 d5 2.Sf3 e6 3.Lf4 f5 4.e3 Sf6 5.c4

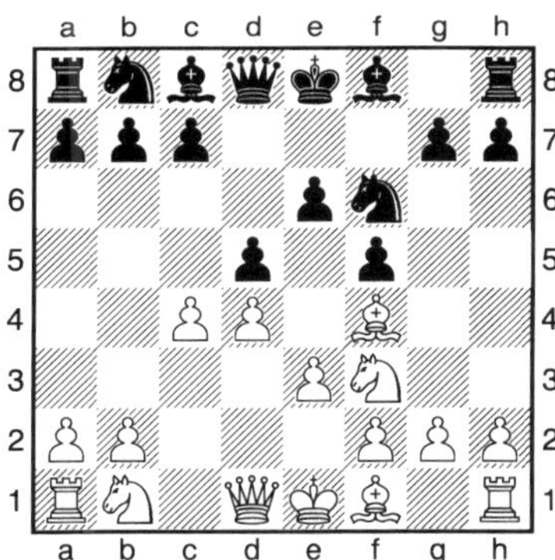

Der normale Stonewall wird über 1.d4 f5 erreicht und die hier gegebene Zugfolge über 1.d4 d5 ist deutlich unflexibler. Nach 1.d4 f5 2.c4 e6 3.Sf3 Sf6 4.Sc3 sollte Schwarz 4...d5 vermeiden und besser 4...Lb4 ziehen. Wie gezeigt wird, ist das LS hervorragend geeignet die sogenannte Steinmauer einzureißen.

5...c6

Der Stonewall ist errichtet. Schwarz kontrolliert durch die Bauernkette c6–d5–e6–f5 viele helle Felder, besonders das zentrale Feld e4. Hauptnachteil ist die einseitige Ausrichtung diese Bauernkette, da besonders die dunk–

len Felder beinahe schon straffällig ignoriert werden.

5...Ld6 6.Sc3 Wie auch in der Hauptvariante gezeigt wird, hat Weiß nichts gegen Lxf4, denn die resultierende halboffene e–Linie ist für ihn günstig. 6...0-0

(6...Lxf4 7.exf4 0-0 8.Ld3 c6 geht in der Regel in die Hauptvariante über.)

7.Ld3 Der Läufer geht hier immer nach d3. 7...c6 siehe Hauptvariante.

6.Sc3 Ld6

Üblicherweise versucht Weiß im normalen Stonewall, die schwarzfeldrigen Läufer zu tauschen, und auch hier sieht es so aus, als ob Schwarz dieses Ziel verfolgt. Da Lxf4 für Weiß günstig ist, muss er auch nicht auf Ld6 reagieren.

7.Ld3 0-0 8.0-0 Se4 9.Dc2

So sollte Weiß sich gegen den Stonewall aufbauen.

1) 9...b6 10.cxd5 exd5±

Wiedernehmen mit dem c–Bauern würde die hellen Felder am Damenflügel zu sehr schwächen, weshalb so auch noch nie gespielt wurde. Allerdings ist auch die Stellung nach 10...exd5 für Weiß vorteilhaft, allein wegen der besseren Struktur.

1.d4 d5 2.Sf3 e6 3.Lf4 f5 4.e3 Sf6 5.c4 c6 6.Sc3 Ld6 7.Ld3 0-0 8.0-0 Se4 9.Dc2

2) 9...Sd7?

So einfach kann Schwarz sich nicht entwickeln, denn er verliert immer mindestens einen Bauern.

10.cxd5 exd5

10...cxd5 11.Lxe4 Lxf4 12.Lxd5 Lxh2+ 13.Sxh2 exd5 14.Sxd5+– Die forcierte Zugfolge ist zu Ende und Weiß besitzt einen gesunden Mehrbauern.

11.Sxe4 Lxf4

11...fxe4 12.Lxd6 exd3 13.Dxd3+– ist wieder trostlos für Schwarz.

12.Sed2 Ld6 13.Lxf5±

1.d4 d5 2.Sf3 e6 3.Lf4 f5 4.e3 Sf6 5.c4 c6 6.Sc3 Ld6 7.Ld3 0-0 8.0-0 Se4 9.Dc2

3) 9...Lxf4?! 10.exf4 Sd7 11.Tfe1 Sdf6 12.Se5±

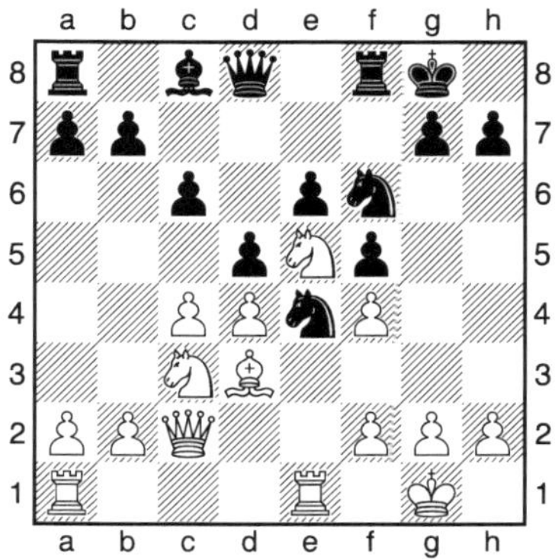

Hier wird klar, weshalb Lxf4 nicht zu fürchten ist. Weiß kann das Feld e4 immer mit f3 bereinigen und danach ist der rückständige Bauer e6 eine klare Schwäche im schwarzen Lager.

1.d4 d5 2.Sf3 e6 3.Lf4 f5 4.e3 Sf6 5.c4 c6 6.Sc3 Ld6 7.Ld3 0-0 8.0-0 Se4 9.Dc2

4) 9...De7 10.c5

Anderes ist ebenfalls nicht schlechter, aber die Eroberung von Raum kann nicht verkehrt sein.

10...Lc7 11.b4 a6 (Rusev – Lilov, Varna 2013)

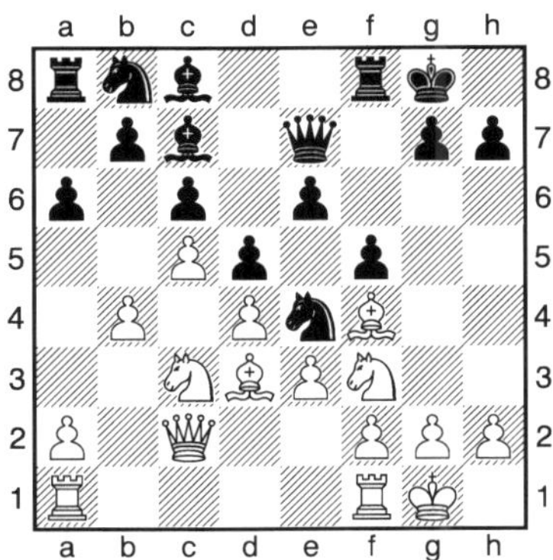

12.Sa4

Schwarz hat enorme Schwierigkeiten, seinen Damenflügel zu entwickeln. Und wegen der Drohung Lxc7 gefolgt von Sb6 wird der Ta8 sich nach a7 stellen müssen. Weiß hat klaren Vorteil.

Fazit: Stonewall gegen LS ist eine schlechte Entscheidung. Gerade gegen Leute die immer gegen 1.d4 Stonewall spielen ist unser LS sehr wirkungsvoll.

Kapitel 13.2 Stonewall mit Le7

1.d4 d5 2.Sf3 e6 3.Lf4 f5 4.e3 Sf6 5.c4 c6 6.Sc3 Le7

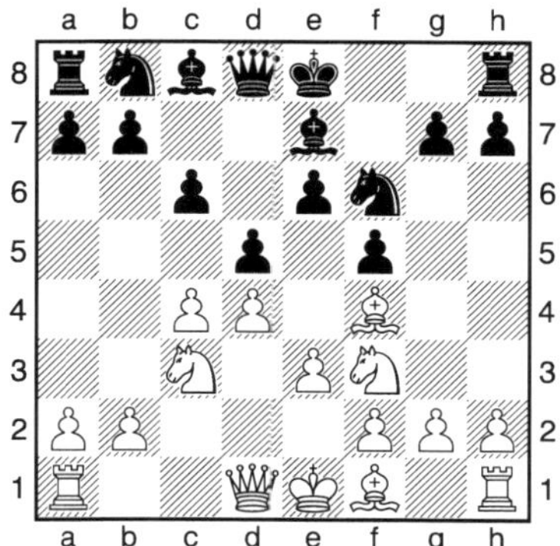

Weiß baut sich gegen Le7 genauso auf wie gegen Ld6: nämlich mit Ld3 und Dc2, nur sollte dann die kurze Rochade nicht automatisch ausgeführt werden.

7.Ld3 0-0

Mit 7...Sbd7? verstellt Schwarz den Lc8 und nach 8.cxd5 cxd5? 9.Sb5 0-0 10.Sg5+- kann Schwarz Materialverlust nicht vermeiden. Auf ein Schach geht der König einfach nach f1 und die Drohungen gegen c7 und e6 werden Weiß enormen Vorteil bringen.

Also ist 8...Sxd5 erzwungen und nach 9.Sxd5 cxd5 10.0-0 0-0 11.Tc1± ...

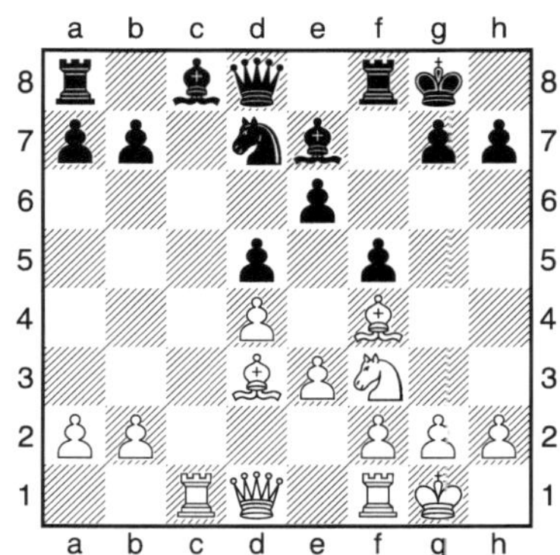

... gehört Weiß die c-Linie mit dem Einbruchsfeld.

8.Dc2 Se4

Nur so kann Schwarz versuchen, seine Entwicklung vernünftig abzuschließen.

8...Sa6 sieht nach einer alternativen Lösung aus, aber der Springer steht auf c7 nicht wirklich gut. 9.a3 Sc7 10.c5±

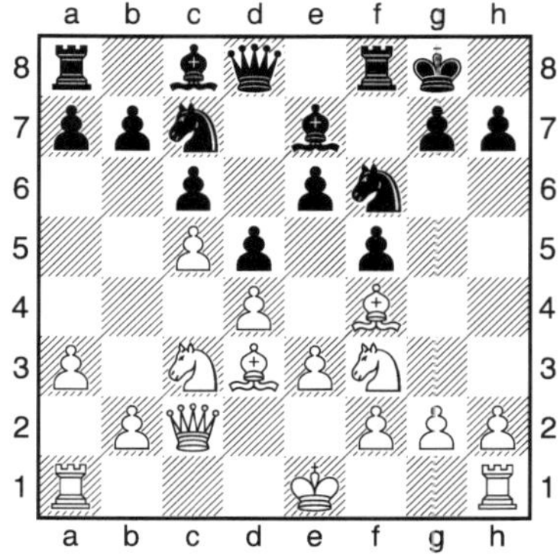

Eine schwarze Idee könnte in dxc4 nebst Scd5 liegen, um die

Springerwanderung halbwegs zu rechtfertigen. Jetzt entwickelt sich Weiß in aller Ruhe zu Ende (z.B. mit h3 nebst 0-0) und kann sich dann überlegen, ob er mit Se5 oder sofort b4 weitermacht. Aufgrund seines Raumvorteils und der besseren Entwicklung ist die weiße Stellung deutlich besser.

8...Ld7 9.Db3!?

Nutzt sofort den ungedeckten Bauern auf b7 aus. Es ist nur ein Beispiel wie flexibel Weiß agieren kann.

9...Db6

(9...Lc8 macht wenig Sinn und 9...b6 schwächt den Damenflügel.)

10.c5 Dxb3 11.axb3±

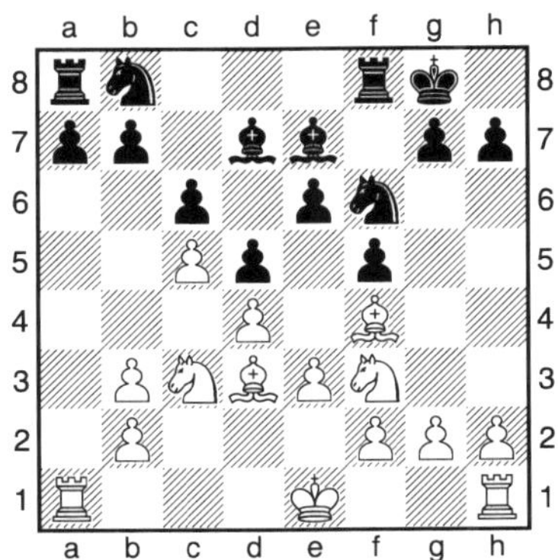

Die Motive sind gut bekannt (b4-b5). Schwarz steht sehr passiv und Weiß kann schalten und walten, wie er möchte.

9.g4!

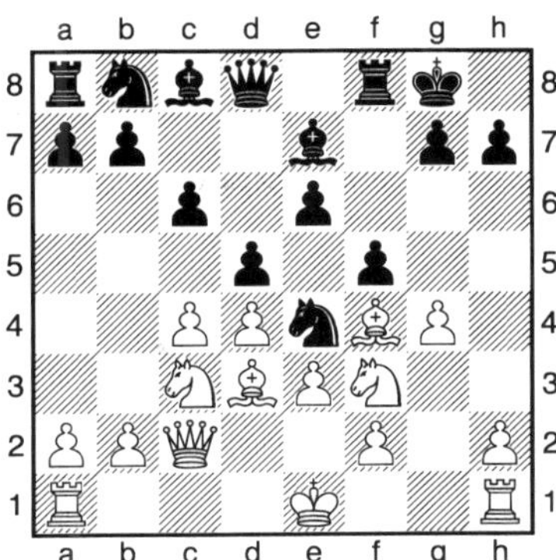

Die Pointe des weißen Aufbaus. Schwarz kann seine Entwicklung eben nicht in aller Ruhe beenden und muss schon früh schwere Probleme lösen. In der ersten Auflage habe ich hier Ke2 als Patentzug empfohlen, aber es hat sich gezeigt, dass Weiß in vielen Fällen durchaus kurz rochieren darf.

1) 9...Ld6

Erst Le7 und dann Ld6 macht wenig Sinn.

10.Lg3 fxg4 11.Lxe4 dxe4 (Gustafsson - Sanduleac, Mallorca 2004)

12.Sd2

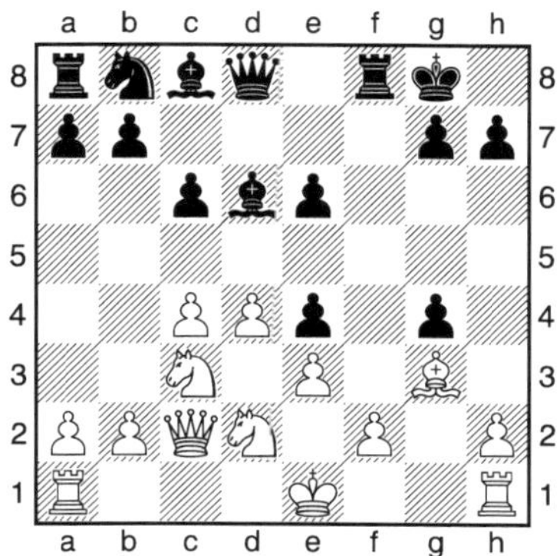

Der Bauer auf e4 wird erobert und nach der langen Rochade kann Weiß am Königsflügel starken Druck aufbauen.

1.d4 d5 2.Sf3 e6 3.Lf4 f5 4.e3 Sf6 5.c4 c6 6.Sc3 Le7 7.Ld3 0-0 8.Dc2 Se4 9.g4!

2) 9...Sxc3 10.bxc3 dxc4 11.Lxc4 fxg4 12.Se5 Lg5 13.Ld3+− (Volzhin – Farrell, Canberra 2001)

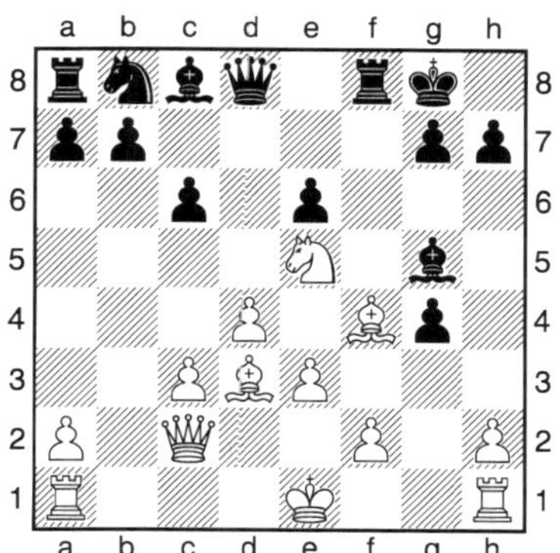

Weiß steht bereits auf Gewinn, denn der schwarze König ist einfach zu ungeschützt.

1.d4 d5 2.Sf3 e6 3.Lf4 f5 4.e3 Sf6 5.c4 c6 6.Sc3 Le7 7.Ld3 0-0 8.Dc2 Se4 9.g4!

3) 9...Kh8!?

Es macht durchaus Sinn, den König aus der Schusslinie zu nehmen.

10.gxf5 exf5 11.0-0!?

Ein neuer Versuch, aber auch fast jeder andere legale Zug ist gut genug für einen soliden Vorteil. Dennoch hat Schwarz mit 9...Kh8 noch die besten Überlebenschancen.

1.d4 d5 2.Sf3 e6 3.Lf4 f5 4.e3 Sf6 5.c4 c6 6.Sc3 Le7 7.Ld3 0-0 8.Dc2 Se4 9.g4!

4) 9...Da5 10.gxf5 exf5 11.0-0!

Entgegen früherer Meinung ist die kurze Rochade gar nicht schlecht. Zur Not steht der König auch sehr sicher auf h1.

11...Sxc3 12.bxc3 Le6 (Pavlov – Pakhomov, Sotschi 2015)

13.cxd5

Die Stellung will geöffnet werden.

13...Dxd5

Nach 13...cxd5 14.Tab1+− hat Weiß enormes Druckspiel. Schwarz wird sich Schwächen müssen und dann folgt meist Tb5 und c4. Früher oder später erhält Weiß einen gedeckten Freibauern auf d4. Da die weißfeldrigen Läufer abgetauscht werden, muss Weiß sich nicht vor einem Angriff auf seinen König fürchten.

13...Lxd5 ist ebenfalls nicht zu gebrauchen. 14.Se5+– und auch hier ist Weiß einfach zu aktiv.

14.Se5

Es droht Lc4.

14...Dd8 15.Tab1±

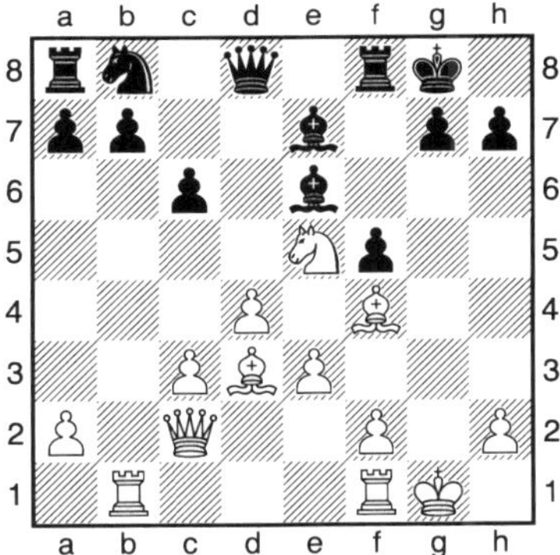

Weiß hat Entwicklungsvorsprung, Möglichkeiten im Zentrum vorzugehen (c4 oder e4) und taktische Überfälle gegen den schwarzen König liegen ebenfalls ständig in der Luft.

1.d4 d5 2.Sf3 e6 3.Lf4 f5 4.e3 Sf6 5.c4 c6 6.Sc3 Le7 7.Ld3 0-0 8.Dc2 Se4 9.g4!

5) 9...Sd7?

Verliert bereits Material.

10.gxf5 exf5 11.cxd5 Sxc3

Nach 11...cxd5 12.Sxd5 Da5+ 13.Ke2+– ist der Springer wegen Lc4 tabu. 13...Ld6 14.b4 Dd8 15.Lxd6 Sxd6 16.Sc7 1-0 (Arkhipov – Stöckmann, Münster 1991)

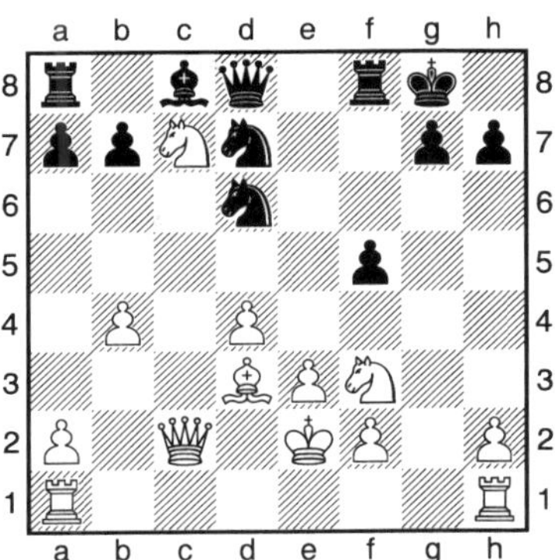

12.bxc3 cxd5 13.Lxf5+– Weiß hat eine technische Gewinnstellung.

1.d4 d5 2.Sf3 e6 3.Lf4 f5 4.e3 Sf6 5.c4 c6 6.Sc3 Le7 7.Ld3 0-0 8.Dc2 Se4 9.g4!

6) 9...fxg4 10.Lxe4 dxe4

10...gxf3 11.Lxh7+

11.Se5±

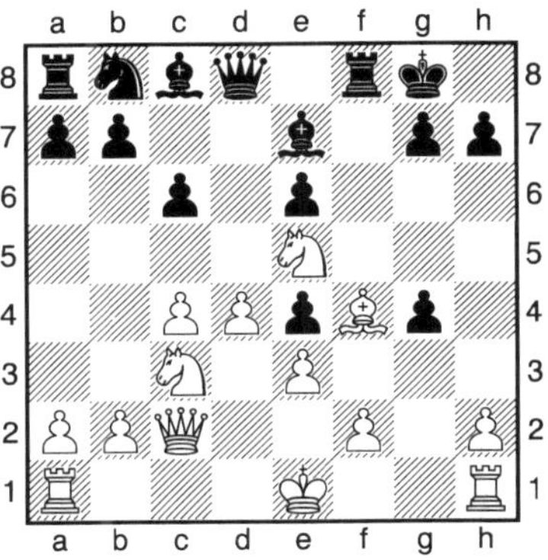

Dies ist die taktische Begründung von 8.g4! – Weiß erhält sein Material mit anständigen Zinsen in Form von besserer Struktur und geöffneten Linien zurück.

1.d4 d5 2.Sf3 e6 3.Lf4 f5 4.e3 Sf6 5.c4 c6 6.Sc3 Le7 7.Ld3 0-0 8.Dc2 Se4 9.g4!

7) 9...Sa6

Das ist eindeutig der beliebteste Versuch.

10.a3 Da5

Erneuert die Drohung Sb4.

11.Ke2!

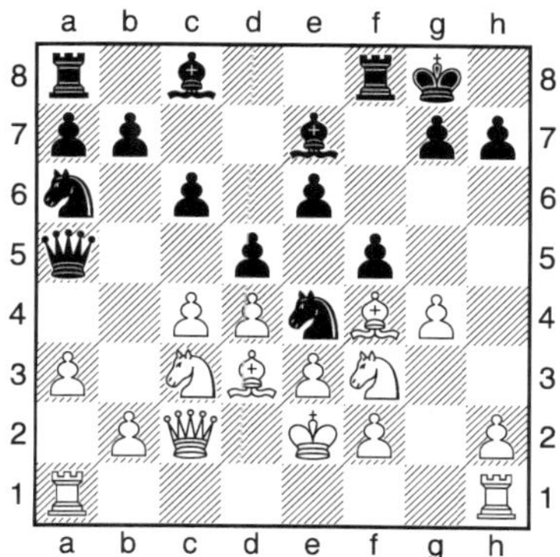

Die kurze Rochade ist auch nicht schlecht, aber ich bevorzuge Ke2.

6a) 11...Ld7 12.Se5 Le8

Im Stonewall gibt es häufig den Plan Ld7–e8–h5, um den Läufer auf f3 gegen einen Springer zu tauschen – bzw. ihn überhaupt ins Spiel zu bringen. Hier bringt diese Idee aber gar nichts.

13.f3 Sxc3+ 14.bxc3 g6 15.gxf5 exf5 16.Tag1 Kh8 17.h4 (Khenkin – Hustert, Deutschland 1995)

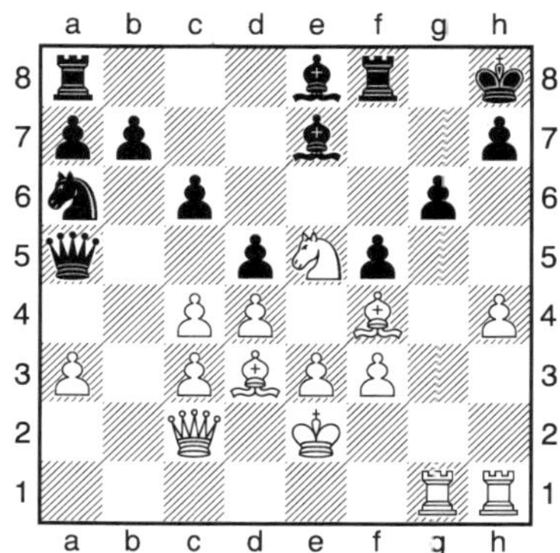

Der weiße Königsangriff lief von ganz alleine und Schwarz musste auch bald die Waffen strecken.

1.d4 d5 2.Sf3 e6 3.Lf4 f5 4.e3 Sf6 5.c4 c6 6.Sc3 Le7 7.Ld3 0-0 8.Dc2 Se4 9.g4! Sa6 10.a3 Da5 11.Ke2!

6b) 11...Sxc3+ 12.bxc3 Sc7 13.c5±

Mag sein, dass Schwarz nicht sofort vom Stuhl fällt, aber hier kann niemand Spaß an der Verteidigung haben.

1.d4 d5 2.Sf3 e6 3.Lf4 f5 4.e3 Sf6 5.c4 c6 6.Sc3 Le7 7.Ld3 0-0 8.Dc2 Se4 9.g4! Sa6 10.a3 Da5 11.Ke2!

6c) 11...dxc4 12.Lxc4 Sxc3+ 13.bxc3

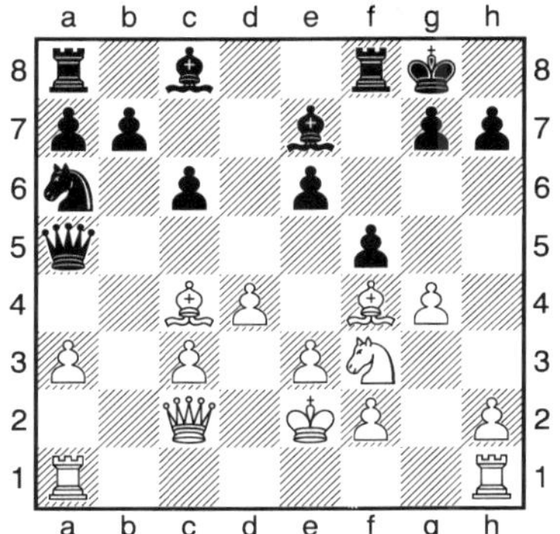

Die Damen sollen schön auf dem Brett bleiben. Es gibt auch hier keine befriedigende Verteidigung mehr.

13...Sc7

Nach 13...b5 14.Se5! Lf6 15.Ld3; 14...bxc4 15.Sxc6+− ist Erntezeit.

14.Lxc7! Dxc7 15.gxf5+−

1.d4 d5 2.Sf3 e6 3.Lf4 f5 4.e3 Sf6 5.c4 c6 6.Sc3 Le7 7.Ld3 0-0 8.Dc2 Se4 9.g4! Sa6 10.a3 Da5 11.Ke2!

6d) 11...g5 12.Le5 fxg4 13.Lxe4 dxe4 14.Sd2!+−

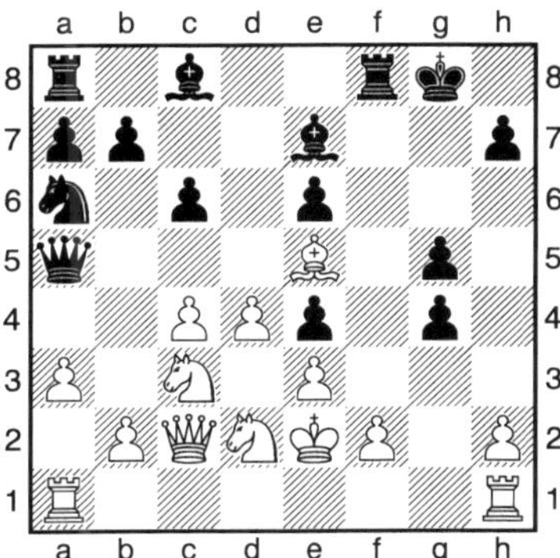

Schwarz steht auf verlorenem Posten. Der Bauer auf e4 fällt und der schwarze Königsflügel ist eine einzige Ruine. Nach 8.g4! steht Schwarz schon kurz vor der Niederlage. Eine neue Erkenntnis gegenüber früher ist, dass Weiß nach gxf5 häufig sogar gut kurz rochieren kann. Er steht im Zentrum und mit seiner Entwicklung so gut, dass er sich die leicht geöffnete Königsstellung locker leisten kann.

Fazit: Stonewall mit ...Le7 ist die alte Behandlungsweise gegen 1.d4. Nur gegen das LS wird es bereits nach 9.g4 kritisch und die meisten Schwarzspieler fliegen dann schon in wenigen Zügen vom Brett.

Kapitel 14
Caro-Kann Abtauschvariante

1.d4 d5 2.Sf3 Sf6 3.Lf4 c5 4.e3 cxd4 5.exd4 Sc6 6.c3

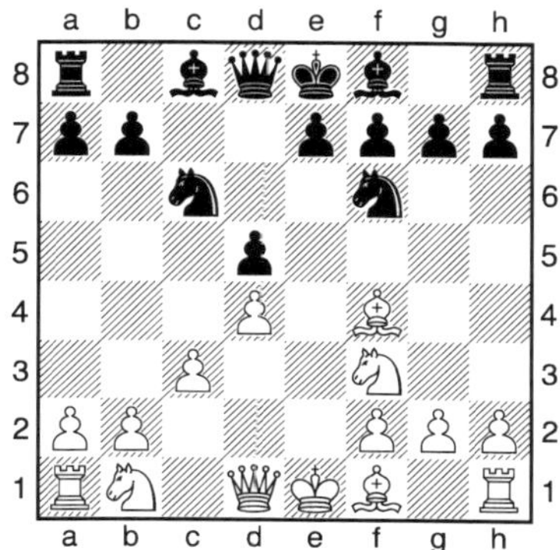

Dieses Kapitel ist gewissermaßen ein Sonderfall. Von der Zugfolge her gehört das Abspiel in den Bereich von Kapitel 8. Allerdings entsteht über Zugumstellung ein Abspiel aus einer ganz anderen Eröffnung. Von daher habe ich mich entschieden, daraus ein eigenständiges Kapitel zu machen.

Normalerweise entsteht die Stellung über 1.e4 c6 2.d4 d5 3.cxd5 cxd5 4.Lf4, wobei aber 4.c4, 4.Ld3 oder 4.c3 in der Gunst weiter vorn stehen. Dennoch ist 4.Lf4 kein schlechter Zug und Schwarz wird häufig gar nicht erkennen, in welcher Eröffnung er gelandet ist. Die schwarze Stellung ist zwar sehr solide, aber Weiß besitzt die halboffene e–Linie, kontrolliert e5 und kann demzufolge ungestört eine aktive Stellung einnehmen.

Kapitel 14.1

1) 6...g6 7.Ld3 Lg7 8.Sbd2 0-0 9.0-0

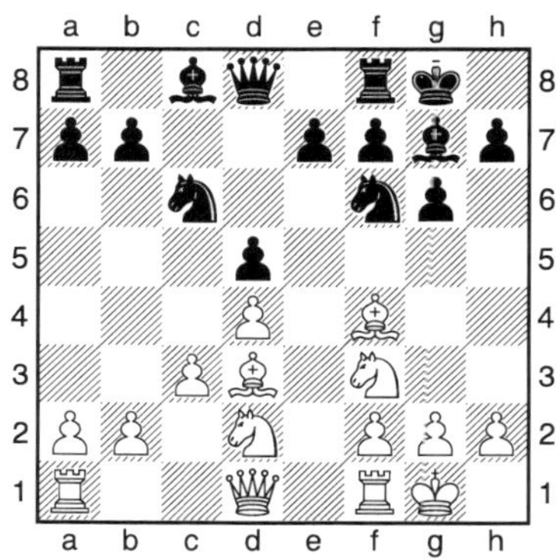

Der Lc8 hat kein gutes Entwicklungsfeld. Wird er auf f3 abgetauscht, steht Weiß mit dem Läuferpaar dauerhaft etwas besser. Andere Versuche gleichen auch nicht so einfach aus.

9...Sh5

Die Attacke auf den Läufer bringt nicht viel, aber häufig sieht sich Schwarz danach genötigt, den Springerausflug durch aktives Spiel zu rechtfertigen.

9...Lf5 10.Lxf5 gxf5 11.Se5 Sxe5 12.Lxe5 e6± Auch hier verdient die weiße Stellung den Vorzug. Die Struktur ist besser und der schwarze König hat sich etwas entblößt.

10.Le3

1a) 10...f5?!

Das passt nicht gut zusammen. Zuerst legt Schwarz Wert auf eine sehr solide Stellung und dann möchte er aktiv werden.

11.Sb3 f4?! 12.Ld2 Lg4 13.Le2±

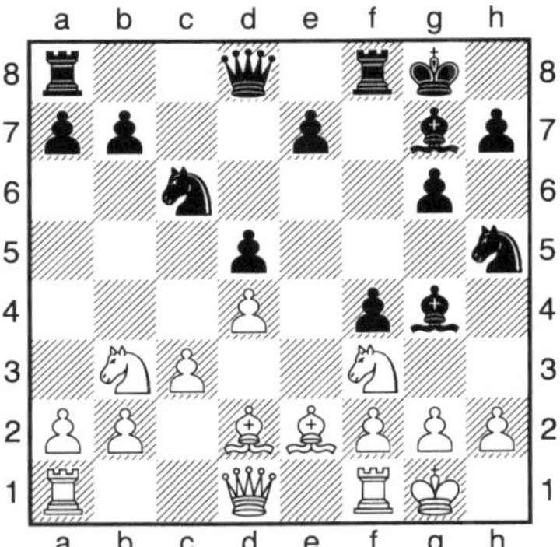

Weiß steht schon deutlich besser. Der schwarze Offensivdrang hat außer Schwächen nichts eingebracht. Weiß macht mit Te1 und h3 weiter und kann dann die gegnerischen Schwächen verarzten.

1.d4 d5 2.Sf3 Sf6 3.Lf4 c5 4.e3 cxd4 5.exd4 Sc6 6.c3 g6 7.Ld3 Lg7 8.Sbd2 0-0 9.0-0 Sh5 10.Le3

1b) 10...Dd6 11.Te1 Sf4 12.Lc2 Df6 13.h3⩲

Es ist nicht klar, wie Schwarz seine Aufstellung am Königsflügel rechtfertigen will. Ein guter Plan für Weiß besteht in Sb3–c1-d3, eventuell vorher unterstützt von Dd2.

1.d4 d5 2.Sf3 Sf6 3.Lf4 c5 4.e3 cxd4 5.exd4 Sc6 6.c3

2) 6...Lg4

Sieht aktiver aus, verhindert aber nicht Ld3.

7.Sbd2

Ein guter Entwicklungszug, der zudem den nächsten schwarzen Zug abwartet.

7...e6

> 7...Db6?! 8.Db3 Dxb3?! Besser wäre es, den Doppelbauern auf b6 zu akzeptieren. 9.axb3 Diese Struktur am Damenflügel ist sehr günstig für Weiß. Der a–Turm ist kostenfrei entwickelt und der Bauer auf b3 kann als Rammbock benutzt werden. Häufig gelangt der Sd2 über b3 auf schöne Felder am Damenflügel. Schwarz steht bereits schwierig.

8.Db3

2a) 8...Db6 9.Dxb6 axb6 10.Lb5⩲ (Kramnik – Wojtaszek, Berlin 2015)

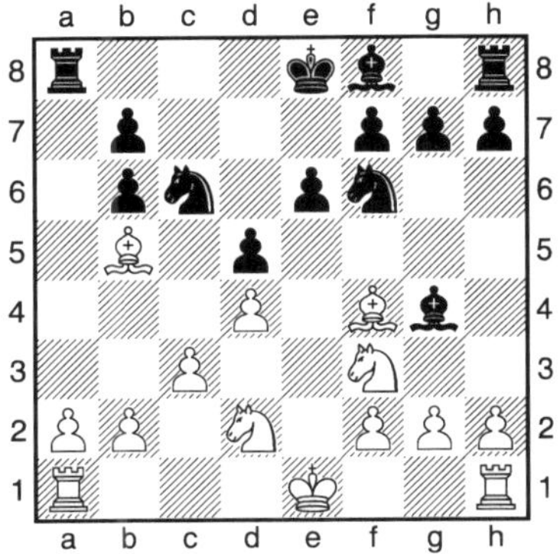

Es handelt sich hierbei zwar nur um eine Blitzpartie, aber die Struktur ist bei Schwarz langfristig geschädigt, wodurch Weiß risikolos auf Gewinn spielen kann. Sein Vorteil ist zwar nicht besonders groß, aber halt dauerhaft.

1.d4 d5 2.Sf3 Sf6 3.Lf4 c5 4.e3 cxd4 5.exd4 Sc6 6.c3 Lg4 7.Sbd2 e6 8.Db3

2b) 8...Sa5??

Nach 7.Db3 hätte diese Verteidigung noch funktioniert, hier aber scheitert sie, da der Lg4 nichts mehr zur Verteidigung beitragen kann.

9.Db5+ Sd7 10.b4+- und es geht Material verloren.

1.d4 d5 2.Sf3 Sf6 3.Lf4 c5 4.e3 cxd4 5.exd4 Sc6 6.c3 Lg4 7.Sbd2 e6 8.Db3

2c) 8...Dc8

Wie auch schon in der Hauptvariante, steht die schwarze Dame hier noch am Besten.

9.Ld3 Le7

9...Sh5 bringt nichts ein, denn es kann einfach 10.Le3± geschehen.

10.Se5

Der Lg4 hat meist die Idee, sich über h5 nach g6 zu begeben, um sich gegen den Ld3 abzutauschen. Mit 10.Se5 wird dies entweder verhindert, oder es wird zumindest eine Reaktion auf e5 erzwungen.

10...Lh5

10...Sxe5 11.Lxe5 0-0 12.Dc2 Erzwingt auch hier wieder ein Zugeständnis. 12...Lf5 13.Lxf5 exf5 14. 0-0±

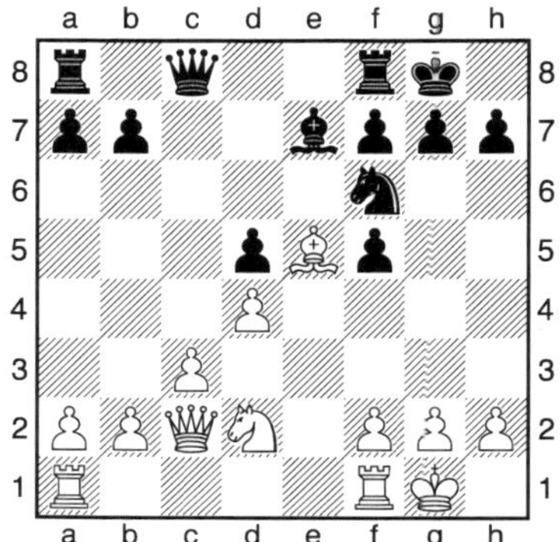

Wieder musste Schwarz den Läufertausch mit einer Verschlechterung der Struktur bezahlen. Sobald der Sf6 nach e4 geht, kann er bequem mit f3 vertrieben werden. Der vereinzelte d-Bauer neigt zur Schwäche und Weiß kann somit wieder risikolos auf den vollen Punkt spielen.

11.Sdf3!

Damit soll Lg6 verhindert werden, und wie bald zu sehen ist, soll auch bewiesen werden, dass der Lh5 im Abseits steht.

11...0-0

11...Sd7

Um Lg6 zu ermöglichen, ohne das Läuferpaar zu verlieren, möchte Schwarz beide weißen Springer tauschen.

12.0-0 Sdxe5 13.Sxe5 Sxe5 14.Lxe5 0-0 (Moldovan – Nanu, Calimanesti 2014)

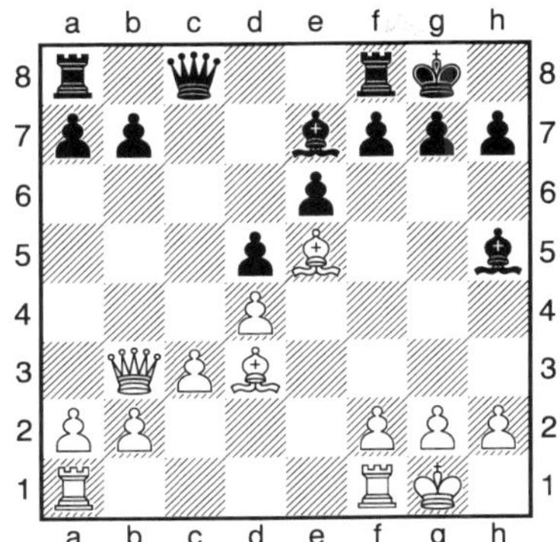

Hier kann Weiß mit dem etwas überraschendem 15.c4! die Nachteile der schwarzen Stellung aufdecken (Dc8 und Lh5 sind aus dem Spiel). 15...dxc4 16.Lxc4

Es droht d5 oder Tfc1 nebst Abzug des Läufers.

16...Td8 17.Tfc1 Dd7 18.Lb5 Die weißen Figuren erobern den Damenflügel. 18...Dd5 19.Tc7 Dxb3 20.axb3±

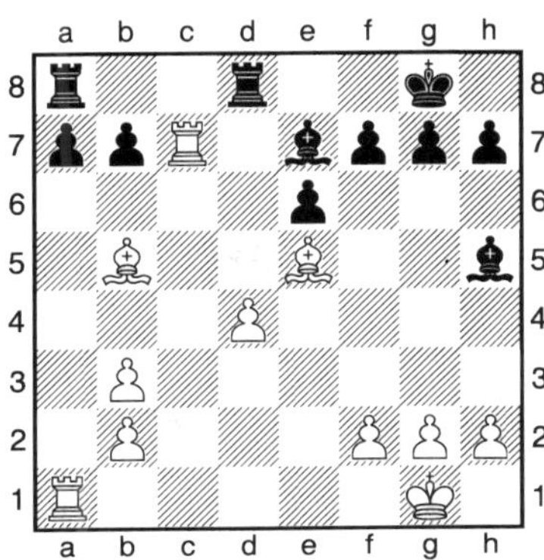

Die aktiven Figuren kompensieren mehr als genug den leichten strukturellen Schaden.

12.0–0 Sxe5 13.Sxe5 Sd7

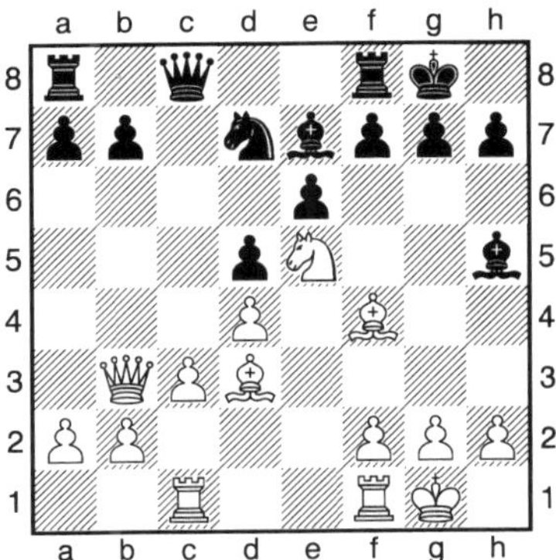

14.Tac1!

Wie schon in der Variante 11...Sd7 verfolgt Weiß auch hier die Durchsetzung von c4.

14...Sxe5 15.Lxe5 Lg6?

Will die Hauptidee durchsetzen, vergisst dabei aber die weißen Absichten.

Auch nach 15...Dd7 16.c4 dxc4 17.Lxc4± übt Weiß starken Druck am Damenflügel aus.

16.Lxg6 hxg6 17.c4± Der Tc1 wird nach c7 eindringen.

1.d4 d5 2.Sf3 Sf6 3.Lf4 c5 4.e3 cxd4 5.exd4 Sc6 6.c3

3) 6...Lf5 7.Db3 Dc8 8.Sbd2 e6

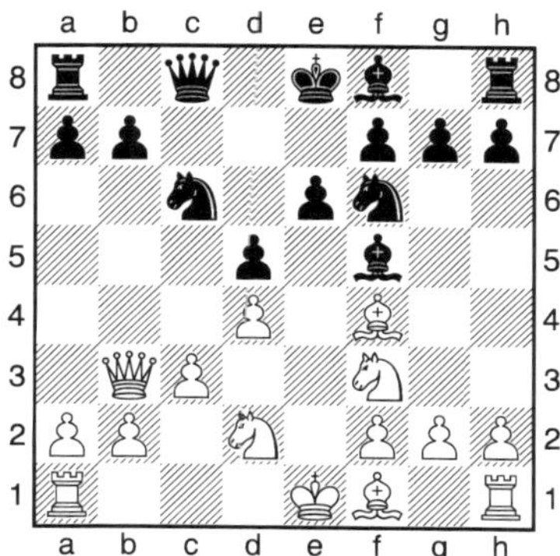

9.Sh4!

Wenn am Königsflügel eine symmetrische Aufstellung eingenommen wurde (Sf3, Sf6, Lf4, Lf5), dann kann auch Weiß auf Läuferfang ausgehen.

3a) 9...Lg6 10.Sxg6 hxg6 11.Ld3 Sh5 12.Le3

Das Läuferpaar muss auf dem Brett bleiben. Wie sich das Spiel entwickeln kann, zeigt eine Partie von Kramnik, der in wenigen Zügen seinen Gegner überspielt.

12...Ld6 13.0-0-0

Der Königsflügel ist wegen der geöffneten h-Linie für den weißen König nicht mehr sonderlich attraktiv, von daher ist die lange Rochade folgerichtig.

13...a6 14.Kb1 b5 15.Dc2 Sa5 16.Sf3 Sc4 17.Lc1

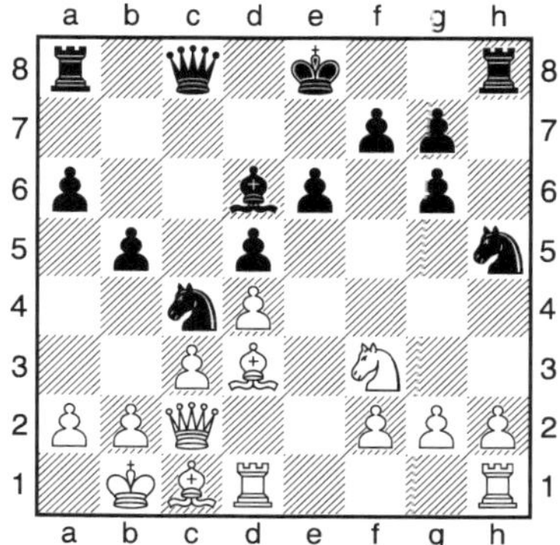

Weiß hat sich in den letzten Zügen in aller Ruhe am Damenflügel konsolidiert.

17...Dc7 18.Sg5 Sf4 19.Lf1±

Weiß steht sehr flexibel und das Läuferpaar ist sein langfristiger Trumpf.

19...0-0-0?

Erstaunlicherweise steht der schwarze König am Damenflügel schlecht, was Kramnik sofort nachweist.

20.a4! Db7 21.axb5 axb5 1-0 (56) (Kramnik – Sjugirov, Doha 2015)

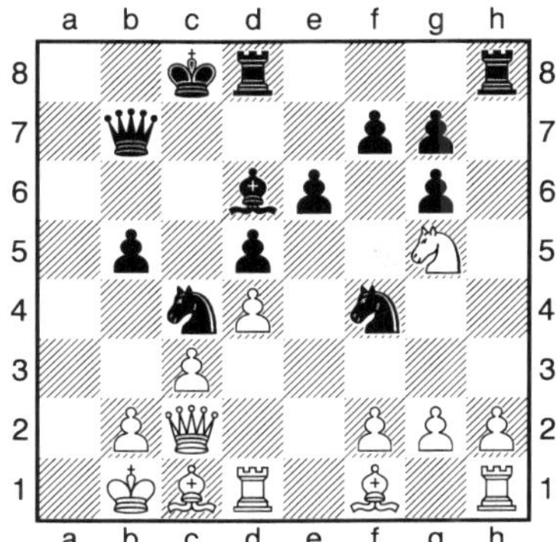

22.g3!

Bereitet b3 vor. Das Timing muss stimmen, ansonsten kann einem der Damenflügel schnell um die Ohren fliegen.

Nach 22.b3? f6! hätte Schwarz ausgeglichen. 23.Sf3?

(23.g3 fxg5 24.gxf4 Kd7 ist höchst unklar.)

23...Kd7! Und auf einmal ist es der weiße König, der auf verlorenem Posten steht.

22...Sh5 23.b3±

Ohne den störenden Sf4 geht der Zug nun problemlos. Weiß steht deutlich besser. Sein Läuferpaar, der bessere König und verschiedene Schwachpunkte im schwarzen Lager (f7, b5, a-Linie) sind der Grund dafür.

23...Sa3+? 24.Lxa3 Lxa3 25.Da2

Schwarz kann nicht den Läufer und den Bauern b5 zugleich decken.

25...Ld6 26.Da5+−

Es stellt sich heraus, dass b5 auch so nicht mehr zu decken ist.

1.d4 d5 2.Sf3 Sf6 3.Lf4 c5 4.e3 cxd4 5.exd4 Sc6 6.c3 Lf5 7.Db3 Dc8 8.Sbd2 e6 9.Sh4!

3b) 9...Le4 10.Sxe4 Sxe4

10...dxe4 ist positionell sehr riskant. 11.g3 Le7 12.Sg2 Bevor es taktische Motive mit g7-g5 gibt, sollte sich der Springer zurückziehen. 12...Sd5 13.Ld2 0-0 14.Le2±

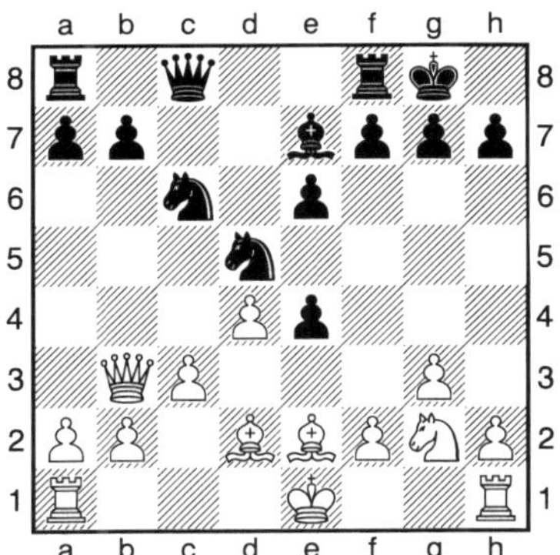

Läuferpaar und bessere Struktur sind genug für einen soliden Vorteil. Sedlak - Ivanov, Aschach 2015.

11.Sf3 Ld6 12.Lxd6 Sxd6 13.Ld3

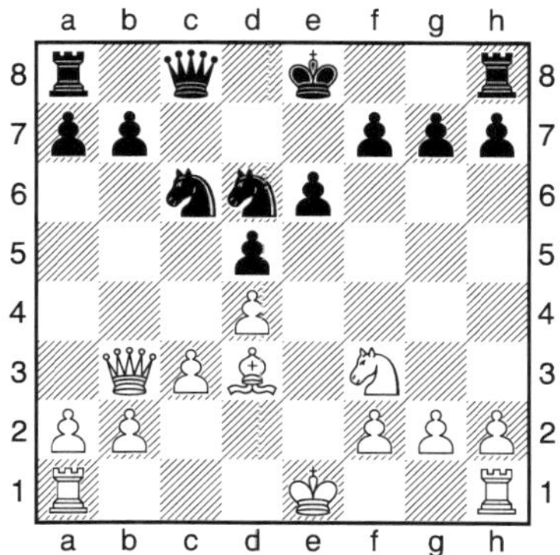

Zwar konnte Schwarz das weiße Läuferpaar halbieren, aber der gute Läufer ist auf dem Brett geblieben.

13...Dc7

Irgendwann muss die Dame c8 ohnehin verlassen.

Nach 13...0-0 14.Dc2 h6 15.0-0± wird Weiß in der Folge seine Initiative am Königsflügel ausbauen, während Schwarz einen Minoritätsangriff am Damenflügel durchführt. Wahrscheinlich gefiel Schwarz diese Aussicht nicht besonders und er wählte deshalb die lange Rochade.

Fazit: An den aktuellen Beispielen sind schön die Probleme für den Nachziehenden zu sehen. Meist erhält der Anziehende Positionen mit leichtem Vorteil, die ohne großes Risiko weiter gespielt werden können.

14.Dc2 0-0-0 15.0-0 h6 16.a4 Kb8 17.Tfe1

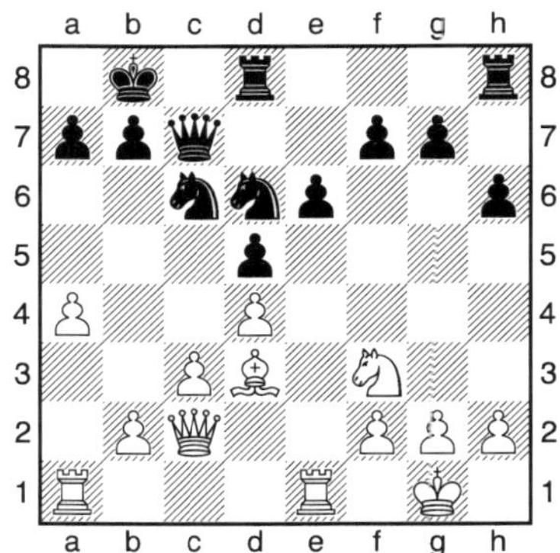

17...Tc8±

Schwarz steht zwar relativ solide, aber da er am Königsflügel nichts ausrichten kann, muss er mit einer passiven Verteidigung leben. Gegen Carlsen ist so etwas keine gute Strategie und so verwundert es auch nicht, dass der Weltmeister überzeugend die Partie gewinnen konnte. 1-0 (38) (Carlsen – Wojtaszek, Reykjavik 2015)

Eine Alternative besteht in 17...g5, aber da es ja keinen Aufrollpunkt am Königsflügel gibt, steht der weiße König sehr sicher. Die einfachste Antwort wäre 18.Se5 Sxe5 19.Txe5 g4 20.De2± Abgesehen davon, dass Schwarz keinen wirklichen Angriff besitzt, werden die Bauern zusehends anfällig.

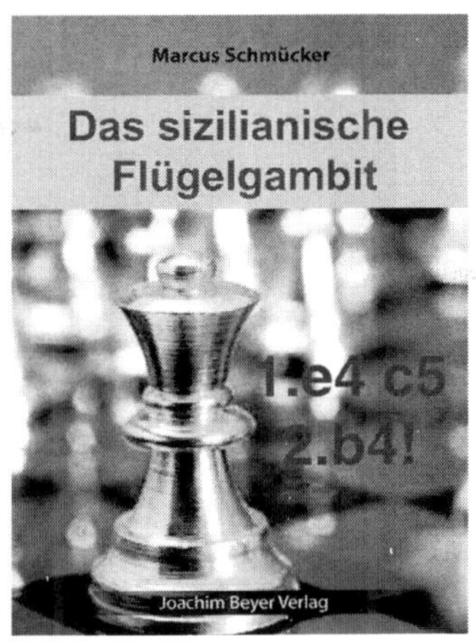

Marcus Schmücker

Das sizilianische Flügelgambit

128 Seiten, gebunden

In seinem Werk über das Sizilianische Flügelgambit (SFG) 1.e4 c5 2.b4 cxb4 3.a3 thematisiert Marcus Schmücker ein hochinteressantes System, das lange Zeit als abenteuerlich angesehen wurde oder bestenfalls als eine exotische Option galt, um dem gewaltigen Theoriegebäude der Sizilianischen Verteidigung auszuweichen. Dabei ist die Idee dieses Gambits durchaus seriös: Indem er den schwarzen c-Bauern beseitigt und eine schnelle Entwicklung seines Damenflügels anstrebt, will Weiß positionelle Kompensation für den geopferten Bauern erlangen. Mit der besten Antwort 3... d5, die vom Autor schwerpunktmäßig behandelt wird, kann Schwarz seinerseits die Bildung eines starken weißen Bauernzentrums e4/d4 unterbinden. Die sich hiernach häufig ergebenden wilden taktischen Verwicklungen stellen weithin theoretisches Neuland dar und bieten Chancen auf einen schnellen, eventuell Gewinn bringenden Vorteil des Anziehenden, falls dieser auf einen unvorbereiteten Gegner trifft.

Sicherlich ist nicht zu erwarten, dass das SFG nun verstärkt Einzug auf GM-Turnieren halten wird. Aber vielleicht kann das Buch dazu beitragen, dass mehr (Vereins-)Spieler diese bislang wenig erprobte, aber als gesund beurteilte Anti-Sizilianisch-Waffe in ihr Repertoire aufnehmen. Der Erfolg am Brett wird letztlich darüber entscheiden, ob unser Nebenzweig am sizilianischen Mammutbaum künftig eine wachsende Popularität genießen darf.

Alle Alternativen zum „Standardzug" 3... d5 will der Autor in einem späteren Folgeband abhandeln.

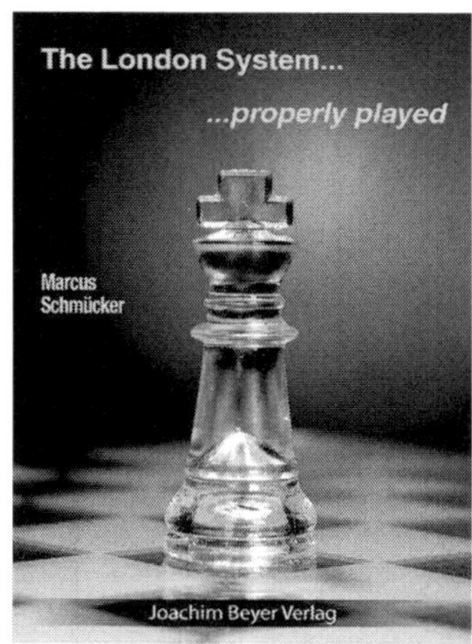

Marcus Schmücker

The London System – properly played

196 pages, paperback

When the author's first book about the London System was published a decade ago, this opening was almost exclusively played among amateurs. However, within the last years many things have happened, even including some sort of breakthrough on the highest level! And so none other than world champion Magnus Carlsen has developed such a liking for the London System, that he has used it even in important games and has achieved a number of nice victories.

And he is by no means the only top player, as Kramnik, Grischuk and others have added it to their repertoire, too. The absolute guru of the London System, however, is and remains GM Gata Kamsky. He trusts it and applies it since his childhood, so to speak, and he sees no reason to change his mind.

Meanwhile the London System has stepped out of the shadows, and so its surprise factor has lost some significance. However, this increase in publicity has no impact on its overall reliability because, on the other hand, its advantages have remained.

- It's easy to learn.
- It's extremely solid.
- It's often underestimated.
- It leads to interesting positions.
- It leaves space for own ideas.

Mostly due to the quality of computer analysis, the opening theory of the London System has evolved tremendously. And so in almost every chapter improvements are to be found, just waiting for a chance to be tried out in practice!